云岭旅游规划丛书　第二辑

怒江州乡村旅游扶贫开发研究

Research on the Poverty Alleviation and Development of Rural Tourism in Nujiang

田　里　王　桀　杨　懿　等著

中国旅游出版社

总 序

2017年第一轮推出10部“云岭旅游规划丛书”之后，2019年再推出10部作为“云岭旅游规划丛书”的第二轮成果。这次出版的10部书稿，涉及全域旅游、乡村旅游、旅游扶贫、旅游小镇、旅游特色村、田园综合体、山地运动旅游区等旅游新兴业态，这些规划题材与国家“振兴乡村”“旅游扶贫”“美丽乡村”“产业融合”等发展战略相契合，体现出旅游实践发展的最新进展状况，反映了规划设计、知识运用、学术研究与时代发展的同频共振。

由云南大学与昆明理工大学等院校多年合作形成的研究团队，在培养硕士研究生、博士研究生的进程中，为研究生业态感知、论文选题、素材提取、数据收集、案例分析等提供了丰厚的学术土壤和宝贵的实践机会，也为地方社会经济发展贡献了高校师生的知识、智慧，诸多规划题材和典型案例同时成为教学讲解的内容和教材编写的素材，成为课堂上、教材中、讨论里最为鲜活的话题。如此这般扎根大地的学术生涯，使老师与学生结下深厚的友谊，让学术圈的同事们铸成豁达、健康的学术生态。一趟趟的跋山涉水、一场场的激烈争论、一次次的驱车同行、一碗碗的欢畅痛饮，让生命充满了激情，让学术浸透了灵性，让生活富有了诗意。回头看看，充实而美好。

田 里

2019.10

序　言

为贯彻落实党的十九大精神和《中共中央办公厅　国务院办公厅关于支持深度贫困地区脱贫攻坚的实施意见》要求，进一步发挥旅游在深度贫困地区脱贫攻坚中的带动和促进作用，2015 年 7 月，国家旅游局发起了“旅游规划扶贫公益行动”。怒江傈僳族自治州兰坪县通甸镇玉水坪村、通甸镇罗古箐村、河西乡大羊场村入选该项行动，并由云南大学专家团队给予对口帮扶。该项目集聚了云南大学、昆明理工大学等院校旅游管理、城乡规划、建筑设计、景观设计等专业的专家团队，带领博士生、硕士生进行持续跟踪研究。

《怒江州乡村旅游扶贫开发研究》分别以“三区三州”深度贫困地区的玉水坪村、罗古箐村、大羊场村为案例研究选点，按照文化和旅游部《旅游扶贫试点村规划导则》要求，立足于当地资源、环境、民族文化和旅游发展优势，紧紧围绕脱贫攻坚大局，以创新、协调、绿色、开放、共享发展理念为指导进行规划编制工作。

为精准掌握贫困村情况，团队成员多次深入怒江州兰坪县三个贫困乡村调研，对规划区的旅游资源、生态环境、社区村落、产业经济、社会文化等进行了地毯式的调查，获取了丰富的基础材料。团队成员围绕规划基础、总体构思、项目产品、专项规划、保障措施等进行了一系列创新性探索。最终形成玉水坪村、罗古箐村、大羊场村三个乡村旅游扶贫研究成果。现集册出版，既是对文化和旅游部“旅游规划扶贫公益行动”研究工作的纪念，也是与业界同行分享研究的心得。

此为序，不足之处，望同行专家不吝赐教。

田　里

2019.10

研究人员

组　长	田　里	云南大学工商管理与旅游管理学院	博导、教授
副组长	王　桀	云南大学工商管理与旅游管理学院	博士、副教授
	杨　懿	云南大学工商管理与旅游管理学院	教授、博士后
成　员	钟　晖	昆明理工大学艺术与传媒学院	博士、讲师
	张鹏杨	云南大学工商管理与旅游管理学院	博士、讲师
	马　玉	云南大学工商管理与旅游管理学院	博士、讲师
	吴信值	云南大学工商管理与旅游管理学院	博士、副教授
	唐夕汐	广州第二师范学院管理学院	博士、讲师
	钟宏伟	云南大学工商管理与旅游管理学院	博士
	普　蔚	云南大学工商管理与旅游管理学院	博士
	田　媛	云南大学工商管理与旅游管理学院	硕士
	席婷婷	云南大学工商管理与旅游管理学院	硕士
	彭　芸	云南大学工商管理与旅游管理学院	硕士
	隋普海	云南大学工商管理与旅游管理学院	硕士
	刘　亮	云南大学工商管理与旅游管理学院	硕士
	孟帅康	云南大学工商管理与旅游管理学院	硕士
	贾晨昕	云南大学工商管理与旅游管理学院	硕士
	时蓓蓓	云南大学工商管理与旅游管理学院	硕士
	刘小迪	云南大学工商管理与旅游管理学院	硕士
	邓　芸	昆明理工大学艺术与传媒学院	硕士
	白　杰	昆明理工大学艺术与传媒学院	硕士
	陆　媚	云南大学工商管理与旅游管理学院	学士
	王　颖	昆明冶金高等专科学校通识与素质教育学院	硕士

· CONTENTS · 目录

第一部分　玉水坪村乡村旅游扶贫规划

一、规划基础

（一）规划背景

1. 编制缘由

（1）完成国家旅游局规划扶贫任务

为深入贯彻党的十八届三中、四中全会精神，落实习近平总书记等中央领导同志关于扶贫开发工作的一系列指示要求，2015 年 7 月，原国家旅游局启动了旅游规划扶贫公益行动，要求各地旅游部门组织动员有条件的旅游规划资质单位对原国家旅游局、国务院扶贫办 2015 年确定的 560 个旅游扶贫试点村开展旅游规划扶贫公益行动。这次旅游规划扶贫公益行动旨在引导旅游规划机构发挥专业优势，鼓励旅游企业传递公益爱心、承担社会责任，帮助贫困地区加快旅游业发展，尽快实现脱贫致富。玉水坪村作为一个有条件通过发展旅游实现脱贫致富的贫困村，被列入云南省 20 个旅游扶贫试点村之一。

（2）践行云南省美丽乡村建设方针

2005 年 10 月，中国共产党十六届五中全会通过《中共中央关于制定国民经济和社会发展第十一个五年规划的建议》，提出要按照“生产发展、生活宽裕、乡风文明、村容整洁、管理民主”的要求，扎实推进社会主义新农村建设。社会主义新农村建设是指在社会主义制度下，按照新时代的要求，对农村进行经济、政治、文化和社会等方面的建设，最终实现把农村建设成为经济繁荣、设施完善、环境优美、文明和谐的社会主义新农村的目标。美丽乡村，正是推进社会主义新农村建设的具体要求，是社会主义新农村建设的升级版。2014 年 7 月，云南省出台了《关于推进美丽乡村建设的若干意见》，提出从 2015 年起，每年推进500个以上以中心村、特色村和传统村落为重点的自然村建设，全面推进环境整治、基础设施建设和公共服务配套，力争到2018年建成一批富有云南特色的“宜居宜业宜游”美丽乡村。玉水坪旅游总体规划是践行云南省美丽乡村建设方针的具体表现。

（3）打造“三江并流”遗产地大门景区

“三江并流”指怒江、澜沧江和金沙江这三条发源于青藏高原的大江在云南省境内自北向南并行奔流170多千米，穿越担当力卡山、高黎贡山、怒山和云岭等崇山峻岭之间，形成世界上罕见的“江水并流而不交汇”的奇特自然地理景观。2003年7月，“三江并流”被列入世界自然遗产名录。玉水坪村所属的兰坪县地处“三江并流”的中心地带，素有“三江之门”的美誉。作为世界遗产地门户，兰坪既是唯一连通三条大江的交通枢纽，成为“三江并流”旅游通道的中心驿站；又是“三江并流”地质独特性、生物多样性和民族文化多元性的汇集地带，拥有“三江并流”独特的景色和品质。然而，从目前的情况来看，兰坪的旅游发展还比较滞后，跟其区位和资源优势相比极不相称。为此，必须通过打造新的旅游增长极为兰坪大力发展旅游业寻找出路。玉水坪村旅游总体规划，有望成为其中的一个突破口。

2. 规划范围

规划范围为玉水坪自然村，东以金鸡岩为界，西以牧牧场为界，南以龙山为界，北以玉坪山为界，规划总面积1500亩。其中，建筑面积140亩，占9.33%；道路面积11.5亩，占0.76%；农田面积976亩，占65.07%；林地和草地面积175亩，占11.67%；遗址保护面积157.5亩，占10.50%；水域面积30亩，占2.00%；其他面积10亩，占0.67%。

3. 规划期限

本规划期时间为5年，即2016—2020年。

一期（2016—2017年）：建设启动期，重点建设基础设施；

二期（2018—2019年）：建设深化期，重点建设旅游设施；

三期（2020年）：建设完善期，重点建设辅助设施。

4. 规划依据

（1）法律法规

《中华人民共和国森林法》（1998年4月29日第九届全国人民代表大会常务委员会第二次会议修正）；

《中华人民共和国环境保护法》（1989年12月26日第七届全国人民代表大会常务委员会第十一次会议通过，1989年12月26日公布实施）；

《中华人民共和国城乡规划法》（第十届全国人民代表大会常务委员会第三十次会议于2007年10月28日通过，2008年1月1日起施行）；

《中华人民共和国水土保持法》（1991年6月29日第七届全国人民代表大会常务委员会第二十次会议通过，自公布之日起施行）；

《中华人民共和国水污染防治法》（2008年2月28日第十届全国人民代表大会常务委员会第三十二次会议进行第二次修订，自2008年6月1日起施行）；

《中华人民共和国文物保护法》（2007年12月29日第十届全国人民代表大会常务委员会第三十一次会议进行第二次修正，2007年12月29日起施行）；

《基本农田保护条例》（1998年12月24日国务院第十二次常务会议通过，自1999年1月1日起施行）；

《中华人民共和国民族区域自治法》（2001年2月28日第九届全国人民代表大会常务委员会第二十次会议修正）；

《云南省民族民间传统文化保护条例》（云南省第九届人民代表大会常务委员会第十六次会议于2000年5月26日审议通过，自2000年9月1日起施行）；

《水土保持生态环境监测网络管理办法》（2000年2月19日中华人民共和国水利部颁布并实施）；

《云南省环境保护条例》（云南省第七届人民代表大会常务委员会第二十七次会议通过，1992年）；

《云南省旅游条例》（云南省第十届人大常务委员会第十六次会议，2005年）。

（2）标准规范

《旅游规划通则》（2003年2月24日中华人民共和国国家质量监督检验检疫总局发布，2003年5月1日实施）；

《旅游资源分类、调查与评价》（GB/T 18972—2003）（2003年2月24日中华人民共和国国家质量监督检验检疫总局发布，2003年5月1日实施）；

《旅游区质量等级的划分与评定》（修订）（GB/T 17775—2003）；

《风景名胜区规划规范》（GB 50298—1999）（1999年11月10日国家质量技术监督局和建设部联合发布，2001年1月1日实施）；

《地面水环境质量标准》（GB 3838—2002）（2002年4月26日国家环境保护总局批准，2002年6月1日实施）；

《环境空气质量标准》（GB 3095—1996）（1996年10月1日国家环境保护总局批准，自批准之日起实施）；

《旅游厕所等级的划分与评定》（GB/T 18973—2003）（2003年2月24日

中华人民共和国国家质量监督检验检疫总局发布，2003 年 5 月 1 日实施）；

《饮用水水源保护区划分技术规范》（2007 年 2 月 1 日国家环保总局发布，2007 年 2 月 1 日起实施）。

（3）政府文件

《云南省旅游发展总体规划》（世界旅游组织、云南省人民政府，2000 年）；

《云南省旅游业发展倍增计划（2004—2010）》（云南省旅游局，2004 年）；

《云南旅游“十二五”发展规划》（云南省旅游局，2011 年）；

《关于推进美丽乡村建设的若干意见》（云南省委、省人民政府，2014 年）；

《怒江州旅游发展规划》（怒江州旅游局，1999 年）；

《怒江州城镇体系规划（2008—2025）》（云南省城乡规划评估中心，怒江州规划局，2008 年）；

《怒江州脱贫攻坚全面小康行动计划（2016—2020 年）》（云南省发改委、怒江州委、州政府，2016 年）；

《怒江州脱贫攻坚旅游建设发展规划（2016—2025 年）》（云南省旅发委、怒江州政府、昆明科瑞商务信息咨询有限公司，2016 年）；

《兰坪县旅游发展规划》（云南大学旅游研究所，2000 年）；

《兰坪县旅游发展总体规划（2011—2025）》（兰坪县文体广电旅游局、上海派尼欧旅游咨询有限公司，2011 年）；

《通甸镇“十二五”发展规划纲要》（通甸镇人民政府，2011 年）。

5. 规划衔接

（1）《怒江州脱贫攻坚全面小康行动计划（2016—2020 年）》。《怒江州脱贫攻坚全面小康行动计划（2016—2020 年）》提出把脱贫攻坚作为“十三五”期间怒江州最大的政治任务和首要民生工程，以脱贫攻坚统领经济社会发展全局，大力实施“基础设施、产业发展、美丽宜居乡村和安居建设、社会事业、生态保护、民族团结”六大工程。该规划将旅游业发展列为重要的产业发展工程之一，提出加大对少数民族特色村镇保护与发展的支持力度，加强民族特色工艺品和文化体验项目设计与开发，促进文化和旅游产业融合发展；依托国家公园建设，走生态旅游、环境保护、群众参与的可持续发展之路，积极发展乡村旅游；打通旅游环线，打造“独龙江生态、民俗探秘游”“滇藏新通道生态自驾游”等一批精品旅游线路；重点开发独龙江、丙中洛、石月亮、片马、老姆登、罗古箐等景区；打造 30 个旅游特色村，扶持乡村旅游示范户 250 户、民俗客栈 200 户、特色旅游商品生产 150 户。

（2）《怒江州脱贫攻坚旅游建设发展规划（2016—2025 年）》。《怒江州脱贫攻坚旅游建设发展规划（2016—2025 年）》根据全州旅游建设发展总体思路和目标，提出“一城一极两园五区两带”的旅游建设发展总体布局，其中“一极”是指重点培育兰坪县旅游增长极，充分发挥该县的区位交通优势，加大对县城及周边金顶镇、啦井镇、通甸镇的改造提升，加强对罗古箐—大羊场、碧罗雪山老窝山旅游区等景区的建设。该规划将罗古箐—大羊场旅游区列为“五区”之一进行重点建设，提出围绕建设发展目标，着重建设老君山国家公园西大门、罗古箐景区、大羊场景区，改造提升旅游区连接公路，完善区内景区游道和登山步道，配套建设旅游接待设施和公共服务设施等。该规划还提出重点建设 1 个旅游城市和 12 个旅游景区项目，打造 10 个旅游小镇、30 个旅游特色村和 200 个精品民俗客栈，积极培育 250 个乡村旅游示范户和 150 个特色旅游商品生产户，即“1113221”工程。作为 12 个旅游景区项目之一，老君山国家公园西大门景区建设项目将重点建设西大门游客服务区、西大门入口景前区和旅游亲水商业街。

6. 规划原则

（1）“挖掘文化，强化特色”原则。玉水坪村是兰坪县东部旅游区的三大标志性民族村寨之一（玉水坪白族村、罗古箐普米村、大羊场彝族村），文化是其旅游的灵魂。玉水坪村旅游开发必须通过深入挖掘白族的文化内涵，突出当地原汁原味的民俗文化特色，突出当地建筑、服饰、歌舞、宗教等各方面的特色，同时将其文化特色固化下来，进行有效保护与传承，走一条旅游发展与文化繁荣的“双赢”路子。

（2）“社区参与，富民惠民”原则。玉水坪村旅游总体规划属于原国家旅游局部署的旅游公益扶贫工程。在旅游决策、规划、开发、建设、管理等旅游发展过程中，需要充分考虑社区居民的意见和诉求，提高社区居民参与旅游的主动性和充分吸收当地百姓就业，让旅游业开发切实造福当地百姓，使社区及周边居民分享旅游开发成果，促进广大群众脱贫致富。

（3）“立足旅游，产业带动”原则。旅游业关联带动作用强，表现出较强的综合带动效应。旅游业的发展直接涉及餐饮业、住宿业、交通运输业等诸多行业的发展，间接地带动农业和工商业的发展。玉水坪村需要立足旅游业，充分借助旅游带动种植业、畜牧业以及第二、第三产业的发展，加速乡村特色经济发展。

（4）“主题突出，区域协作”原则。充分挖掘玉水坪村区别于周边村镇的文化和特色，以田园乡村景观为依托，以“通甸玉水，养生福地”为主题，发展成为独具特色的乡村旅游地。同时，将玉水坪融入兰坪县、怒江州、滇西北的旅游发展中，形成相互促进、相互推动的良性互动格局。

（二）基础条件

1. 区位条件

（1）行政区位。玉水坪村是怒江傈僳族自治州兰坪白族普米族自治县通甸镇下甸行政村下属的一个自然村，包括三个村民小组，即玉水坪上组、河西组及河东组。

（2）地理区位。玉水坪村位于滇西北区域怒江州东部，兰坪县东部的通甸镇中部，距下甸村委会 4.5 千米，距通甸镇驻地 3 千米，距兰坪县城金顶镇 41 千米，距大理州老君山镇 23 千米。其地理坐标为东经 99°30′47″~99°31′02″，北纬 26°43′10″~26°43′36″。

（3）旅游区位。玉水坪村位于兰坪县东部旅游区，它紧邻通甸旅游小镇，地处老君山景区“西大门”，维兰（维西至兰坪）公路即 Q23 县道从村中通过，距罗古箐—大羊场旅游区仅 16 千米。玉水坪村可谓是旁镇型、临景型、沿路型的乡村，旅游区位优势十分明显（图 1.1.1）。

2. 自然环境

（1）地形地貌。玉水坪村地处滇西北高原地区，平均海拔为 2360 米，地形以山地、河谷为主。村落与农田位于弯弯曲曲的河谷坝子及两侧低矮的山坡上。河谷坝子四面环山，包括东面的金鸡岩、南面的龙山、西面的牧牧场和北面的玉坪山。最为奇特的景观是，在玉水坪村的东南面，由金鸡岩、龙山这两座山与呈“S”形的河谷坝子构成了一幅神秘的太极图，两座山是其中的鱼眼。

（2）水文状况。玉水坪村水源较为丰富。四周的大山常年流淌着山泉水，成为村民的主要饮用水源。流经全村坝子的是澜沧江的重要支流——玉带河（也称通甸河），它发源于通甸镇东南部老君山西麓和西南部黄木箐，全长约 81.4 千米，其中流经玉水坪村境内的大约为 1.2 千米，成为全村农田灌溉的重要水源。

（3）森林植被。玉水坪村拥有丰富的森林资源，主要分布于四面的山坡上，以松树为主。此外，村中房前屋后也种有一些果树，如核桃、苹果、梨等。

（4）气候天象。玉水坪村气候属于高原型西南季风气候类型，气温偏低，昼夜温差大。年平均气温为 9.2℃。每年 5—10 月为雨季，7、8 月雨量较为集中，年降水量为 1200 毫米。夏天凉爽，适合避暑。冬天清晨时雾气多见，且常出现在东南部“太极图”的两个鱼眼金鸡岩和龙山之上，好似两炷香，构成这里的一大奇观。

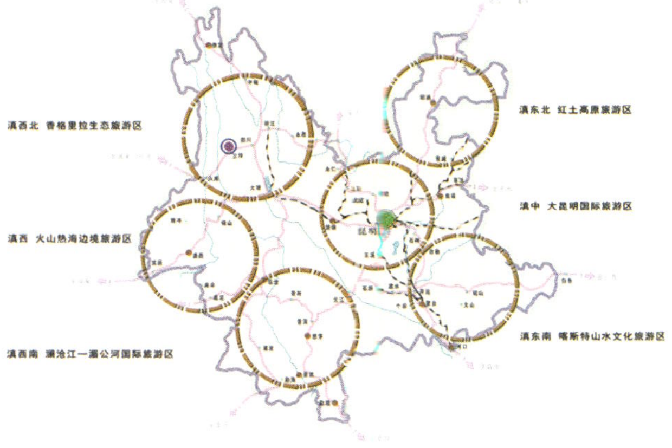

云南省六大旅游区规划图

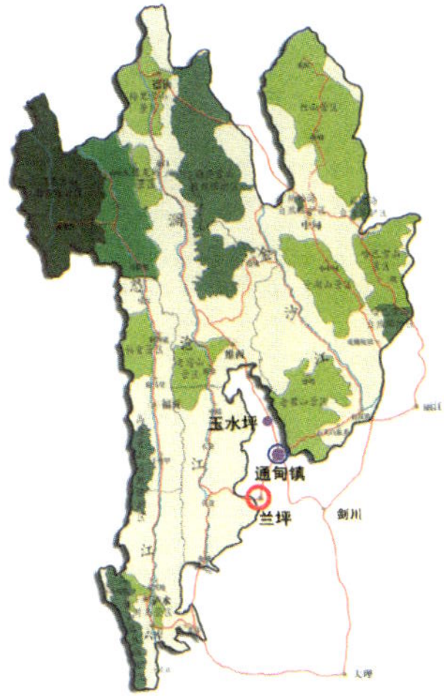

玉水坪村在三江并流世界自然遗的产示意图

兰坪白族普米族自治县在云南的区位

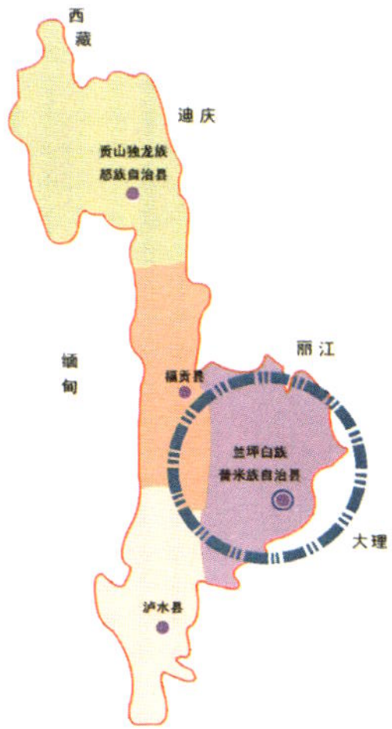

兰坪白族普米族自治县在怒江傈僳族自治州的区位

玉水坪村在兰坪白族普米族自治县的区位

图 1.1.1　区位分析图

3. 人口规模

（1）人口构成。玉水坪村辖 3 个村民小组，现有农户 198 户，乡村人口 878 人，其中男性 445 人，女性 433 人。

（2）民族构成。玉水坪村现有村民以白族为主，占 95% 以上，其余为汉族和彝族。

（3）职业构成。玉水坪村现有人口 878 人，其中农业人口 847 人，劳动力 493 人，主要从事种植业和畜牧业。此外，常年外出务工人数 36 人，其中在省内务工 28 人，到省外务工 8 人。

4. 人文风情

（1）建筑风格。玉水坪村房屋建筑风格与大理白族建筑风格如出一辙，均包括“一坊两耳”“三坊一照壁”“四合五天井”等。尤其以大门的雕刻工艺最为精美，工匠以精湛的手艺把牡丹、翠竹、八仙桌、鹤等象征吉祥富贵的动植物栩栩如生地展现出来，再以复杂的工艺组合在一起，形成了今天人们所见的三四层层叠的悬浮镂空雕刻工艺。

（2）饮食习惯。白族具有独特的烹饪技术，能制作出具有特色的腌腊制品、各种山珍果品和甜品等风味菜肴。白族主食有大米、小麦、玉米、洋芋等，烹饪方法以蒸为主，粑粑、饵块、汤圆是白族特色主食，配以各种时令蔬菜和腌菜，味道极佳。白族的肉食则以猪肉为主，除了腌制年猪外，还喜欢将猪肉腌制加工成火腿、腊肠和香肠等。白族人喜欢喝自己酿造的糯米甜酒和各种白酒。

（3）传统服饰。白族的传统服饰富有民族特色，不过，现在玉水坪的年轻人穿得很少了。女性传统服饰目前只有老年女性在穿，分为单衣（夏装）和双衣。头上一般戴包头，多为黑色。妇女的衣服主要由 5 个部分组成，包括汗衫、长衣、比夹、围腰和腰带。妇女穿的鞋多为绣花鞋，鞋面花样无讲究。小姑娘一般穿白色的，中年妇女穿灰色的，老年妇女穿黑色的。女性下身一般着裤。在首饰方面，主要佩戴银（或玉）手镯和银（或玉）耳环。男性服饰方面，村里有些年纪较大的老人还穿传统服饰。

（4）歌舞艺术。白族调是白族民间最为普及的一种演唱艺术，当地人不管男女老少几乎都会哼几句。白族调种类较多，有传统的本子曲，有情歌，还有节日庆贺曲、迎宾曲、敬酒歌等。每首歌有八句，格式为三七七五、七七七五的山花体式，歌词要求押韵。歌词多为即兴的，一般情况下二人对唱，多为男女对唱。唱白族调也有一定的讲究和规矩，本子曲可以在任何场合唱，但唱情歌不能在家里唱，也不能在老人面前唱。家里有孝，如父母去世，三年内不能唱曲、弹三弦、跳舞。唱白族调，有专用的伴奏乐器“龙头三弦”。白族的舞蹈也十分独特，秋千舞是其中的代表。每年过春节时，玉水坪村全体村民都会聚到坝子的空地上跳起秋千舞。一般在除夕前几天他们先派壮年男子在空地里搭好架子，然后从初一到十五全村无论男女老少都在空中荡起秋千，整个场景热闹非凡。

（5）宗教信仰。白族崇奉原始宗教。太阳神崇拜、图腾信仰、神山崇拜、本主崇拜、灵魂观等原始宗教信仰千百年来支撑着当地居民的精神世界。“本主”是白族人崇拜的主神，它是掌管主宰本地区生死祸福、万象变幻的“最大神灵”，有着超现实、超自然的能力。其地位犹如佛教信徒心中的“如来佛祖”。对本主的祭祀是每年必须举行的隆重活动，白族人期望通过祭祀得到本主的庇护。

5. 土地利用

（1）建筑用地。玉水坪村民的住宅主要建在坝子与山地交界的地方，呈弯曲的带状分散分布，整个村子的建筑用地面积 140 亩左右。

（2）道路用地。玉水坪村除过境的 Q23 县道为油柏路外，村里还建有连接各个村民小组的硬化道路，宽 2.5~3 米，其他为不到 3 米宽的泥土路。整个道路系统占地大约 11.5 亩。

（3）农田用地。玉水坪村耕地总面积 976 亩，分布于山间坝子和坡度较低的山坡上，均为旱地，主要种植玉米、马铃薯等作物，近年来也开始种植玛咖、附子、秦艽等中药材。

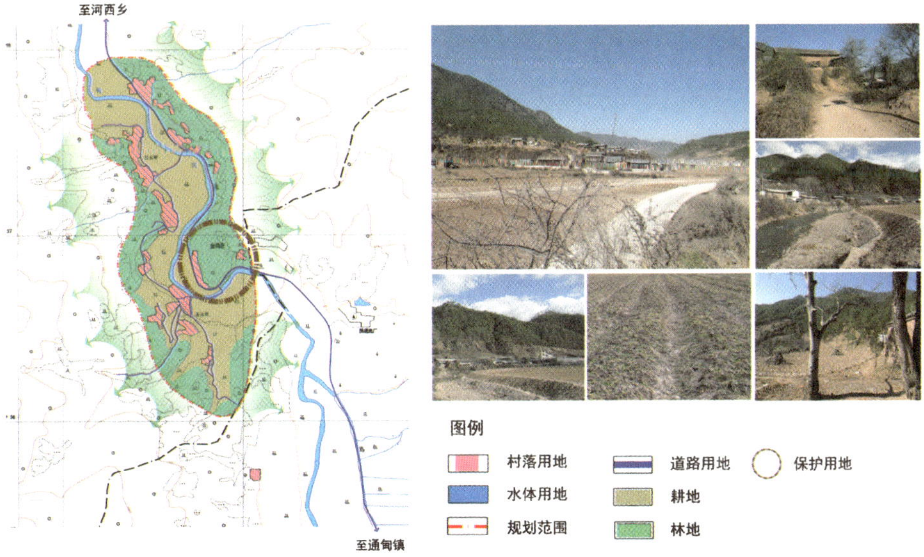

图 1.1.2　用地现状分析图

（4）林业用地。玉水坪村拥有以种植松树为主的林地和草地 13500 亩，其中大约有 175 亩将列入旅游总体规划范围内。

（5）保护用地。玉水坪村古文化遗址是第七批全国重点文物保护单位，其保护范围为 10.5 公顷，即 157.5 亩。

（6）水域面积。玉带河是流经玉水坪的主要水域，所占面积大约为30亩。

6. 产业结构

（1）第一产业。玉水坪村产业结构较为单一，以第一产业为主，第二、第三产业为辅。第一产业中首先以种植业为主，种植玉米、马铃薯等作物；其次是畜牧业，2014 年出栏肉猪 415 头，肉牛 44 头，肉羊 214 头；再次是林业，主要种植松树，近年来也开始种植核桃、苹果、梨等果树。

（2）其他产业。玉水坪村第二、第三产业发展目前还很滞后。从 2014 年全村经济收入来看，第二、第三产业收入为 83.7 万元，仅占全村经济总收入（442.08 万元）的 19%。

7. 经济水平

（1）收入来源。当前玉水坪村居民的收入来源非常有限，主要依靠种植业、畜牧业、林业等第一产业。以 2014 年的经济收入为例，种植业为 171.08 万元，畜牧业为 69.76 万元，林业为 19.65 万元；第二、第三产业为 83.7 万元；外出务工收入 87.99 万元。

（2）生活水平。得益于农村扶贫工作的大力推进，近年来玉水坪村居民的生活水平有所提升，但由于全村产业结构较为单一，因而收入不太稳定，距离脱贫致富还有一定差距。以药材种植为例，几年前，玛咖收购价格较高，玉水坪的农民靠种植这种药材能挣一大笔钱，但如今价格却大幅跌落，连成本都难以收回。因此，利用自身优势资源，大力发展包括旅游业在内的第三产业，成为玉水坪脱贫致富的必由之路。

8. 基础设施

（1）交通设施。玉水坪村有维兰公路（Q23 县道）通村穿而过，对外交通便捷，但村内的交通条件还有待改善。连接三个村民小组的村中干道虽为硬化道路，但宽度仅 2.5~3 米。入户的道路则均未硬化，为不足 3 米宽的泥土路。

（2）生活设施。目前，玉水坪村每家每户基本通了电，用上了固定电话或移动电话，也通过自来水管喝上了山泉水。但整个村子还未建排污系统，环卫设施也很不完善，垃圾处理主要靠焚烧。

图 1.1.3 交通现状分析图

（3）住宅设施。近年来，玉水坪的村民在保持传统民居建筑风格的情况下，不断地改善居住环境。目前全村有 10 户居住于砖木结构住房，160 户居住于土木结构住房。此外，数十座已有一定使用年限但仍然保存完好的木楞房散落在村子各处。它们有的作为存放杂物的地方，有的还作为村民的起居室。

图 1.1.4 场地现状（一）

图 1.1.5　场地现状（二）

图 1.1.6　场地现状（三）

（三）旅游资源

1. 资源类型

根据实地调查，按照旅游资源调查分类表，可将玉水坪的旅游资源类型划分为两个大类（自然旅游资源、人文旅游资源）、7个主类（水域风光、生物景观、天象与气候景观、遗址遗迹、建筑与设施、旅游商品、人文活动）、13个亚类、40个旅游资源单体（表1.1.1）。

表 1.1.1　旅游资源类型表

大类	主类	亚类	主要景观资源	数量
自然旅游资源	水域风光	河段	玉带河	1
	生物景观	树木	松树林、果树	2
	天象与气候景观	云雾多发区	“太极雾气”	1
		避暑气候地	避暑气候	1
人文旅游资源	遗址遗迹	史前人类活动遗址	玉水坪遗址（全国重点文物保护单位）	1
		社会经济文化活动遗址遗迹	学校遗址	1
	建筑与设施	综合人文旅游地	农田、牧场	2
		单体活动场馆	本主庙、观音庙	2
		景观与附属型建筑	金光塔	1
		居住地与社区	木楞房、传统合院、照壁、草垛	4
		交通建筑	玉金桥、玉带桥	2
	旅游商品	地方旅游商品	土鸡、猪、牛、羊、马、松茸、羊肚菌、土蜂蜜、火腿、吹肝、干巴菜、玛咖、附子、秦艽	14
	人文活动	民间习俗	秋千舞、锅庄舞、地方戏、白族调、宗教祭祀活动、传统服饰、雕刻艺术、绘画艺术	8

将其旅游资源归纳为以下四大类主体类型：

（1）天象气候类旅游资源。玉水坪村气候属于高原型西南季风气候类型，年平均气温为9.2℃。每年的5—10月为雨季，7、8月雨量较为集中，年降水量为1200毫米。夏天湿润凉爽，非常适合避暑。冬天清晨时雾气多见，且常出现在东南部“太极图”的两个鱼眼金鸡岩和龙山之上，好似两炷香，构成此地一大奇观。

（2）农业观光类旅游资源。玉水坪村坐落于山间平坝，玉带河呈多个“S”形蜿蜒淌过村前的大片农田。在玉米、马铃薯等农作物生长成熟季节，清澈的河水、别致的小桥、翠绿的田野、砂石的乡道，加上不远处错落有致的青瓦白墙，再以远处的高山森林为背景，构成了一幅山水画卷般的高原田园风光。

（3）历史遗迹类旅游资源。玉水坪村拥有珍贵的历史遗迹类旅游资源，尤以石器遗址为代表。于1976年发现，1984年进行过调查，位于玉带河畔的全国重点文物保护单位——玉水坪遗址，至 1990 年先后采集和征集到磨制石器、陶片、骨饰、动物骨骼等。2005 年再次发掘，发现洞内遗址的上层堆积为新石器文化层；下层堆积为旧石器文化层，堆积中包含大量的打制石器、石核、动物骨骼。它不仅是怒江境内唯一的旧石器遗址，而且是云南旧石器时代晚期最重要的遗址之一。遗址的发现使澜沧江流域的人类活动历史至少推前了 6000 年，为研究澜沧江流域人类活动和考古学文化提供了重要资料。

（4）民族文化类旅游资源。玉水坪村作为白族人的家园，拥有极为丰富的民族文化旅游资源。在这里，人们可以体验三坊一照壁、木楞房等具有民族特色的居住环境，可以感受个性粗犷、激昂的白族歌舞，可以品尝火腿、松茸、干巴菜等有高原生态特色的白族美食，还可以静静倾听白族人远古的故事。

2. 资源分布

根据实地调查，玉水坪村的旅游资源分布在遗址分布区、坝子农耕区、村民聚居区、山麓松林区。

表 1.1.2　旅游资源空间分布表

区域	主要资源
遗址分布区	古文化遗址、观音庙、金光塔、“太极雾气”
坝子农耕区	玉带河、玉金桥、玉带桥、田园
村民聚居区	本主庙、传统民居、学校遗址、民俗活动、歌舞表演、地方戏表演、传统美食、特色旅游商品
山麓松林区	松树林、果树、牧场

3. 资源特点

（1）资源类型多样。玉水坪的旅游资源类型多样。按照旅游资源分类国家标准，拥有 7 种旅游资源主类，13 种亚类，40 种基本类型。

（2）高原生态特色。地处 2000 多米的高海拔地区，玉水坪村的自然生态环境和旅游资源呈现出典型的高原山区特点。

（3）自然景观奇异。玉水坪村拥有神奇的自然景观，东南部由“S”形坝子和南北两座山自然构成了一幅美妙的“太极图”；更为奇异的是冬天清晨常有雾气从这两座山腾空而起，酷似两炷香，被称为“太极雾气”。

（4）历史文化厚重。玉水坪村古文化遗址不仅是怒江境内唯一的旧石器遗址，而且是云南旧石器时代晚期最重要的遗址之一，为研究澜沧江流域人类活动和考古学文化提供了重要资料。

（5）民族文化独特。玉水坪村的居民以白族为主，在民居、服饰、饮食、民俗活动、民间艺术等方面有其独特性。

4. 资源评价

（1）旅游资源单体评价。按照《旅游资源分类、调查与评价》的分类评价体系，对玉水坪村的旅游资源进行赋分，然后根据所得分值和等级指标对旅游资源单体确定等级。评价的主要依据是实地调查结果，对独立型旅游资源单体和集合型旅游资源单体进行综合评价，最后得出各个旅游资源单体的等级。旅游区共有旅游资源单体 40 个，其中五级旅游资源 0 个，四级旅游资源 1 个，三级旅游资源 5 个，二级旅游资源 7 个，一级旅游资源 11 个，未获等级旅游资源 16 个，分别占旅游资源总数的 0、2.50%、12.50%、17.50%、27.50%、40.00%（表 1.1.3、图 1.1.7）。

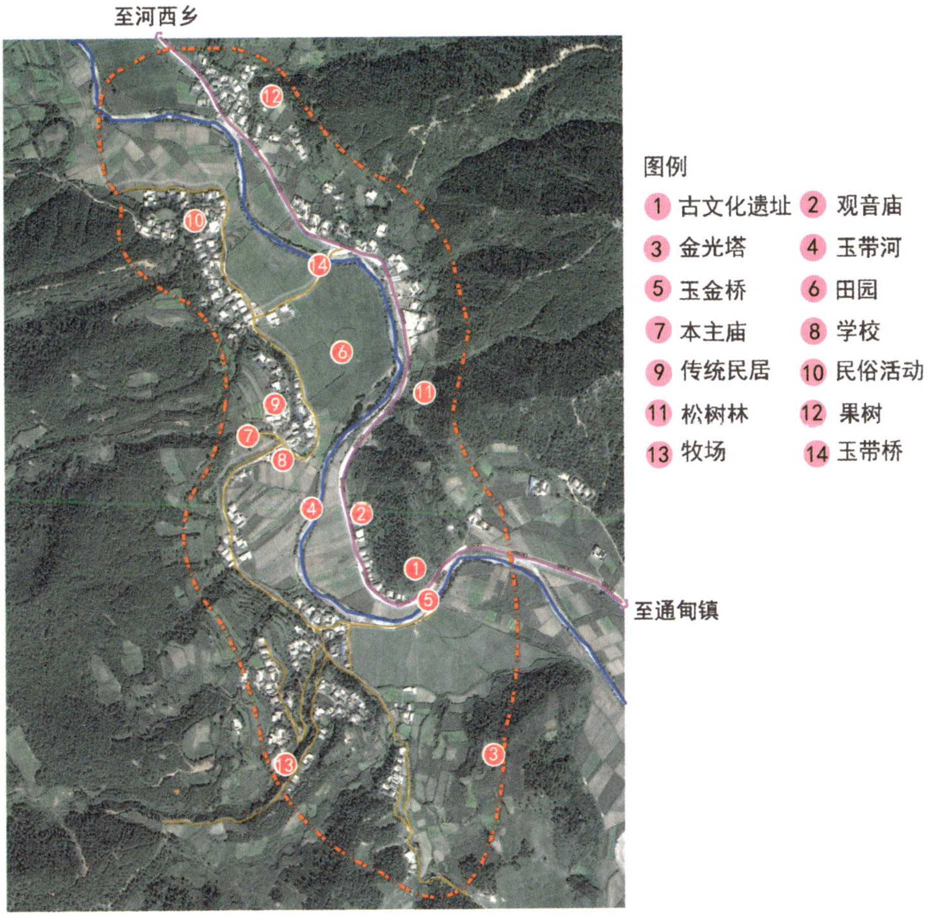

图 1.1.7 旅游资源分布图

表 1.1.3 主要旅游资源等级表

级别	旅游资源	数量	比例（%）
五级旅游资源		0	0
四级旅游资源	玉带河	1	2.50
三级旅游资源	避暑气候、古文化遗址、本主庙、传统合院、秋千舞	5	12.50
二级旅游资源	“太极雾气”、农田、锅庄舞、宗教祭祀活动、雕刻艺术、绘画艺术、白族调	7	17.50
一级旅游资源	玉金桥、玉带桥、观音庙、金光塔、木楞房、照壁、学校遗址、牧场、草垛、传统服饰、地方戏	11	27.50
未获等级旅游资源	松树林、果树、土鸡、猪、牛、羊、马、松茸、羊肚菌、土蜂蜜、火腿、吹肝、干巴菜、玛咖、附子、秦艽	16	40.00

（2）旅游资源整体评价。从整体特征和风格来看，玉水坪村的旅游资源丰富多样，且自然景观与人文景观兼备，适合发展文化体验、高原生态、休闲康乐型的旅游业。从资源空间分布来看，玉水坪村的旅游资源分布相对分散，规模效应不强，但沿着平坝及两侧形成几个特色明显的景观集中区，每个区域主题鲜明、独具特色，利于进行功能分区。从资源对比分析来看，玉水坪村的旅游资源可以跟周边的旅游资源区构成优势互补。作为兰坪县东部旅游区的三大标志性民族村寨之一（玉水坪白族村、罗古箐普米村、大羊场彝族村），玉水坪应该进一步挖掘白族的传统文化，打造富有民族特色的白族家园。从资源价值和开发潜力看，玉水坪村的旅游资源质量等级只属于中等偏下水平，但因拥有文化、气候、田园、物产、森林、水体等多种类型的旅游资源，再加上区域优势，可以说是兰坪县东部一个旅游发展潜力很大的民族村寨。

（四）旅游市场

1. 旅游需求

（1）周边游客规模。近年来，滇西北旅游区主要旅游经济指标在云南全省均保持较高比重，在全省的地位稳步攀升，特别是海外游客及旅游外汇收入在云南全省均占较高比重（45%~60%）；各项指标基本保持高位增长，年均增长率保持在 15% 以上。从主要旅游经济指标看，滇西北旅游区海内外游客接待总量从 2014 年的 7005.99 万人次增长至 2015 年的 8002.78 万人次，增长率 14.23%；旅游总收入从 2014 年的 852.45 亿元增长至 2015 年的 1018.04 亿元，增长率 19.43%。作为滇西北旅游区重要组成部分的怒江州近几年旅游经济始终保持稳定较快增长。海内外游客接待总量从 2014 年的 253.28 万人次增长至 2015 年的 263.2 万人次，增长率 3.92%；旅游总收入从 2014 年的 21.13 亿元增长至 2015 年的 26.1 亿元，增长率 23.52%。作为"三江之门"的兰坪县最近几年旅游业也得到了迅猛发展，海内外游客接待总量从 2014 年的 64.69 万人次增长到 2015 年的 77.33 万人次，增长率 19.54%；旅游总收入从 2014 年的 53877.21 万元增长到 2015 年的 55422.12 万元，增长率 2.87%。玉水坪村所在的兰坪县周边景区，如老君山国家公园、兰坪罗古箐—大羊场旅游区、碧罗雪山高山湖泊风景区、云岭省级自然保护区、新生桥国家森林公园等，目前的旅游开发大多尚处于早期阶段，但已有一定的知名度，从旅游发展趋势来看将逐渐形成规模性客源。玉水坪村周边有通甸、老君山和金顶三个城镇，其中金顶镇为兰坪县城所在地。这三个镇的城镇人口合计接近 4 万人，有望成为本地区乡村旅游的重要客源地。按照我国乡村旅游一般 25% 的出游率计算，这一带将有 1 万人次城镇居民出游；按照我国乡村旅游 50% 的重游率，这一带预计每年大约会有 2 万人次城镇居民出游。

（2）游客行为规律。通过对前往玉水坪村的游客进行抽样调查，旅游者的旅游行为具有如下特征：按地域结构划分，近年来到玉水坪村的游客中云南省内游客占 75%，省外游客占 20%，海外游客占 5%；按旅游方式划分，以个人为代表的自助旅游方式占 54%，以家庭或亲朋结伴出游的旅游方式占 33%，单位组织出游的占 6%，其他旅游方式的占 7%；按旅游目的划分，观光旅游占 23%，探亲访友占 35%，民俗文化体验占 28%，文科普考察占 10%，其他占 4%。

（3）游客消费特征。对赴玉水坪村旅游的游客进行抽样调查，得出以下几个消费特征：游客在玉水坪村的停留时间平均为 5.5 小时；平均每位游客在玉水坪的消费总额为 75 元，其中餐饮 15 元，交通 35 元，购物 15 元，其他 10 元。这说明玉水坪属于游客低消费的旅游地区，还有很大的旅游消费增长空间。

2. 旅游供给

基于自身的旅游资源优势，适应国内外旅游市场发展趋势，玉水坪村应着重为游客提供以下旅游产品：一个核心产品，白族文化体验旅游产品；两大亮点产品，高原生态旅游产品、休闲康乐旅游产品；四大支撑产品，遗址探秘产品、赐福狂欢产品、特产贸易产品、森野探秘产品。

3. 市场定位

（1）客源市场定位。考虑到玉水坪村目前旅游规模小、知名度低、影响力弱，从现实情况来看，它还不能作为一个独立的旅游地。当前，玉水坪村的合理定位应为罗古箐—大羊场旅游区、老君山景区等周边大型旅游地的辐射性旅游景点。玉水坪村的主要目标市场是罗古箐—大羊场旅游区、老君山景区等周边景区的游客分流以及附近城镇居民（表 1.1.4、图 1.1.8）。

表 1.1.4　客源市场定位表

市场级别	比重（%）	类型
核心市场	60	罗古箐—大羊场旅游区、老君山景区等周边景区的过境游客
重点市场	35	通甸、老君山、金顶的城镇居民
机会市场	5	怒江、大理、丽江、迪庆等周边地区游客

（2）客源市场层次。根据玉水坪村的发展定位，对客源市场层次进行如下定位：按客源类型定位，以文化体验、生态养生、休闲度假、农业观光旅游客源为主；按旅游方式定位，以自驾车旅游和散客旅游为主；按旅游者年龄定位，以中青年游客为主，以年长和年幼游客为辅；按旅游者职业定位，以政府机关人员、事业单位人员、在校学生为主，企业界和白领阶层为辅；按消费层次定位，以中低档消费为主体，以高档消费为辅；从旅游产品市场细分来看，玉水坪村的旅游目标市场主要为文化体验旅游市场和生态养生旅游市场。

4. 市场预测

（1）预测依据。影响游人规模的因素很多，既有国内外政治因素、社会经济和自然环境因素，也有旅游者的其他综合因素。因此，在预测游客规模时，主要考虑如下几种因素：旅游区的环境容量及接待能力；怒江州、兰坪县、玉水坪村旅游区客源结构组成及演变趋势；通甸、老君山、金顶等周边城镇居民旅游消费需求；罗古箐—大羊场旅游区、老君山景区等周边景区的游客量;《兰坪罗古箐旅游区总体规划》旅游市场预测数据。

（2）预测方法。因缺乏详细的统计数据，拟以兰坪县年游客接待量的 1% 作为玉水坪村的年游客接待量，则可以估算出 2015 年玉水坪村的游客总量为 7733 人次（77.33 万人次 ×1%）。按玉水坪村 2015 年旅游者基数为 7733 人次，人均旅游消费为 75 元，旅游收入为 57.9975 万元，则可作以下预测：建设启动期（2016—2017 年），旅游者人数年均增长 30%；人均旅游消费年均增长 10%；建设深化期（2018—2019 年），旅游者人数年均增长 65%；人均旅游消费年均增长 20%；建设完善期（2020 年），旅游者人数年均增长 100%；人均旅游消费年均增长 45%。

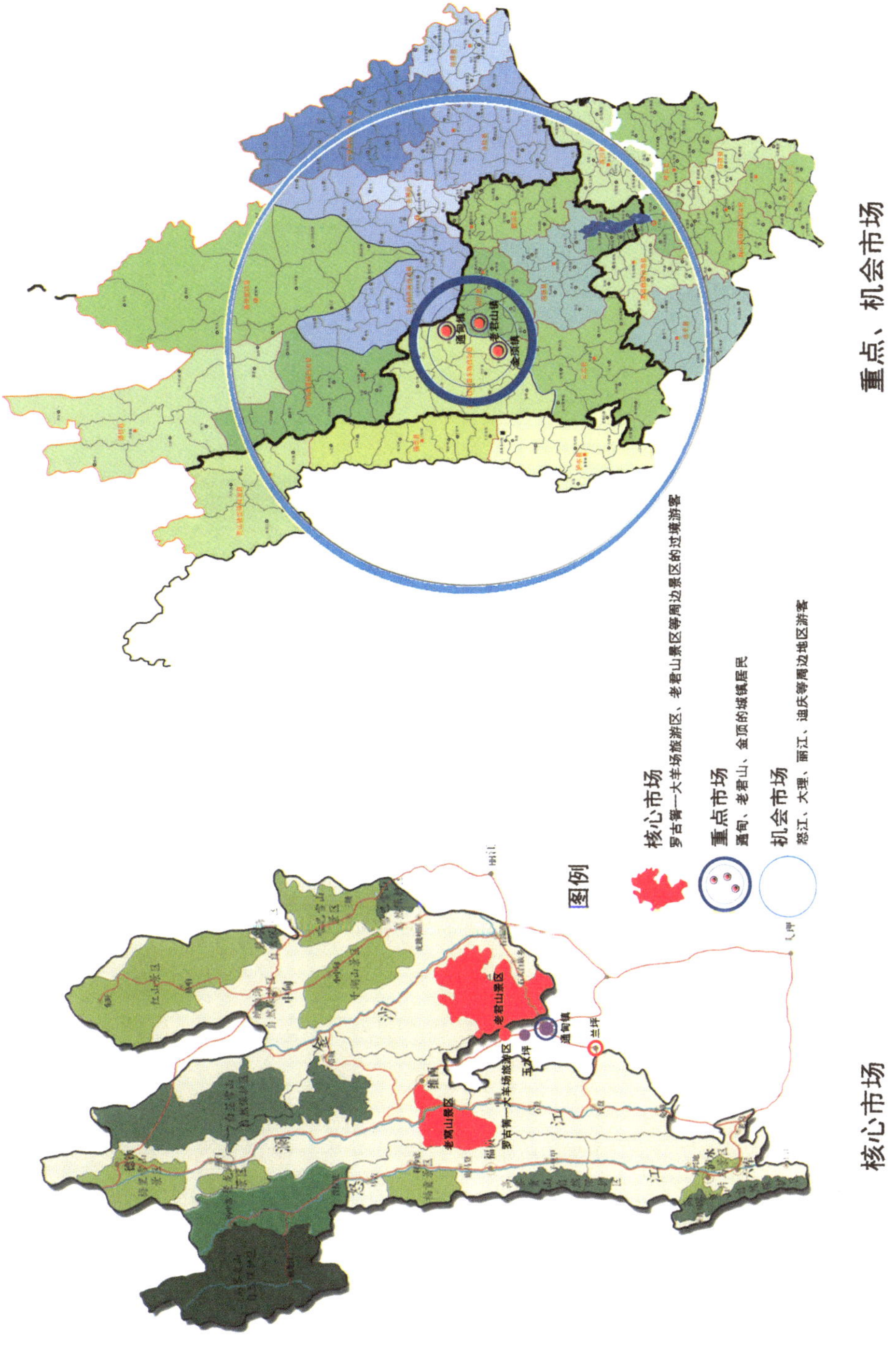

图 1.1.8　旅游市场分析图

（3）预测结果。根据上述预测，玉水坪村建设启动期、深化期、完善期三期的旅游市场预测结果如下：到 2017，年游客总量达 13000 人次，人均旅游消费达到 80 元，旅游总收入达到 100 万元；到 2019 年，游客总量达 35000 人次，人均旅游消费达到 120 元，旅游总收入达到 400 万元；到 2020 年，游客总量达 70000 人次，人均旅游消费达到 170 元，旅游总收入达到 1000 万元。

二、总体构思

（一）案例参考

1. 基本概况

湖北省宜昌市车溪村从一个偏僻落后的穷山沟一跃成为声名远扬的旅游名村和富裕山村，并正在奋力打造全国少数民族特色村寨样板村和国家 5A 级景区。车溪土家族村位于宜昌市点军区土城乡，距宜昌城区 18 千米，是 2004 年成立的宜昌市第一个少数民族村。全村面积 15.6 平方千米，现有村民 778 户 2228 人（土家族 1137 人）。车溪地处“两山夹一沟”的狭长地带上，曾是远近闻名的贫困村，“笔陡笔陡两面山，中间只有丈把宽，出门都是光棍汉，油盐全靠卖鸡蛋”就是车溪村曾经的真实写照。直到 1997 年，车溪村大多数村民住的还是土坯房，全村农民人均纯收入仅 900 多元。1997 年，旅游投资商乐发祥组建车溪旅游开发公司，建设车溪民俗风景旅游区，但 2008 年后，由于周围旅游市场竞争激烈，加之民营投资商投资能力不足，造成投资和市场双萎缩，车溪旅游发展进入瓶颈。为此，2010 年，宜昌物资集团整体收购车溪旅游景区，组建宜昌车溪旅游开发有限责任公司，抓住全国少数民族特色村寨建设机遇，累计投入 6500 万元，对景区进行提档升级，开始第二次起航，并全力推进景村共建、景村共融、景村共赢，不仅突破了车溪旅游发展瓶颈，也让车溪完成了从穷山沟到富裕村的嬗变。

2. 经验借鉴

（1）发展生态文化旅游是贫困地区、民族地区脱贫致富的现实选择。贫困地区、民族地区不少村寨生态优美、空气清新、民风淳朴，自然生态资源丰富，民族民俗文化传承完好。生活在城市的人们，在享受丰厚物质生活的同时也饱受雾霾天气的困扰，在追求现代文明的同时仍忘不了儿时的记忆、乡情的依恋。车溪的实践告诉我们，这种城乡互补、市场与资源对接的旅游扶贫模式，既有十分现实的开发价值，也有极大的发展潜力和空间。

（2）乡村旅游开发必须坚持村企共建、景村共荣。民营业主率先打破车溪的古老与贫穷，奠定了车溪旅游的基础，带来了车溪的第一次兴盛，中途因企业投入能力和经营问题而使车溪停顿萎缩，加之周边竞争加剧一度面临被淘汰的危险，宜昌物质集团收购后整体提档升级，又使车溪重新焕发生机与活力。车溪的发展历程生动地诠释了龙头企业在旅游产业开发中至关重要的作用，如果仅靠传统的办法、行政的力量、一家一户的运作，是很难形成产业的，即使一时兴盛也很难持久。因此，各级党委、政府应该转变观念、研究政策、积极鼓励各类市场主体“下乡进村”，进军乡村旅游产业，对已经进入的企业要积极引导、增加投入，帮助做大做强，充分发挥龙头企业在乡村旅游开发中的带动作用。当然，企业在开发乡村旅游的过程中，也必须“入乡随俗”，尊重农民的意愿，考虑农民的利益，调动农民参与的积极性，让农民充分享受旅游开发带来的成果，形成村企共建、村企共荣的良性互动。

（3）乡村旅游开发必须突出特色，在“特”字上做文章，避免同质化发展。车溪之所以受到游客青睐，主要是体现了“梦里老家”这些特色：一是“土家窗口”，凭借武陵山区向江汉平原过渡的区位优势，将土家传统民俗、土家传统工艺、土家传统文化比较完整地移植再现，让人们能够走进一个村寨、了解一个民族；二是“公社文化”，完整地保存了人民公社遗址，展现“公社”化时期的特殊场景，让人们永远铭记历史的挫折与教训；三是“水车之乡”，大小不同、形态各异的水车，可提水灌溉、可扎竹造纸、可碾米磨面，把人与自然的关系演绎得惟妙惟肖。三大场景构成一幅完整的画面，足以唤醒人们儿时的记忆和浓郁的“老家”情结。由此可见，特色是乡村旅游的灵魂定位，也是乡村旅游的核心竞争力。找准特色才能立足，做足特色才能成功，放大特色才有生命力。

（4）发展乡村旅游必须注重统筹资源，用足用活政策。旅游业是一个投入大、见效慢、综合效益好的低碳朝阳产业，在“一穷二白”的乡村开发旅游就如同在一张白纸上作画一样，基础设施需要配套，山水林田路房要综合整治，旅游要件需要齐全，吃住游购娱要协调适应。因此，各级党委、政府必须强化统筹意识，做好统筹文章。在规划上统筹，做到规划一张图、发展一盘棋，统一规划、分步实施，一张图纸管到底。在政策上统筹，用足用活土地、产业、交通、水利、农业、扶贫、民族、旅游等各方面政策。在投入上统筹，发挥企业主渠道作用，捆绑各部门及社会资金，“共办一桌席”，发挥整体效应。

（二）开发方向

1. 面临问题

（1）基础设施较薄弱。村内交通道路狭窄，且除了村中主干道外，入户道路基本都未硬化，缺乏基本的旅游住宿、餐饮、购物、娱乐等旅游服务设施。

（2）环境卫生待改善。村内环保设施很不完善，虽然建有一些垃圾堆放池，但生活垃圾乱丢靠焚烧处理；家畜四处乱游，家畜粪便遍地都是，卫生状况有待改善；厕所缺乏，卫生条件难以达到游客的需求；缺乏相应的给排水系统，生活污水在村内四处横流。

（3）标识标牌还缺乏。除了玉水坪遗址之外，在整个村落还没有主题旅游线路，更没有相应的景区标识系统。

（4）旅游产品未形成。旅游产品还没得到很好的设计和开发。

（5）财政投入较有限。全村经济水平偏低，存在旅游投入的困难。

2. SWOT 分析

（1）优势。具有丰富的民族传统文化和浓郁的风土人情，可大力发展独具白族特色文化的民族村寨；生态资源丰富，蜿蜒流淌的河流、大片肥沃的田地，以及村寨背后茂密的森林，为发展生态观光旅游提供了物质基础；生态环境优良，呈现出一片安静、祥和的景象；区域优势明显，紧靠通甸旅游小镇，位于兰坪县东部地区的交通要道，地处老君山景区的“西大门”，距省级风景名胜区罗古箐—大羊场旅游区仅 16 千米。

（2）劣势。基础设施落后，各种配套设施缺乏；环境卫生较差，村容村貌不统一；旅游业尚待起步，村民缺乏经营理念；村民文化水平不高，信息缺乏；经济发展落后，村民收入来源单一且低。

（3）机遇。近年来，旅游业对社会经济的贡献已为各级政府所认识，旅游业地位有了较大提高；旅游市场上，生态旅游、民族文化旅游、乡村旅游、自驾车旅游等旅游活动方兴未艾，而玉水坪村的资源特点符合这些旅游需求趋势；2003 年“三江并流”成功申报世界遗产，极大地推动了三江并流区域的旅游发展；兰坪县交通基础设施的逐步改善，将进一步加快其与大理、丽江等旅游区的互联互通，为更多游客的到来创造条件；“东方情人节”从 2004 年的成功举办以来，引起了外界的极大关注，成为兰坪旅游的引爆点，将不断提高兰坪旅游的知名度。

（4）挑战。滇西北知名的民族村寨较多，竞争激烈；面临传统文化丧失、文化被同化的风险；周边景区均在开发，争夺客源日趋激烈。

3. 开发方向

基于上述分析，玉水坪村应扬长避短，紧紧围绕民俗文化体验和高原生态旅游这两个大方向开发旅游业。

（1）民族文化体验。深入挖掘玉水坪村的民族文化资源，对白族传统文化进行保护性开发利用，着力培养一批传承古白族民间艺术的骨干，大力开发白族戏曲、歌舞表演等乡村文化旅游项目。

（2）高原生态旅游。充分利用本地的生态环境和特色资源，通过建立生态林果基地、高原特色农业、推出采摘园项目、开发高原山地运动康体项目等多种方式大力发展高原生态旅游。

（三）开发定位

1. 性质定位

以"旅游＋产业"扶贫为出发点和落脚点，立足于"通甸玉水，养生福地"主题形象定位，发展以白族文化为核心的民族文化体验、生态观光游览、休闲度假康乐等旅游产品，建设以文化体验、观光游览、休闲康乐等于一体的原生态白族文化体验区。

2. 形象定位

形象因子：高原、山地、乡村、田园、生态、白族、文化；

理念：通甸玉水，养生福地；

宣传口号："生态玉水坪，纯美白族村"。

3. 功能定位

基本层面：旅游接待服务功能；

提高层面：高原生态旅游功能；

核心层面：白族文化体验功能。

（四）开发目标

1. 景区目标

（1）品牌目标。兰坪白族人的最美家园。

（2）旅游区目标。将玉水坪村建设成为云南省生态民族文化村典范，3A级旅游景区。

（3）经济目标。到2020年游客总量达70000人次，人均旅游消费达到170元，旅游总收入达到1200万元，全村经济实力稳步提升，家家户户实现脱贫致富。

（4）文化目标。村民具备独立从事旅游业的素质和能力，当地白族文化和传统工艺得到有效保护和传承，建设成为民族生态旅游特色村。

（5）生态目标。村容村貌干净整洁，生态环境优美舒适，村民环保意识强烈，建设成为民族生态乡村。

（6）社会目标。"三农"问题得到有效解决，村民生活水平大大提高，社会秩序保持和谐稳定，滇西北高原美丽乡村的缩影。

2. 社区目标

（1）改善基础设施。结合旅游开发建设，改善玉水坪村的基础设施，包括乡村道路、给水排水、电力电信、环境卫生、防灾安全等，全面提升乡村基础设施条件水平。

（2）带动农村经济。结合美丽乡村建设，优化农村产业经济结构，大力发展以旅游接待为主导的服务业，开展以农副产品加工为特色的产品商贸业，结合环境美化开辟生态观光农业，促进农村经济发展。

（3）提高村民收入。通过以旅游为龙头的综合开发，为当地居民提供致富方式、增加就业机会、开辟创收渠道，带动玉水坪村脱贫致富，使当地居民人均纯收入从 4000 元提高到 10000 元。

（4）弘扬民族文化。在挖掘白族传统文化内涵的基础上保护和传承，传承白族文化，培养 3 个文化传人，建设 1 个文化传习馆，恢复 2 种民族技艺，申报 1 项非物质文化遗产，形成特色鲜明的民族文化景观。

3. 经济指标

（1）建设启动期（2016—2017 年）。到 2017 年年末，年游客总量达 13000 人次，人均旅游消费达到 80 元，旅游总收入达到 100 万元。

（2）建设深化期（2018—2019 年）。到 2019 年年末，游客总量达 35000 次，人均旅游消费达到 120 元，旅游总收入达到 400 万元。

（3）建设完善期（2020 年）。到 2020 年年末，游客总量达 70000 人次，人均旅游消费达到 170 元，旅游总收入达到 1200 万元。

（五）空间布局

1. 空间结构

玉水坪村的旅游空间结构可分为三级：旅游区、景区、景点。

（1）旅游区。整个玉水坪村的规划范围。开发建设内容包括边界划定、入口设置、外部道路、内部游路、水电系统、通信系统、接待设施、游览设施、解说系统等，形成旅游区开发建设的管理空间。

（2）景区。玉水坪村的游览空间，分为花溪景观带、历史探秘区、原乡怡养区、民俗体验区、特产商贸区 5 个景区。开发建设内容包括功能方向、项目配置、游览道路、接待设施、解说标牌等，构成旅游区的功能控制空间。

（3）景点。玉水坪村的游览单元。景区之下的游览对象，包括山体景点、水体景点、林木景点、建筑景点、人文景点、活动项目等，也是开发建设的实体单位。

表 1.2.1　旅游空间层次结构表

旅游区	景区	主要景点
玉水坪旅游区	花溪景观带	玉带河、玉水溪、芦苇飞鸟、芳香植物、木楞亭阁、彩色石头
	历史探秘区	玉水坪遗址、观音庙、金光塔、“太极雾气”观景点、玉金桥、景观大道
	原乡怡养区	星空庄园、中药庄园、芳香庄园、牧心农场、白尼广场、七彩花海
	民俗体验区	本主庙、吹腔戏台、白族大师坊、木楞客栈、木刻客栈、秘史客栈
	特产商贸区	火塘广场、白族工作坊、白族驿站、农田地景、白医风情街、芳香风情街、农产风情街

2. 空间布局

在综合考虑规划区用地功能、景观格局和场地环境的基础上，结合村落、河流、田园、山地等资源的分布状况，构筑“一心一带四区”的空间格局。

一心：旅游集散中心。它主要承担迎送游客、引景、游客服务管理、售票检票管理、文化展示、停车服务等。

一带：花溪景观带。它位于呈“S”形南北延伸的平坝上，通过在不同季节生长的农作物及其他花草展现出一幅迷人的田园风光。

四区：旅游景区。包括历史探秘区、原乡怡养区、民俗体验区、特产商贸区）（图 1.2.1）。

3. 功能分区

根据玉水坪村的资源分布，结合各个区域特征，将整个旅游区划分为旅游集散中心、花溪景观带、历史探秘区、原乡怡养区、民俗体验区、特产商贸区六大功能区（表 1.2.2）。

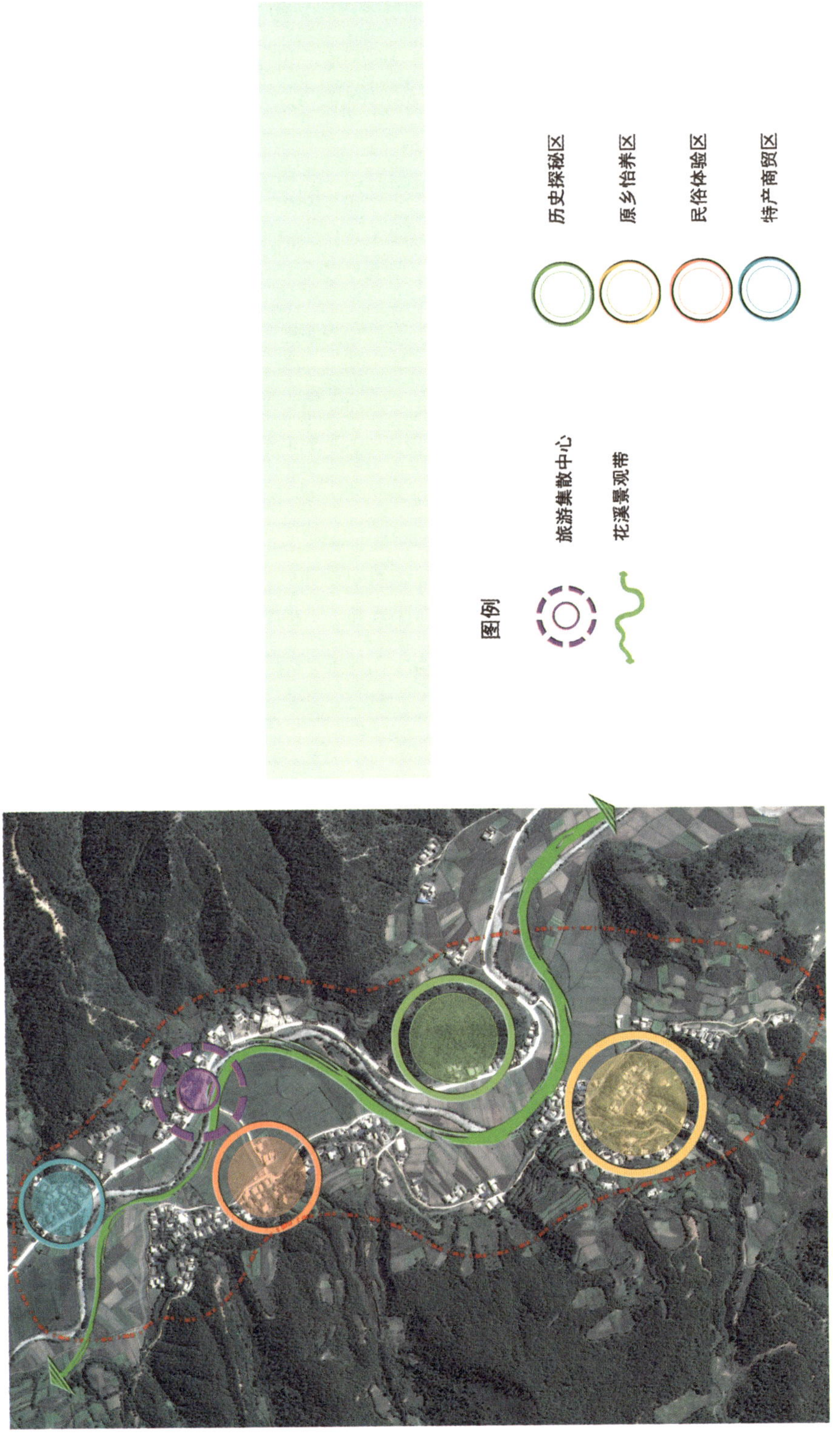

图 1.2.1　空间布局规划图

表 1.2.2　功能分区表

功能分区	位置	主要功能	开发思路
旅游集散中心	玉水坪河东组南面	景区管理、游客集散、接待服务	以游客服务中心为主体建筑，环中心配套白族牌坊、白族印象广场、白族群雕照壁等项目
花溪景观带	玉带河沿岸两侧	溪岸徒步、流觞体验、溪流观赏	以玉带河、玉水溪为双轴线，沿轴线配套四时码头、春泥赐福、平野秋千、冬情草垛、仲夏芦苇等项目
历史探秘区	金鸡岩山群	探访遗迹、森林探险、寻宝游览	以森林防火通道为主轴，依托玉水坪遗址、观音庙沿主轴配套古人类遗址博物馆、景观大道、断崖秋千群等项目
原乡怡养区	玉水坪上组	庄园养生、民族风情、花海地景	以村内主干道为主轴，沿主轴配套庄园、广场、花海、农场等景观
民俗体验区	玉水坪河西组	宗教信仰、民俗体验、客栈住宿	以本主庙为核心吸引物，以此为吸引点配套古树祈福、吹腔戏台、白族大师坊等项目
特产商贸区	玉水坪河东组	产业扶贫、加工作坊、酒吧餐饮	以火塘广场为中心，围绕其配套白族工作坊、白族驿站、农田地景等项目

三、项目产品

（一）旅游项目

1. 旅游集散中心

【景区概况】旅游集散中心位于旅游区东北部，地势平坦开阔，是旅游区的出入口服务区和第一印象区，也是游客的集散中心（图 1.3.1、图 1.3.2）。

【功能定位】该区功能定位为景区管理、游客集散、接待服务。

【开发思路】该区以游客服务中心为主体建筑，环中心配套白族牌坊、白族印象广场、白族群雕照壁等项目。

（1）游客服务中心。选择旅游集散中心开阔处，建设与周边环境相协调的游客服务中心。游客服务中心要求：一是凸显主题，结合“森林”“遗址”“白族”等元素传达景区意境；二是艺术打造，赋予游客服务中心艺术形象，增加景观和视觉效果；三是和谐协调，中心建筑要与周边环境融为一体，又要考虑道路、车流、人流等因素。

图 1.3.1　旅游项目分布图

图 1.3.2　旅游集散中心夜景图

（2）白族牌坊。选择进入游客服务中心主线大道，建设富有白族建筑特色的牌坊。白族牌坊要求：一是充分体现白族传统建筑特色，总体采用土坯的建筑外表，殿阁造型，飞檐串角，再配以泥塑、木雕、彩画、石刻、凸花青砖等组合成丰富多彩的立体图案；二是考虑牌坊作为旅游景区大门的体量要求，做到既可以对往来车辆适度限高限宽又可以满足游人车辆通行要求。

（3）白族印象广场。选择与游客服务中心相连接的成片平地处，建设构筑游人对玉水坪第一印象的白族风情广场。白族印象广场建设要求：一是建筑风格与游客服务中心相符合，能与玉水坪景色和谐一体；二是在地面以土坯与木楞交错的方式，呈现出有白族特色的花样；三是在广场四周设置白族原生特色的桌椅和阳光遮蔽物，便于游人休憩、观赏景色以及表演。

（4）白族群雕照壁。选择白族印象广场附近，建设兼具遮蔽道路噪声、粉尘及营造景观功能的白族群雕照壁。将白族群雕照壁建造成旅游集散区的标志性景观，使其平面浮雕和立体雕塑完美结合。在白族群雕照壁主建筑周围设置“龙头三弦”等雕塑，构建白族历史雕塑空间。

（5）生态停车场。选择游客服务中心旁的平整土地，建设适合各种动力车型的生态停车场。生态停车场合理布局汽车、自行车、电瓶车等车位。注重停车场景观化，考虑使用乔木遮阴、绿化铺地、绿化隔离等方式。

（6）代步租赁处。选择生态停车场旁边合适地方，建设兼具代步租赁和路线咨询功能的代步租赁处。代步租赁处不仅有惯有的自行车、电瓶车等交通工具的租赁服务，而且配备牛、马等家畜代步租赁服务（配备相关人员）。

（7）原生洗手间。选择旅游集散中心合适地段，建设外观景观化的原生洗手间。原生洗手间不仅解决了游客旅途中的生理需求，也保护了环境，同时又是一种景观，可以让游客在欣赏风景的同时提高环保意识。

2. 花溪景观带

【景区概况】花溪景观带沿玉带河分布，河道曲折蜿蜒，是旅游区水域景观、水生物产、亲水娱乐等项目开展的依托。

【功能定位】该区功能定位为溪岸徒步、流觞体验、溪流观赏。

【开发思路】该区以玉带河、玉水溪为双轴线，沿轴线配套四时码头、春泥赐福、平野秋千、冬情草垛、仲夏芦苇等项目。

（1）玉水溪。选择玉带河西侧另开河道，建设引水入村工程，形成玉水溪流景观，同时营造亲水娱乐空间和临水堤岸景观。玉水溪也是涨水季节调节水位的分流河道。玉水溪建设要求：一是新开河道应充分考虑与原有河道的协调，以不影响原有河道功能、四周耕地资源为底线；二是河道建设应易于游人亲近，以不同风格的桥梁、跌水分隔河段；三是沿岸种植柳树、兰草、芦苇等构景植物，形成近水植物景观。

（2）玉带河。选择玉带河合适节段，建设景观化的玉带河。玉带河建设要求：一是清除河道内生活垃圾，使河水清澈、河底干净；二是修整原有两座桥梁，保留桥梁通行功能的同时美化桥梁外立面；三是沿河道种植合适花草树木，形成具有观赏性的河道景观。

（3）四时码头。选择玉水溪合适地点，建设兼具娱乐功能的各具特色的四时码头。四时码头建设要求：一是要满足玉水溪通行皮划艇的停靠要求，以游客集散中心为起点布局相间合理；二是四时码头分别以垂钓、摸鱼、观景、饮水为主题功能，建造各分码头时应充分考虑上下功能要求；三是四个功能码头风景主题各异，分别以芳香植物、木楞亭阁、芦苇飞鸟、彩色石头等为特色。

（4）春泥赐福。选择玉水坪村河西组前临水荒地，建设开展白族传统泼泥赐福活动的春泥赐福沼泽地。在泥浆里混入玉水坪所产保健药材，使春泥赐福兼具春泥狂欢和驱邪保健的效果。建设地点要尽量避开耕地资源，沼泽池需池底平整、深浅合适、泥质细腻。要充分考虑到游客人身安全。

（5）平野秋千。选择玉水溪旁休耕田地，建设开展白族传统秋千娱乐活动的平野秋千群。每根秋千选用当地的七根山木构建秋千架，选用当地竹篾编成秋千绳。每当白族传统节日以及固定日期，由专业表演人员进行秋千秀。杂技秋千设置安全带，保障游客安全。

（6）冬情草垛。选择玉水溪旁休耕田地，建设由当地松针制作的各类草垛主题乐园。来源于白族传统草垛景观，优化为各类狂欢素材，如草垛儿童乐园、草垛迷宫、草垛摔跤场、草垛塑形大赛等。草垛所选用的松针应经过反复晾晒消毒，保证其对游客健康无危害。

（7）仲夏戏水。选择玉水溪河岸凹陷处，建设游客戏水的仲夏戏水滩岸。在所选地点外围种植大量芦苇，放置适量彩色石头，兼顾游客戏水趣味性和游客安全性。滩岸建设要符合游客戏水的各项要求，注意清理每年硬化的芦苇根，排除安全隐患。

3. 历史探秘区

【景区概况】历史探秘区位于金鸡岩山群，紧邻维兰公路（Q23 县道），是旅游区开展遗迹参观、探秘寻宝的依托。

【功能定位】该区功能定位为探访遗迹、森林探险、寻宝游览。

【开发思路】该区以森林防火通道为主轴，依托玉水坪遗址、观音庙沿主轴线配套古人类遗址博物馆、景观大道、断崖秋千群等项目。

（1）玉水坪遗址。选择遗址所在地，建设保护性配套设施。玉水坪遗址建设要求：一是以不破坏原有遗址资源为原则，一切设施建设让位于文物保护；二是适当配套游览设施，如游览道、讲解牌、标识系统等；三是提供人工讲解，使游客与遗址有更多互动的同时激发其了解保护遗址的意愿。

（2）观音庙。选择原有观音庙所在地，进行景观化改造工程。观音庙建设要求：一是以原有观音庙为基础，突出其历史延续性和白族人文特色；二是在原有宗教活动的基础上，增加素斋坊、解签亭、许愿塔等信仰活动；三是改造观音庙的外立面，在其视野较好的地方设置亭阁。

（3）古人类遗址博物馆。选择玉水坪遗址脚下废弃民居，建设具有科普教育作用的古人类遗址博物馆。古人类遗址博物馆建设要求：一是半边传统土坯外立面与半边钢结构玻璃后现代建筑相结合，凸显土洋结合的独特风格；二是室内文物展示讲解与室外文物展示讲解相结合，模糊室内室外分界线；三是图文人员讲解与游客体验相结合，增强游客寻根探遗的兴趣。

（4）玉金桥。选择玉金桥原址，建设兼具原始白族风情的景观桥。保留玉金桥原有主体建筑，将其分为原始部落、白族文明两个侧面，分别进行主题设计美化。在桥梁入口立碑讲解，使游客观赏美景的同时了解其文化内涵。

（5）景观大道。选择维兰公路（Q23 县道）玉水坪段，建设成能让游客漫步观赏的景观大道。优化原有水泥路面，并对车道进行科学划分，分为：机动车道、自行车道和牛（马）车道。在景观大道进出口设置路障，以限制进入车辆体量，维护景观及安全。在道路两边种植各类高矮的观赏类植物，做到四季有景、高矮参差、红绿相间。

（6）断崖秋千群。选择玉水坪遗址保护区外金鸡岩视野开阔的断崖岩石，建设惊险刺激的断崖秋千群。断崖秋千群在充分保证游客安全的基础上（选址、选材、固定、渔网），兼顾秋千荡起时的视野。

（7）原木滑道。选择金鸡岩坡度合适的山脊，建设速度滑落的原木滑道。在滑道入口提供相应护具，告知游客注意事项。定期检查维护滑道，保证滑道安全。建设滑道时，清除沿途危险植物，构建另外观赏景观。

（8）木楞栈道。选择金鸡岩坡度合适的山坡，建设徒步观赏的木楞栈道。木栈道的坡度和拐弯处都应科学设置角度，木栈道使用合适建材，保证游客步行舒适性。建设木栈道时注意保护年久树木，沿途构建观赏景观以及休憩凉亭和回廊。

（9）松针寻宝。选择金鸡岩松针丰富的森林区域，建设游客探寻松针下珍宝的寻宝区域。松针寻宝不仅包括自然生长的松茸等珍贵野生菌，也包括旅游区隐藏的仿制兽骨、古人类模型等纪念品奖励。

4. 原乡怡养区

【景区概况】原乡怡养区位于玉水坪上组，山水田野村落俱全，是旅游区开展花海观景、中药养生、休闲康乐的资源依托（图 1.3.3）。

图 1.3.3 原乡怡养区效果图

【功能定位】该区功能定位为庄园养生、民族风情、花海地景。

【开发思路】该区以村内主干道为主轴，沿主轴配套庄园、广场、花海、农场等景观。

（1）白尼广场。选择玉水坪上组聚居山坡下的平坦山谷，建设溪水环绕的白尼广场。白尼广场建设要求：一是与引水入村工程、原有溪流结合，形成溪环广场的特色景观；二是在广场四周随坡改建观众席，使游客观赏广场表演时有置身自然之中的感觉；三是在广场高地搭建民族特色戏台，以开展各种民族演出。

（2）七彩花海。选择玉水坪上组范围内合适田地，建设各色花朵齐放的七彩花海。七彩花海建设要求：一是充分考虑当地村民经济收入，种植油菜花、薰衣草、附子花等延长农业产业链的芳香作物；二是充分考虑花期及花色所形成的景观，规划花海所呈现的地点及效果；三是在花海中适当营造人工鸟巢、花色文字、稻草人等小品景观，使花海更具观赏性和可游性。

（3）憩神观景台。选择玉水坪上组视野较好山坡，建设游客远眺发呆的憩神观景台。憩神观景台建设要求：一是选址原则是视野开阔和远离喧嚣，满足游客心神徜徉、极目远眺的需求；二是观景台外观要充分体现民族特色，具有为游客提供喝茶、摄影、闲坐的实用功能；三是观景台能够夏遮阳冬避风。

（4）牧心农场。选择玉水坪上组范围平缓少树山坡，建设游客可以一享放牧乐趣的牧心农场。牧心农场内以较为温驯的牛、马、羊为主，有专门人员看管。在牧场内划出以幼崽为主题的萌趣放牧区，使游客更加自然地亲近动物。牧场周边设置原木桌椅、草垛、稻草人等景观。

（5）野奢营地。选择玉水坪上组森林平坦坡地建设适宜野营的野奢营地。营地建设配套洗手间、洗澡间、排污沟、饮用取水处等设施，提供帐篷、火塘等设备的租赁服务。营地建设既能让游客融入自然，又要保证森林安全和保护环境。

（6）星空庄园。选择玉水坪上组内木楞建筑完整的民居群，建设游客观赏夜空的星空主题庄园。对星空庄园进行屋顶透明化改建，要较好地保留木楞民居群外立面的白族特色。庄园可引水入院，使木楞民居群的院落形成庭院山水景观。严格控制庄园附近光源，保证星空的可观赏度。

（7）中药庄园。选择玉水坪上组靠近中药田地的民居群，建设以中药为特色的中药主题庄园。靠近中药庄园的中药田地需要进行景观化改造，充分保证庄园的美观性。庄园可引水入院，使民居群落形成山水交映、花药相伴的庭院景观。庄园外侧设置配套的中药膳房，兼顾庄园住宿旅客与其他旅客。

（8）芳香庄园。选择玉水坪上组靠近花田的民居群，建设以花海芳香为特色的芳香主题庄园。使花海与庄园融为一体，使游客产生犹如住在花海之中的感觉。庄园可引水入院，使花海、溪水、民居形成庭院景观。庄园外侧设置配套的芳香膳房，兼顾庄园住宿旅客及其他旅客（图 1.3.4）。

图 1.3.4　芳香庄园效果图

5. 民俗体验

【景区概况】民俗体验区位于玉水坪河西组，宗教氛围浓厚，是旅游区开展宗教旅游、民俗体验的依托（图 1.3.5）。

【功能定位】该区功能定位为宗教旅游、民俗体验、客栈住宿。

【开发思路】该区以本主庙为核心吸引物，以此为吸引点配套古树祈福、吹腔戏台、白族大师坊等项目。

图 1.3.5　民俗体验区鸟瞰图

（1）本主庙。选择玉水坪河西组本主庙原址，建设兼具本主崇拜和文化体验的本主庙。本主庙建设要求：一是保留原有本主庙的特色建筑，对其内部装饰进行优化；二是在保留玉水坪当地居民本主崇拜需求的基础上，增设本主庙会等游客宗教体验活动；三是扩大本主庙大门前平台，使其满足游客游览观赏的平台需求。

（2）古树祈福。选择本主庙门前平台中心移植一棵古树，建设用于游客纳凉祈福的古树祈福广场。古树祈福广场建设要求：一是古树应移植在本主庙前平台中心，以构建古白族一村一古树的文化空间；二是在古树旁平台边缘处设置一条悬空木观景带，使游客有凌空通神的感觉；三是对古树视线内田地进行景观化改造，营造花田与垂柳相间的田野景观。

（3）吹腔戏台。选择河西组村口废弃校园改造，建设用于表演白族传统舞台艺术的吹腔戏台。吹腔戏台建设要求：一是保留废弃校园建筑的外立面民族特色和年代感，对其内部装饰进行现代适用改造；二是在原校园操场搭建戏台，对其进行引水入园以及景观改造；三是停用原有大门，在面对村落的墙面建设白族特色牌坊大门。

（4）白族大师坊。选择河西组次道进行民居改造，建设有民族博物馆及传习所性质的白族大师坊。大师坊室外进行白族传统技艺景观营造，如木刻、草垛、情景雕塑等。大师坊内部承包给有专业技艺的白族人，进行传统木刻、古白族话、制作传统食材等技艺的展示和传习。

（5）观极台。选择河西组区最高的山顶，建设观看玉水坪冬天两束“太极雾气”的观极台。观极台有一条木栈道连接山下，营造出一种超然世外、神秘玄妙的氛围。配置摄影平台以记录玉水坪这一特色气象景观。

（6）木楞客栈。选择河西组区内邻近道路的保存较好的木楞民居群，建设木楞主题客栈。木楞客栈仅保留其白族特色外立面，对其内部布局进行适用改造。在客栈大堂设立专门火塘，供游客体验取暖。对外经营白族特色餐饮，以山珍、吹肝为特色（图 1.3.6）。

图 1.3.6　木楞客栈效果图

（7）木刻客栈。选择河西组区门窗木刻艺术保存较好的木刻民居群，建设木刻主题客栈。木刻客栈应完整保留其木刻门窗的同时，充分考虑游客对光线通风的要求。在客栈大堂装饰各式木刻，使游客体验木刻的精妙。对外经营白族特色餐饮，以干巴菜、腊肉为特色。

（8）秘史客栈。选择河西组区各个时期民居都保存完整的院落，建设秘史主题客栈。秘史客栈应完整展示各个历史时期白族的建筑特点，旁边配以文字说明。在客栈大堂设 24 小时图书角，使游客沉浸在白族文化历史之中。对外经营当地白族特色餐饮，以蜂蜜、乌骨山羊为特色。

6. 特产商贸区

【景区概况】特产商贸区位于玉水坪村河东组，临近维兰公路（Q23 县道），是旅游区开展产业扶贫、特产贸易的依托。

【功能定位】该区功能定位为产业扶贫、加工作坊、酒吧餐饮。

【开发思路】该区以火塘广场为中心，围绕其配套白族工作坊、白族驿站、农田地景等项目。

（1）火塘广场。选择河东组中心平坦区域，建设以热情、狂欢为主题的火塘广场。火塘广场建设要求：一是在广场正中心设置一传统火塘，营造民族风情的同时点燃游客热情；二是广场建制仿造古时四方街，设置戏台可进行拍卖或表演民族歌舞；三是广场地面硬化，以木楞与土色相间设计成花纹（图 1.3.7）。

图 1.3.7 火塘广场效果图

（2）白族工作坊。选择河东组房屋密集处改造，建设前店后厂的透明化手工艺品加工白族工作坊。白族工作坊建设要求：一是厂房外观与白族村落相协调的基础上，内景体现出加工对于质量、卫生、安全的要求；二是厂房生产加工产品除供工作坊店面，也可实名直供其他地区；三是厂房与店面连通，满足游客进行近距离参观。

（3）白族驿站。选择河东组火塘广场四周及延伸至县道沿线，建设酒吧、餐饮、咖啡馆、茶楼等休闲娱乐功能的白族驿站。白族驿站建设要求：一是社交性质及环境要求较高的酒吧、茶楼、咖啡馆等紧邻火塘广场，经济型餐饮等对便利性要求较高场所设置在县道沿线；二是白族驿站整体建筑风格应体现白族人文化空间，可对其室内装饰进行适用改建；三是整体营造出社交、商贸的气氛，便于游客敞开心扉以及交易达成。

（4）农田地景。选择河东组山体斜面梯田，建设展示书法艺术的农田大地景观。农田地景是玉水坪村向沿县道过往游客展示自身魅力的一个标识，与斜对面的游客集散中心遥相呼应。地景构成植物可以是薰衣草、油菜花等芳香植物，也可以是花豌豆、玉米等经济作物。

（5）电商学习班。选择白族工作坊闲置房间，建设意在培育玉水坪当地电商经营人才的电商学习班。电商学习班以专业人才为老师，选取玉水坪村初中及以上文化的村民进行电商技能培训。通过电商巨头阿里巴巴产业链向农村转移的时机，为玉水坪村产业寻找出新的市场蓝海。

（6）白医风情街。选择河东组区内平整街道的民居群，建设销售玉水坪村种植药材的白医风情街。白医风情街设置白医药房、白医保健馆等相关门市，其药材直接来源于玉水坪村的中药种植业，如附子、秦艽、玛咖等。如果游客需要，可以提供地头采摘、白族工作坊加工、白医风情街出售的一条龙服务。

（7）芳香风情街。选择河东组区内紧邻白医风情街的民居群，建设销售玉水坪种植芳香植物的芳香风情街。芳香风情街设置花房、精油坊、芳香养生馆等相关门市，其芳香原料直接来源于玉水坪村的芳香种植业，如薰衣草、玫瑰、油菜花等。如果游客需要，可以提供地头采摘、白族工作坊加工、芳香风情街出售的一条龙服务。

（8）农产风情街。选择河东组区内紧邻芳香风情街的民居群，建设销售玉水坪农产品的农产风情街。农产风情街设置农产加工铺、农产批发零售点等相关门市，其农产品直接来源于玉水坪村的农产品种植业，如花豌豆、玉米、马铃薯等。如果游客需要，可以提供地头采摘、白族工作坊加工、农产风情街出售的一条龙服务。

图 1.3.8　农产风情街效果图

（二）旅游产品

1. 核心产品

白族文化体验产品。越是民族的，越是心灵的。民族风情，在人们心中已经超越了带人们体会另一种风俗的功能，转而使人们通过另一种视角沉思自己的人生。玉水坪旅游区依托其白族的独特风情，开展的一系列宗教、住宿、餐饮、娱乐等产品对于忙于生存的人们有着神秘的启迪能量。

2. 亮点产品

（1）高原生态养生产品。一座庭院，一种人生；一脉文化，一腔格调。庭院，越来越成为城里人远离喧嚣、放缓身心的首选。玉水坪村旅游区设置的庄园养生与客栈体验两大住宿群、特色餐饮与养生膳食两大菜系、极目观景与参与体验两大娱乐、宗教与民族两大氛围等动静结合、互补协调、丰富多彩的项目，都为康体生态养生产品提供了完善的“生产链条”。

（2）休闲度假康乐产品。不亏待眼睛，就能煽动心灵。异境风光对都市人有着不竭的吸引力，他们相信看得越多，人生就越广阔。玉水坪旅游区依托其本身优越的高原避暑气候、山水相间的自然风光、白族建筑群落对整个村落进行了引水入村、整体景观化等一系列项目改建，都使游客难以移开目光。

3. 支撑产品

（1）遗址探秘产品。越久远，越神秘。每个人都有探究历史、寻根探源的本能。玉水坪遗址的发现把人类的历史推前 1 万多年。遗址发现的山洞，山洞所在的金鸡岩，以及周围延绵的山峰都撩拨了一批又一批旅游者探幽访秘、追寻先遗的好奇心，也为旅游者开展探秘寻宝活动提供了优良场所。

（2）赐福狂欢产品。山村灵秀，村民热忱；白族古俗，令人圭臬。越来越多的都市人被各色各样的狂欢项目所吸引，这成为都市人释放压力、放松身心的发泄方式。玉水坪村旅游区凭借其玉水溪沼泽池、白族传统草垛、白族秋千开展了春泥赐福、草垛迷宫之金猪开运、草垛摔跤、草垛乐园、极限秋千等一系列的赐福狂欢活动，都为赐福狂欢产品提供了丰富的“狂欢菜单”。

（3）森野探秘产品。没有发现，就没有来过。探秘，已经不仅仅是人们保持不竭的乐趣，更加是都市人相互卸下心防的回归童真的法宝。玉水坪不仅有天然的森林探秘场，也具备建设森林探险的条件，可以开展山地寻宝、森林冒险等一系列的惊险奇趣项目，为探秘爱好者提供了优良的森林环境。

（4）特产贸易产品。白族圣地，物华天宝；西行坦途，前景广阔。越来越多的西行进藏、去往罗古箐风景名胜区及其他过往游客途经 Q23 县道玉水坪段，这为玉水坪村销售自产产品提供了广阔的市场。玉水坪村旅游区自身芳香作物及其副产品、农产品及其加工产品、中草药及其加工产品以及野生松茸等珍贵菌类、家养牛、鸡、羊等肉产品，都为特产贸易产品提供了充足的“原料市场”。

（三）旅游景观

根据玉水坪村的特点，打造村落景观、田野景观、溪流景观、森林景观、天象景观五大景观系统。

1. 村落景观

主要由白族民居、木楞房、草垛、乡间道路等组成，以近景游览体验为主。

2. 田野景观

主要由溪流、农田、山林、坡地等组成，以中景驻足观光为主。

3. 溪流景观

主要由玉水河蜿蜒河岸线、河中动植物、岸边景观等组成，以中景驻足观光为主。

4. 森林景观

主要由松树林、山峦、天际线、山峰、雪顶等组成，以远景眺望为主。

5. 天象景观

主要由金鸡岩、龙山顶冬日两束雾气组成，以远景眺望为主。

（四）游览系统

1. 内部游览线路

（1）电瓶车游览线。以游客集散中心为辐射起点，依托村内主干道和花溪景观带，形成连接各个景点的五大主题电瓶车游览线。全长 20 千米，游览时间 40 分钟。在不影响交通的前提下，可考虑将电瓶车装扮为各种造型的车辆，包括飞鸟车型、白族建筑车型、特色农作物车、动物车型等。

（2）自行车和马车游览线。沿河设计一条自行车、马车游览线路，分别在游客集散中心、古人类遗址、白族广场、白尼广场、火塘广场 5 个地点设置自行车、马车租还服务中心。

（3）步行游览线。步行游路分主次三个等级，第一级步行游路为贯穿村庄南北方向的步行轴、进入森林山区的东西步行轴及围绕玉带河的环河步行轴。第二级步行游路为主游路至各景点之间的联系线路。第三级步行游路为步行小道或攀登栈道，主要分布于山间林地，主要用途为主游路和次游路向周围延伸的休闲观光游览道路。

（4）水路游览线。沿着玉带河开辟一条水上游览线，修建 4 个码头，全长 5 千米，游览时间 30 分钟。游览工具包括竹筏、皮艇等。

2. 组合游览线路

玉水坪（白族村）—罗古箐（普米村）—大羊场（彝族村）民族风情游览线；金顶—通甸（玉水坪）—老君山风情小镇游览线；老君山—通甸—玉水坪—罗古箐—大羊场高原生态游览线；丽江—兰坪（玉水坪）—怒江—腾冲滇西北精品游览线；大理—剑川—兰坪（玉水坪）—维西—香格里拉“三江并流”腹地游览线。

四、专项规划

（一）土地利用

1. 利用现状

玉水坪村目前还处于旅游开发初级阶段，规划总面积 1500 亩。各类用地指标为：建筑面积 140 亩，占 9.33%；道路面积 11.5 亩，占 0.76%；农田面积 976 亩，占 65.07%；林地和草地面积 175 亩，占 11.67%；遗址保护面积 157.5 亩，占 10.50%；水域面积 30 亩，占 2.00%；其他面积 10 亩，占 0.67%（表 1.4.1）。

表 1.4.1　土地利用现状表

土地类型	面积（亩）	比例（%）
建筑面积	140	9.33
道路面积	11.5	0.76
农田面积	976	65.07
林地和草地面积	175	11.67
遗址保护面积	157.5	10.50
水域面积	30	2.00
其他面积	10	0.67

2. 利用依据

依据《风景名胜区规划规范》（GB/T 50298—1999）的用地分类标准，结合玉水坪旅游区开发实际，用地类型可划分为以下几类：

（1）甲类。旅游设施用地——旅游点建设用地、游娱文体用地、购物商贸用地、其他游览设施用地；

（2）乙类。居民社会用地——居民点建设用地、管理机构用地、科技教育用地等；

（3）丙类。交通与工程用地——对外交通通信用地、内部交通通信用地、供应工程用地、环境工程用地和其他工程用地等；

（4）丁类。农业基本用地——农田、经济林木和农业设施等；

（5）己类。水域——湖泊、湿地、河流和其他水域用地等；

（6）发展滞留用地。未利用地和其他滞留用地等。

3. 利用指标

旅游区的土地利用重点在于适当扩大旅游设施用地、风景游赏用地等建设用地方面的比例，保护水源地、林地，优良耕地，提高旅游区的环境水平和景观层次，增加游览服务设施，强化旅游吸引力，以满足旅游功能的需要。

（1）增加旅游设施用地。旅游设施用地主要包括位于入口区的旅游集散中心，位于玉水坪河东组的野营地。

（2）扩大居民社会用地。居民社会用地主要包括玉水坪村居民居住地。

（3）优化林地、草地。为旅游区的重点保护用地，应严格保护，不得改变其用途，对林地的利用及林相的改造应经过严格批准，草地应避免过度放牧。

（4）扩建交通设施用地。旅游区步行游览道路以原有小路为基础改造，以满足游览通达性、安全性、舒适性要求。玉水坪—罗古箐公路改造为三级旅游公路。因此，交通工程用地增加量较小。但在道路建设时应注意尽可能减少对地貌、植被的破坏，使其对环境的影响减至最低程度。

（5）确保农田基本用地。此类用地主要集中于坝子上，主要对其进行种植结构调整。

（6）保护水域。指本区域内的水面、溪流、沼泽等用地。规划对其主要以保护为主，不得随意改变其自然形态、流向，以避免对环境生态造成破坏。

（7）确保遗址保护用地。指规划区范围内为保护玉水坪遗址免遭破坏而设立的重点保护范围，根据文物保护法有关条例，不得进行任何程度的破坏（表 1.4.2）。

表 1.4.2　土地利用规划表

土地类型	面积（亩）	比例（%）
建筑面积	145	9.67
道路面积	12.5	0.83
农田面积	970	64.67
林地和草地面积	165	11.00
遗址保护面积	157.5	10.50
水域面积	35	2.33
其他面积	15	0.10

（二）社区调控

1. 调控原则

玉水坪村属于居民社区、接待基地共处的复合空间，因此在尊重历史发展遗存、统筹兼顾综合发展需要、坚持以人为本理念的前提下，为实现全面提升旅游区品质、形成良好旅游氛围、打造知名高原乡村的目标，应按照下述三项原则对居民社区进行调控。

（1）控制乡村居民人口规模。玉水坪村居民人口发展过快会影响到旅游区的经营管理，甚至会对景区建设、游客游览、环境氛围等造成严重干扰，故应严格控制乡村的人口规模。

（2）合理布局村庄居民点。布局应兼顾到旅游发展需要，在现有居民点适当保留前提下，部分居民点向外迁移，逐步减少旅游区的常住人口规模和数量。

（3）科学引导社区产业转型。乡村产业发展结构应与旅游业发展相互适应，通过旅游开发引导产业由生产型向服务型转型，发展以旅游业为龙头的服务业，实现劳动力向服务业的合理转向。

2. 调控类型

根据现有居民点分布状况和居住环境，社区规划调控分类如下：

（1）搬迁拆除型。分布在旅游区出入口、出入口通道两侧、水体边缘等较敏感地块的民居建筑，严重影响旅游区的景观效果、游客游览、景区管理等，可统一拆除，向搬迁安置点搬迁。

（2）搬迁改造型。对于没有形成较合理的村落肌理或处在敏感地块的居民点，该地居民向安置点或新区转移，所留建筑或场地作为旅游服务、民俗展示、休闲娱乐、科普教育等建筑场馆加以改造利用。

（3）保留控制型。村落较为集中地区，考虑居民长期生活于此，搬迁成本巨大，因此不对其实施大量搬迁，保留居民原有生活模式，同时实行产业转型，向特色街区、特色社区、民俗展示区等转变。

（4）保留利用型。在部分居民中增加具有参与特色的活动，形成与当地居民生产生活模式、民风民情相关的游览项目，如改造为民俗博物馆、民居客栈、民居作坊等，使居民点向旅游服务业逐步转型。

（5）保留迁入型。旅游区内分布的村庄，布局已成规模，自然环境较好，既可满足当地居民的生活要求，又不会对环境造成危害性影响，可保留原有村落风貌，经过统一规划后作为今后拆迁人口的迁入地。

3. 调控措施

为了保护乡村的现有格局，防止居民乱拆乱建，确保乡村的健康发展和规划能够得到实施，需要制定社区调控规划，调控方式可以《玉水坪乡村旅游村民公约》形式发布实施，主要内容包括：

（1）民居保护。保护玉水坪村传统建筑和村落形态，禁止现代建筑形式或乱拆乱建；新建建筑的外观要与全村保持风格一致，维持古朴的传统建筑风格。

（2）公共场所。禁止私自占用公共道路、广场等公共空间。

（3）民居经营。农家乐、客栈等旅游经营户要选择有意愿、有条件且有能力家庭，实行特许经营，总量控制。

（4）分工合作。建立合理的分工合作，对没有参与到旅游经营的农户给予适当补贴，参与旅游经营的农户要划定边界，防止恶性竞争。

（5）利益分配。建立合理的利益分配机制，以合同的形式明确旅游经营户与非旅游经营户之间、直接旅游经营户与间接旅游经营户之间、旅游经营户与行政主管部门之间、玉水坪村与开发企业之间的利益分配机制。

（三）旅游容量

玉水坪作为一个旅游特色村，游客量应控制在一定的环境承载力之内，避免过度拥挤，超出环境的承载能力，造成环境污染和生态破坏，并为游客保持一个宽松、舒适、愉悦的旅游环境。综合考虑旅游区的景点分布、游览方式、地形地貌等方面的因素，确定采用面积容量法和卡口容量法进行环境容量测算。具体计算公式如下：

1. 面积容量法

$$C=(A/a)\times D$$

其中：C——日环境容量，单位为人次；

A——可游览面积，单位为 m^2；

a——每位游人占用的合理游览面积，单位为 m^2/ 人；

D——周转率，D= 景点全天开放时间（一般取 8h）/ 游完景点所需时间。

根据面积容量法，玉水坪村可游览面积为 $9990m^2$，参照相关标准，假定每位游人占用的合理游览面积为 $30m^2$/ 人，周转率为 1.5，可计算出玉水坪村的日环境容量为 499 人次。

2. 卡口容量法

$$C=B\times Q$$

式中：C——日环境容量，单位为人次；

B——日游客批数，$B=t_1/t_3$；

Q——每批游客人数；

t_1——每天游客时间，$t_1=H-t_2$，单位为 h；

t_3——每两批游客相距时间，单位为 h；

H——每天开放时间，单位为 h；

t_2——游完全程所需时间，单位为 h。

根据卡口容量法，假定玉水坪村每位游客都是乘坐电瓶车进入，每辆电瓶车可载客 15 人，有 6 辆车，每趟周转时间为半小时，每天可以运送 50 批游客，可计算出玉水坪村的日环境容量为 750 人次。

（四）环境保护

1. 旅游区分级保护

根据旅游功能区、旅游景点的分布，玉水坪旅游区范围内按三级保护区划分（表 1.4.3）。

表 1.4.3　旅游区保护区划表

保护区	面积（亩）	主要区域	主要要求
一级保护区	157.5	玉水坪遗址	严格维护玉水坪遗址原貌及科研价值
二级保护区	205	山地林区、玉带河及玉水溪	不得任意破坏原有风貌和周围环境
三级保护区	1137.5	玉水坪村落、田野	建设性地进行原有风貌和周围环境改造，适度开发旅游项目

（1）一级保护区（157.5 亩）。玉水坪遗址保护覆盖区域，是整个旅游区的历史核心区。一级保护区内严格维护自然景观的原有风貌和周围环境，区内的山石、水体、动物、植物资源均受严格保护，禁止各种破坏山体的建筑、开采活动。

（2）二级保护区（205 亩）。以保护场地景观的可持续利用为目的，是整个旅游区的生态保障区。保护区内要重点封山育林，植被恢复，禁止砍伐林木。严格控制污染源与人类破坏活动，控制水土流失面积，削减水土流失量；加强植树造林，切实提高森林覆盖率，增强涵养水源能力；禁止污染水体的排污行为和水上作业。

（3）三级保护区（1137.5 亩）。为一级、二级保护区以外的外围环境协调区，是整个旅游区人类活动频繁的区域。在该区内可允许发展旅游项目，可以建设旅游服务设施、旅游线路、旅游接待设施等项目。人工置景与建筑应与自然环境协调，体量适度；实现景区生活污水、固体废弃物的标准化收集处置（图 1.4.1）。

2. 旅游资源分类保护

（1）森林植被保护。严禁毁林开荒和乱砍滥伐林木，防止对植被的破坏，加强对山体植被的监督和管理，杜绝水土流失、泥石流等现象的发生；严格执行封山育林、退耕还林措施，维护现有良好的自然生态环境；对于旅游区内植被中特有珍稀植物，对其进行考察、登记记录、挂牌，进行特别保护；控制村民砍柴、烧炭等行为。

（2）野生动物保护。严格执行《野生动物保护法》，严禁对野生动物乱捕滥猎；附近当地居民喂养、放牧的家畜、家禽，要加强防病、治病，定期开展动物检疫，防止疾病在动物中流行；利用宣传牌等多种方式，向游人宣传保护野生动物的意义和知识，以及有关的法律和处罚规定。

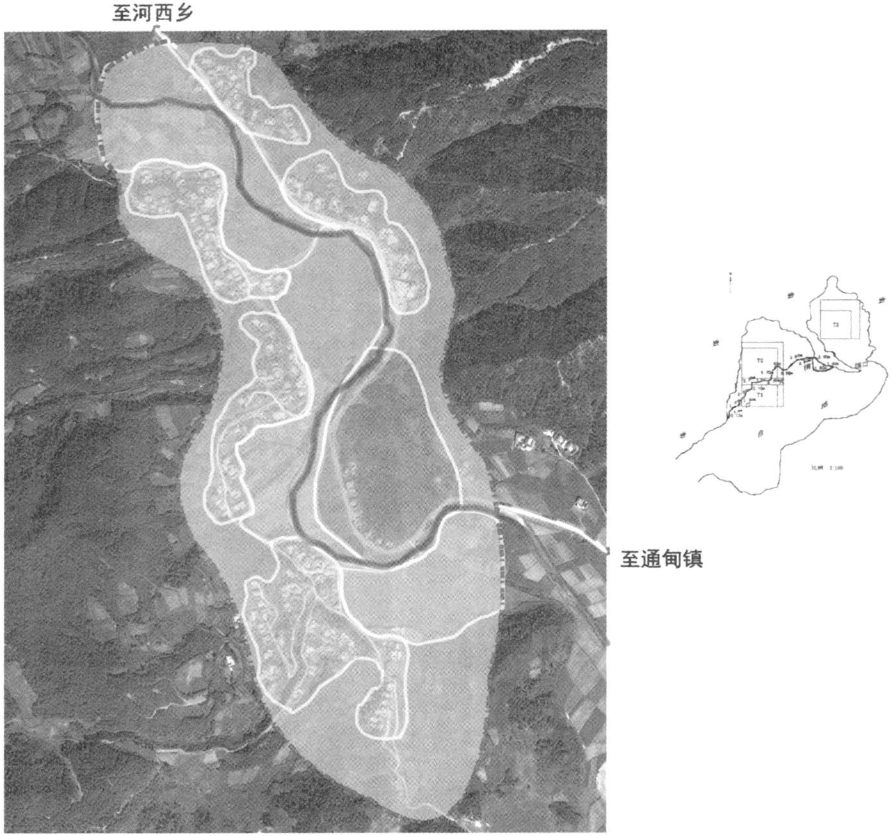

旅游区保护区划表

内容 / 保护区	面积（亩）	主要区域	主要要求
一级保护区	157.5	玉水坪遗址	严格维护玉水坪遗址原貌及科研价值
二级保护区	205	山地林区、玉带河及玉水溪	不得任意破坏原有风貌和周围环境
三级保护区	1137.5	玉水坪村落、田野	建设性地进行原有风貌和周围环境改造，适度开发旅游项目

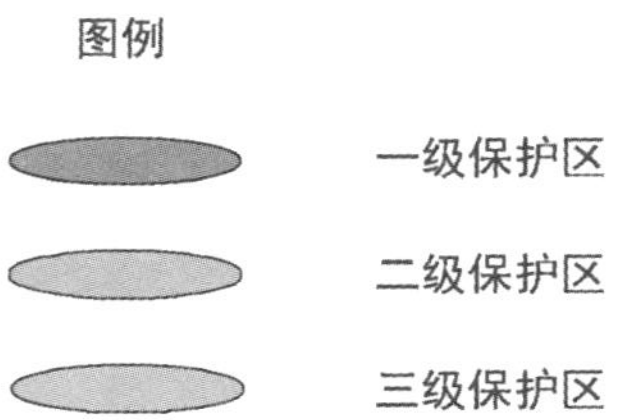

图 1.4.1 环境保护规划图

（3）水体保护。严禁游客和居民向区内小溪、河流等水体乱扔垃圾及其他任何物品；旅游接待设施基地须设置污水处理站，对污水和粪便进行严格处理，达标后再排放；修建生态环保型公厕，严禁自由排放污水，以免污染水源；严禁在靠近水域、溪流、水源等水体资源的地方修建具有严重污染性的旅游设施和配套设施。

（4）历史遗迹保护。禁止在历史遗迹和古建筑上乱涂乱画，对于已经遭到破坏的部分，应依照历史遗迹和古建筑原有风貌进行恢复；对于历史上曾经存在，现已遭到破坏或不复存在的历史遗迹和古建筑，采取依照其原始风貌的原则，以“修旧如旧”进行恢复建设；禁止在历史遗迹和原有建筑周围修建与其风格和氛围不相协调的现代建筑和新建筑。

（五）风貌控制

1. 风貌现状

玉水坪村具有白族文化深厚、民俗风情独特、建筑类型多样、村落景观丰富等特点，是白族民俗文化的主要代表区域。玉水坪村建筑体系从结构上看主要有石木、砖木、土木结构等；从类型上看主要有民居建筑和宗教建筑；从发展背景上看主要有原始民居和传统民居。其中，最早的原始民居有三种形式，分别是干栏式、井干式和土库房；传统民居主要有“一坊两耳”“两坊一耳”“三坊一照壁”“四合五天井”“六合同春”和“走马转角楼”等；从特征上看主要是青瓦白墙、土墙和坡屋顶，属于典雅、实用、简朴的建筑风格。

2. 控制形式

根据玉水坪村民居建筑的年代、价值、保存状况及功能划分为五种维修整治方式，即修复、更新、改造、重建、拆除。

（1）修复——复原维修。对于建筑价值高、格局与造型保存完好的宗教建筑和传统民居建筑，不可随意增减和改造。如本主庙、关帝庙，采取复原维修的方式，保持原貌。可进行修缮或对个别构件加以更换，修复建筑色彩与装饰，修旧如故，以存其真。

（2）更新——立面保存。对于建筑价值较高，立面保存基本完好的传统民居，采取立面保护维修，内部结构和功能更新的方式，保持立面风貌。内部结构根据现状及使用要求进行合理改造，但建筑的体量、层数、屋顶形式、立面形式、装饰和色彩应绝对加以保护和控制。

（3）改造——外观修景。对于新建建筑，特别是水泥砖砌筑和砖混建筑，对其外观采用修景的方式进行改造，增加青瓦屋面和挑檐，对外墙进行粉刷和装饰，形成与传统民居建筑协调统一的建筑外观。严禁使用瓷砖、琉璃瓦等现代建材，对于已经使用这类材料的新建筑要加以彻底改造。

（4）重建——整体翻新。对传统风貌影响大的建筑，采取拆除重建的措施，以保障与传统风貌的协调；另外，重建一部分干栏式和土库房建筑，以反映山区白族原始传统民居，丰富旅游区景观内容。

（5）拆除——环境整治。是指违章搭建或原先没有以后增建的，破坏院落空间环境的建筑，应予拆除（图 1.4.2 至图 1.4.4）。

图 1.4.2　民居户型效果图（一）

图 1.4.3　民居户型效果图（二）

图 1.4.4　民居户型效果图（三）

3. 控制规划

（1）门楼

白族十分注重修建和装饰门楼（大门），门楼建筑形式有两种：一种是有厦门楼，民间称“三滴水”门楼；另一种是无厦门楼，多用砖雕、泥塑、镶砖手法修建和装饰。

一类门：风貌较好，具有地方传统特色、传统构件及典型细部装饰，采用地方传统材料，符合风貌保护要求，且质量较好。措施：完全保存或仅略加修缮。

二类门：风貌尚好，具有传统尺度、比例、材料和色彩，保留有一定的传统构件和细部痕迹，符合风貌保护要求；或其风貌很好但质量一般或较差，如结构松动、表面破损、色彩脱落，局部被破坏等。措施：保留框架，加固结构，补刷涂料油漆、修补破旧部分。

三类门：风貌尚好，但质量较差，如门扇残缺、构件损坏很严重，几乎不能再使用的。措施：根据现存框架、构件痕迹，尽量进行原样修复；也可根据实际情况，按风貌要求，重新设计。

四类门：风貌一般，其形式、材料、色彩等做了较大的改变，民居传统特征已不明显。措施：进行局部整饬，使之与传统风貌协调；也可根据实际情况，按风貌要求，重新设计。

五类门：风貌较差，其形式、材料、色彩已被任意改动，不具有地方传统特征，完全不符合风貌要求，严重影响建筑立面形式和周围环境风貌的。措施：拆除，重新进行设计。

（2）照壁

白族民居照壁一般分为“独脚照壁”和“三滴水照壁”两种。其中“独脚照壁”又称一字平照壁，不分段，壁顶为民殿式，为官宦之家选用。“三滴水照壁”指将横长且平整的壁面分成三段，左右两边对称，中间一段较宽且高出两边，形似牌坊，当地百姓多采用这种。

改造措施：一是对照壁的质量进行分等的基础上加以改造、修缮；二是保存照壁的精美造型和传统构件，进行充分的日常维护；三是如要改善的以庑殿式青砖白墙，四角出檐上翘，檐口墙上装饰彩画、书法等；四是需要改造的，要根据现存构件细部痕迹，尽量进行原样修复；也可根据实际情况，按风貌要求，重新设计。

（3）墙面

一类墙面：具有白族文化传统特色、传统构件及典型细部，立面线条、线脚、花饰等装饰细部丰富，能很好地体现建筑原有风貌和反映白族民居传统特色，且质量保存较好，符合风貌保护要求的。措施：完全保存或仅略加修缮。

二类墙面：风貌尚好，具有一定的地方传统特色、构件及细部，符合风貌保护要求的，但质量稍差，墙体部分破损，或局部已被改动，表面粉刷层、色彩脱落、结构松动等。措施：框架不动，结构进行加固；尽量按原样修缮破旧部分，补刷油漆、涂料，加强传统构件。

三类墙面：风貌尚好或一般、但墙体质量很差，破坏十分严重，如墙体倾斜、出现裂缝；部分被拆除、更改等。措施：保留结构框架并根据现存构件细部痕迹，尽量进行原样修复；也可根据实际情况，按风貌要求，重新设计。

四类墙面：风貌一般、墙体形式、材料、色彩等已被重修改动，不具有白族地方传统特征，不能体现地方传统特色，但建造时间较近，质量比较好。措施：进行局部整饬，改换墙面材料，增加立面装饰，使之协调。

五类墙面：风貌较差，即其形式、材料、色彩不具有地方传统特征，完全不符合风貌要求，且位于重点保护地段，严重影响周围环境风貌的。措施：拆除，对墙体重新进行设计。

（4）门窗

一类窗：采用地方传统的材料（如木材、石材等），具有地方传统特色的构件、细部与装饰，其窗线、窗楣、窗台等部位线脚、花饰保存较好，符合风貌保护要求，能很好地体现地方传统建筑特征，且窗体质量完好或大部分完好。措施：完全保存或仅略加修缮，并进行充分的日常维护及定时修理。

二类窗：风貌尚好，即具有地方传统窗户的比例、尺度及材料，符合风貌保护要求，但质量稍差，如结构有些松动；表面、装饰细部、构件等局部破损；色彩脱落等。措施：框架保留，进行结构加固，修缮破旧部分，补刷油漆，并强化特色构件。

三类窗：风貌尚好或一般，但窗体质量破坏严重，结构破坏，大部分构件破损，几乎不能再利用。措施：根据现存框架、构件痕迹，尽量进行原样修复；也可根据实际情况，重新设计。

四类窗：窗体形式、材料、尺度比例及开启方式已作较大改动，不能反映地方传统特色，不符合风貌要求。措施：进行局部整饬，使之与传统风貌协调，尤其是窗体形式和材料上须符合传统风貌。

五类窗：风貌较差，即其形式、材料、色彩等均不具有地方传统特征（如铝合金、大玻璃窗等），完全不符合风貌要求，且位于重点保护地段，严重破坏建筑整体立面和周围环境风貌。措施：拆除，对窗体全面进行更新设计。

五、基础设施

（一）道路系统

1. 交通现状

（1）外部交通状况。截至 2016 年 1 月，玉水坪村有 1 条公路从村中穿过（维兰公路即 Q23 县道，全程 128.4 千米，为二级路面）。现有公路为南北走向，外部通达性和可进入性较强。

（2）内部交通状况。目前入村公路及村内主干道均为水泥路，长 1850 米，平均宽 3.5 米。村内到户公路没有硬化，为泥土路，长 8000 米，平均宽 2 米，部分道路窄至 1 米，坡度较陡（10 度）。玉带河上有两座 T 形桥梁，长 25 米，宽 4.5 米。总体来说，玉水坪村内部交通条件非常薄弱，道路路面偏窄，路况较差，道路等级有待提高。交通工具主要为马车，还有少量的牛车、摩托车、三轮车、农用车等。村内交通设施简陋，无专用停车场，村民的车辆一般靠路边停放，严重阻碍村内交通。

2. 交通线路规划

（1）打造景观大道。维兰公路（Q23 县道）玉水坪段为柏油路，双向二级车道，1.5 千米，路况较好。在公路两旁营造优美景观，打造成一条景观公路，使其成为玉水坪的形象展示的第一长廊。

（2）修建村内游路。主干道为水泥硬化路面，长 2.7 千米，道路宽 3 米；村内到户通道为碎石板、石块、木板路，总长 1 千米，道路宽 2 米。道路两边为村落景观。

（3）沿河景观道。修建沿玉带河两侧的景观道，路面硬化，总长 3 千米，道路宽 2 米。

（4）开辟登山步道。沙石路面的自然道路，长 1.5 千米，宽 1 米，道路两边是自然植物景观。

（5）指引标识。设置交通指引标识牌，共计 20 块。不仅能为游客提供清晰的导向，使游者出游更加方便，同时也能为玉水坪村培育健康、休闲、个性的自驾车旅游奠定基础。

图 1.5.1　旅游线路规划图

3. 交通设施规划

（1）停车场。在综合服务中心修建 1 个停车场，占地 2000 平方米，60 个小型停车位，15 个中巴车停车位。

（2）码头。修建 4 个码头，既作为游船旅游景区的停靠点，也作为由水路登岸游览的集散点。包括遗址码头、本主庙码头、服务中心码头、商贸中心码头。

（3）营地。建设 1 个野奢营地，既作为旅游景区的管理工作站，也作为旅游景区的游客集散站。

（4）骑马驿站。建设5个骑马驿站，游客集散中心作为游客骑马游览的始发站和终点站，历史探秘区、原乡怡养区、民俗体验区、特产商贸区四个景区分别设置一个站点作为中转站。

（二）给水排水

1. 给水设施现状

给水方面，目前玉水坪村用水已经实现自来水供给。水源地有3处，分别为牧牧场（蓄水池15立方米，距离上组4千米）、玉坪山（蓄水池5立方米，距离河东组18千米）、义堂山（蓄水池5立方米，距离河西组3千米）。虽然如今水资源相对充足，但是大量游客涌入后，生活用水量显然不够。且自来水管裸露于地面，整体布局混乱，影响村容村貌。

2. 排水设施现状

排水方面，目前玉水坪村排水主要通过每户挖建宽约20厘米的沟渠或接入管道，汇集至宽约80厘米的公共沟渠，最终排入农田或玉带河。

排污方面，尚无污水排放处理设施，生活污水直接排入雨水沟，使河流污染严重。无专门垃圾收集处理站，生活垃圾随处乱扔的现象严重，部分农户将垃圾进行焚烧或腐烂后用作肥料。

3. 给水排水设施规划

（1）水源地规划。将牧牧场、玉坪山、义堂山作为玉水坪旅游区的主要水源地，金鸡岩、龙山作为次要水源地，对该旅游村各个景区进行分片区供水。根据水源地保护标准，严格制定和落实相关规章制度，禁止在水源地及周边开发建设，确保水源地的水质保持在二类标准。

（2）供水量规划。根据国家标准《室外给水设计规范》和《建筑给排水设计规范》等相关标准，结合玉水坪用水的实际情况和未来发展趋势，确定旅游区的日用水量标准为：①住宿游客每床每日用水400升；②不住宿游客取每人每日用水80升；③后勤服务及管理人员每人每日用水200升；④绿地、道路喷洒每公顷用水10立方米；⑤消防用水量按10升/秒计，火灾延续时间按2小时计；⑥不可预见用水按直接用水量的20%计算。经测算，旅游区的最大日用水量为262立方米（不包括玉水坪村常住人口用水），其中生活用水为242立方米，绿地、道路喷洒用水20立方米，不可预见用水44立方米，详见表5-1。同时旅游区各景点按近期、中期、远期三阶段估算用水量，随着旅游区的旅游人数增多逐渐增加供水量。

表 1.5.1 玉水坪旅游区用水量一览表

序号	用水项目	用水数量	用水量标准	时变化系数	用水量（m^3/d）
1	住宿游客用水	300 床	$0.40m^3$/（床·d）	1.0	120
2	不住宿游客用水	1000 人	$0.05m^3$/（人·d）	1.0	50
3	后勤服务及管理人员用水	60 人	$0.2m^3$/（人·d）	2.5	30
4	绿地、道路喷洒用水	$2hm^2$	$10m^3$/（hm^2·d）	1.0	20
5	不可预见用水	—	20%	—	44
6	合计	—	—	—	264
7	设计调节水量	—	—	—	500

（3）供水设施规划。根据用水设施的布局及水源，旅游区采用分区取水、分片供水的方式给水。在各个水源地上方建高位水池，构建玉水坪村自来水管网系统。高位水池，规划在各个水源地的最高点建立高位水池，满足当地居民和游客的生活用水。水管铺设，自来水管铺设要入地，分干支连通到户。建议干线使用不锈钢管，主管 DN200；支线使用 PP-R 管，DN50。水质保障，严格保护和管理水源地水质，在取水点一定范围内不允许开发旅游项目，确保水源地的水质符合国家标准有关要求。水源的水质可采用简单净化工艺，流程如下：水源—取水水泵—输水管—高位水池—给水管—澄清—过滤—消毒—输水管道—用户。

（4）排水设施规划。按近、中、远期规划相结合，逐步改造现有排水系统的原则，排水由现在的雨污水合流制的单一排水体制向雨污分流制、截流式合流制等兼容复合的排水设施过度。村内雨水以地表漫流的方式排放为主，各农家、建筑、道路依据地形条件通过设置涵洞、排水沟渠或雨水明沟、暗沟，分片就近排入河流、林地或农田。排水沟需进行硬化并定期维修，长度为 2000 米。污水量按用水量的 80% 估算，经测算旅游区污水最大日排放量为 209.6 立方米（不包括常住人口污水排放）。按近、中、远期结合要求，修建旅游区排污系统，在各个旅游区分别设置污水处理站；污水自行处理后达到排放标准，进入旅游区内总污水管道与其他生活污水一并集中处理；排水设施结合旅游区建设，一次规划分步建设实施。污水处理以生态型处理方法和铺设污水处理管道为主。生态型处理方法即建设化粪池和沼气池处理人畜粪便；污水处理管道的铺设则按近、中、远期计划，沿景区主干道路埋设，各片区污水经过简单处理后可用于养殖和灌溉。

（三）电力电信

1. 电力设施现状

目前，玉水坪村设有高压线供电，电压等级高压为 10kV，低压配电电压为 380/220V，高压接线方式为干线式。但村落供电均通过架空电路穿越，布局紊乱，影响景致美观。旅游区建成后，需增设大量基础设施和服务设施，电力需求将会增加，原电力线路设施需要增加才能满足供给要求。

2. 电信设施现状

通信网络已覆盖玉水坪村，能满足近期发展的无线通信基本需求，但部分地区存在信号网络不通达现象。目前，玉水坪村已经建立移动和电信信号接收塔，通信总体良好，但还存在不少信号盲点区域，网络可靠性有待进一步加强。电视闭路线建设相对落后，几乎没有网线设备。另外，村内无邮电所和公用电话亭。

3. 电力设施规划

（1）增加供电能力。随着旅游区项目建设和旅游人数增加，需要增加旅游区供电能力。按日最大用电量 3000 度来规划电力供给，架设一条 10kV 高压线路，新建一座变电站，设置调压站。过夜游客用电量按 2 度 /（人·天）计算，不过夜游客用电量按 0.5 度 /（人·天）计算，居民日常用电量按 1 度 /（人·天）计算。

（2）路灯优化。村内主要道路须设置路灯照明，各类旅游建筑应进行灯光设计。灯具选择应结合旅游区特点，并与环境相协调。供电采用太阳能、风能等天然能源，照明线路采用直埋敷设。

（3）注重节能。供配电线路、设备均应采用先进低损耗设备，以便节约电能；变电站均采用电脑管理，线路采用地埋式电缆。在旅游区内尽量没有架空电线穿越，以确保不破坏景观及游人安全。

4. 电信设施规划

（1）通信管道建设。通信管道建设应与道路建设同步进行，使电信管道网化，实现通信主干电缆埋地化。在重要区域做到光缆到区或街道，并规划开通旅游区的有线电视接收系统。电信线宜设在电力线走向的道路另一侧。

（2）建立现代通信网。以高起点、高速度、高效能、智能通信网为基础，选址新建 1~2 个移动、电信信号塔，清除旅游区内现代通信的盲区。建成通信能力强、运行效率高、安全可靠的现代化通信网。

（3）建立景区电话亭。旅游区应全方位开通国内、国际长途电话，其中客栈住宿点采用总机形式，游览区、管理处等采用直拨形式。

（4）设置邮电所。提供各种邮政与金融服务，满足游客不同消费方式需求和常住人口储蓄要求。

（5）贯彻国家“三网融合”政策。实现固定电话线、闭路电视线、网线的整合，使三线通往各家各户。网线网速不低于 10 兆 / 秒。

（四）绿地系统

1. 绿地规划原则

（1）尊重自然、保护利用原则。旅游区的绿化以现有的山体为基础，尽量保护已有的自然生态系统。统一考虑区域气候、水文、地形、地貌、植被以及野生动物等生态要素的特征，尽量减少人为干扰与破坏。以山体、水系、绿带、建筑群落绿化、田园风光为依托，共同形成旅游区的生态绿色网络。

（2）合理布局、满足功能原则。旅游区绿化应从空间性质与功能出发，对不同类型的植物景观进行合理布局，满足相应功能要求。充分考虑植物生长过程中的层次、色彩、品种的选择，种植设计要兼顾四季景色，应用较多的植物种类，使绿地环境在每一个季节都有代表性或特色景观。

（3）经济实用、生态效益原则。旅游区绿化植物尽量本土化，充分发掘乡土树种，包括原生树种或长期栽培适生的地带性树种，以及外来的归化树种。为提高绿化植物丰富度，可有节制地引进纬度相仿、海拔相近、土壤性质类似地区的植物。所选择的绿化植物既有一定的观赏价值，还能产生一定的经济效益。

2. 绿地系统规划

（1）林地游览区。玉水坪村上组山体牧场、河西组山体义堂山绿化因其良好的生态景观和可达性，成为旅游区的开放空间和生态因子，该片区绿地建设应重视山体绿化的保护，促进旅游区景观生态和景观风貌的改善。在游道两旁的垂直郁闭型风景林适当疏伐，使高于视线的灌木、草本层不超过线路总长的 1/3，让游客能适当看到森林内景。对生长不良且无观赏价值的残次林，结合景观和其他功能改造，补植观赏树种比例，如冷杉、红豆杉等，增强季相景观效果。

（2）沿河风景区。从滨水游览需要出发，结合码头布置休闲绿地，创造出动静结合、开闭变化的游憩空间，满足不同活动类型的需要。在玉带河沿岸种植竹子、垂柳、水杉等亲水性植物，通过乔木、灌木、花草等植物的综合配置，形成风光旖旎的沿河风景带。在沿河风景带外围，利用村庄开阔的农田种植当地适宜的植物，如果树、油菜花、薰衣草等，形成一条花溪景观带。

（3）游览道路区。道路绿地植物选择应根据道路级别、性质而定，选择适宜的植物种类，一级、二级旅游路的模式为一板两带式，即一条车行道，两条景观带。景观带的植物配置模式一般为“行道树 + 灌木 + 地被植物”。三级道路一般为游步道，道路窄，但更注重路旁景观，可借鉴路旁花镜的形式进行布置。所有游路均应注意道路景观的营造，注意与周边自然环境相协调。

（4）管理服务区。管理服务区绿化应结合当地白族村落的建筑特点，选择合适的树种、花草进行搭配，并且以突出当地珍稀树种为主。植物的配植形式采用孤植、对植、丛植、林植等多种配植方式，形成动静结合、富有韵律的植物景观。灌木类植物可修剪成白族建筑、野生动物、白族图腾等形状，形成造型独特的植物雕塑。

（五）防灾安全

为了确保旅游区人身财产设施安全，保护游客生命财产安全，必须采取必要的预防保护措施，具体包括防火安全、救护安全、治安安全和游览安全等方面。

1. 防火安全

防火是保障旅游活动安全基本服务体系，旅游区周边拥有大面积的森林，需要切实做好森林防火安全措施。

（1）制定防火安全制度。制定旅游区消防管理制度，实施责任追究制度和奖惩制度，定期对所有管理人员、服务人员开展消防知识宣传教育、培训演练。

（2）贯彻预防为主方针。按照国家有关防火规范要求对各功能区和接待点配置消防设施设备，建立详细的管理和检查制度，确保各种设备安全运行。结合景区道路建设修建防火通道，结合旅游区供水设施健全森林消防系统。

（3）建立防火监控系统。利用现代科技对森林进行实时监控和预测，并对火灾进行及时处理。定期或不定期对旅游区火灾易发地进行督查。严格管理和控制易燃、易爆和化学危险品，以防范、杜绝森林火灾和危害发生。

2. 救护安全

医疗条件是保障旅游活动安全基本服务体系，旅游区必须建立良好的医疗卫生体系。

（1）建立完善的救护系统。在各个功能区设立1个医疗急救点，配置必要的医护人员、基本设备和常用药品。在旅游旺季增设专职医务人员，确保事故发生后的紧急救护。

（2）设置医疗卫生标识牌。在服务指南和旅游区全景图中标明医疗卫生点的位置，医疗卫生服务点标牌的设置应清晰易找，以确保发生意外时能及时救援。

3. 治安安全

（1）做好治安和防范工作。认真执行公安、交通、旅游等有关部门安全保卫制度，消除一切对人身安全威胁的隐患。采取有效措施防止暴力犯罪和盗窃等事件发生。有相应的应急方案和工作制度，能有效并快速地处理突发事件。

（2）设置治安保卫处。旅游区设立治安保卫处，有专职治安人员值班，为游客提供安全保障。

4. 游览安全

（1）设置安全标识。设置道路指示牌、服务设施位置、禁止游览等标识。在旅游区危险或不宜进入的地段、场所应设置警示标识或禁止进入标识。危险地段警示标识明显，防护设施齐备、有效。

（2）配备安全设施。在危险区域设置必要的安全护栏，并加强对旅游设施的定期检查，保证设施的安全运行。建立游客疏散通道和紧急逃生出口，服务人员和管理人员应帮助游客逃离事故现场。

（3）培训工作人员。旅游区服务人员和管理人员应适当对游客安全进行提醒，尽量保障游客的人身和财产安全。

六、保障策略

（一）建设时序

1. 总体建设进程

根据玉水坪旅游区开发进程，将建设周期划分为建设启动期、建设深化期和建设完善期三期。

（1）建设启动期（2016—2017年）。本期以基础设施建设为重点，开发建设主要达到打基础、创品牌、促发展的目的，构筑旅游区的基本框架。优先建设旅游集散中心、民俗体验区及相关基础设施。

（2）建设深化期（2018—2019年）。本期以打造重点项目为重点，培育旅游区的核心竞争力，提升旅游品牌形象。重点投资建设花溪景观带、历史探秘区、原乡怡养区及相关配套设施。

（3）建设完善期（2020 年）。本期以全面完成建设项目为重点，加强管理、提升服务质量。重点建设特产商贸区及相关配套设施。

2. 分期建设项目

根据规划，在建设启动期、建设深化期和建设完善期三个建设阶段，各阶段各区域主要建设项目进度见表 1.6.1。

表 1.6.1 项目建设时序表

主要区域	建设启动期	建设深化期	建设完善期
旅游集散中心	服务中心、白族牌坊、白族群雕照壁、白族广场、生态停车场、代步租赁处、原生洗手间		
花溪景观带		玉水溪、玉带河、四时码头、春泥赐福、平野秋千、冬情草垛、仲夏芦苇	
民俗体验区	本主庙、吹腔戏台、白族大师坊、木楞客栈、木刻客栈、秘史客栈、观极台、古树祈福		
历史探秘区		玉水坪遗址、观音庙、古人类博物馆、玉带桥、景观大道、断崖秋千群、原木滑道、木楞栈道	
原乡怡养区		白尼广场、七彩花海、憩神观景台、牧心农场、野奢营地、星空庄园、中药庄园、芳香庄园	
特产商贸区			火塘广场、农田地景、白族工作坊、电商学堂、白族驿站、白医风情街、芳香风情街、农产风情街

（二）投入产出

1. 估算依据

本估算包括规划的旅游项目工程、基础设施工程、环境保护工程、旅游服务设施和其他项目经费。估算的主要依据有：

（1）建筑安装工程投资。参照云南省现行的建筑工程概（预）算定额，并结合当地已建成的类似项目的投资标准和项目的实际情况进行估算。

（2）道路建设工程投资。参照交通部颁布的公路工程预算定额，并结合当地近年来建设同等级公路的造价指标确定。

（3）供电、通信、给排水等工程投资。参照国家相关行业的投资估算编制办法，并结合当地实际造价指标进行估算。

（4）其他工程费用。勘测设计费按工程费用的 3.0% 计，工程监理费按 1.2% 计，建设单位管理费按 1.5% 计。

（5）预备费。仅考虑基本预备费，费率按 10.0% 计。

2. 投资估算

经测算，项目总投资为 6254.73 万元，其中旅游项目 3087 万元，占 49.35%；基础设施项目 1469 万元，占 23.49%；接待项目 607 万元，占 9.70%；辅助设施 314 万元，占 5.02%；其他工程费用为 230.03 万元，占 3.68%；预备费为 547.70 万元，占 8.76%。具体见表 1.6.2、表 1.6.6 所示：

表 1.6.2　投资估算汇总表

序号	工程项目或费用名称	投资计划（万元）
1	旅游项目	3087.00
2	基础设施	1469.00
3	接待项目	607.00
4	辅助设施	314.00
5	其他工程费用	230.03
6	预备费	547.70
合计		6254.73

表 1.6.3　旅游项目投资估算表

项目名称	数量、规模	单位造价	投资计划（万元）
玉水溪	1000 m^2	500 元 / m^2	50
玉带河	25000 m^2	200 元 / m^2	50
四时码头	4 个	50000 元 / 个	20
春泥赐福	1000 m^2	20 元 / m^2	2
平野秋千	1000 m^2	20 元 / m^2	2
冬情草垛	10000 m^2	2 元 / m^2	2
仲夏芦苇	10000 m^2	3 元 / m^2	3
玉水坪遗址	100000 m^2	2 元 / m^2	20

续表

项目名称	数量、规模	单位造价	投资计划（万元）
观音庙	2000 m^2	25 元 / m^2	5
古人类遗址博物馆	1500 m^2	800 元 / m^2	120
玉带桥	2 座	150000 元 / 座	30
断崖秋千群	500 m^2	1000 元 / m^2	50
原木滑道	100 m	3000 元 / m	30
木楞栈道	200 m	3000 元 / m	60
春泥赐福	5000 m^2	10 元 / m^2	5
白尼广场	500 m^2	2000 元 / m^2	100
七彩花海	300000 m^2	10 元 / m^2	300
憩神观景台	50 m^2	3000 元 / m^2	15
牧心农场	10000 m^2	100 元 / m^2	100
野奢营地	300 m^2	1000 元 / m^2	30
星空庄园	1000 m^2	1500 元 / m^2	150
中药庄园	1000 m^2	1500 元 / m^2	150
芳香庄园	1000 m^2	1500 元 / m^2	150
本主庙	500 m^2	500 元 / m^2	25
古树祈福	100 m^2	2000 元 / m^2	20
吹腔戏台	400 m^2	1500 元 / m^2	60
白族大师坊	300 m^2	2000 元 / m^2	60
观极台	50 m^2	3000 元 / m^2	15
木楞客栈	200 m^2	2500 元 / m^2	50
木刻客栈	200 m^2	2500 元 / m^2	50
秘史客栈	200 m^2	2500 元 / m^2	50
火塘广场	500 m^2	2000 元 / m^2	100
白族工作坊	1000 m^2	500 元 / m^2	50
白族驿站	5000 m^2	2000 元 / m^2	1000
农田地景	250 m^2	400 元 / m^2	10
电商学堂	30 m^2	1000 元 / m^2	3
白医风情街	1000 m^2	500 元 / m^2	50
芳香风情街	1000 m^2	500 元 / m^2	50
农产风情街	1000 m^2	500 元 / m^2	50
合计			3087

表 1.6.4 基础设施投资估算表

类型	数量、规模	单位造价	投资估算（万元）
道路交通			830
景观大道（维兰公路进村路段）	1500 m	1200 元 / m	180
村内游路（主干道）	2700 m	1000 元 / m	270
村内游路（到户通道）	1000 m	700 元 / m	70
沿河景观道	3000 m	800 元 / m	240
登山步游路	1500 m	200 元 / m	30
太阳能路灯	100 个	3000 元 / 个	30
骑马驿站	5 个	20000 元 / 个	10
旅游交通工具			78
电瓶车	3 辆	50000 元 / 辆	15
自行车	40 辆	500 元 / 辆	2
马车	3 辆	20000 元 / 辆	6
水上浮筏	10 艘	10000 元 / 艘	10
独木舟	10 艘	5000 元 / 艘	5
行政用车	2 辆	200000 元 / 辆	40
给水设施			115
金鸡岩高位水池	100 m^3	500 元 / m^3	5
龙山高位水池	100 m^3	500 元 / m^3	5
抽水泵站	2 个	200000 元 / 个	40
DN200 给水管	2000 m	200 元 / m	40
DN50 给水管	1000 m	150 元 / m	15
DN20 给水管	1000 m	100 元 / m	10
排水设施			145
旅游集散服务中心污水处理站	1 个	200000 元 / 个	20
历史探秘区污水处理站	1 个	150000 元 / 个	15
原乡怡养区污水处理站	1 个	150000 元 / 个	15
民俗体验区污水处理站	1 个	150000 元 / 个	15
特产商贸区污水处理站	1 个	150000 元 / 个	15
DN300 污水管	4500 m	100 元 / m	45
雨水沟	2000 m	100 元 / m	20
供电设施			139
10kv 输电线路	3000 m	80 元 / m	24
埋地低压线路	10000 m	100 元 / m	100

续表

类型	数量、规模	单位造价	投资估算（万元）
变压器	1 台	150000	15
邮电通信			162
邮电所	20 m^2	5000 元 / m^2	10
电话接入端口及设备	1 套	200000 元 / 套	20
埋地通信电缆	5000 m	100 元 / m	50
埋地电视电缆	5000 m	100 元 / m	50
电话亭	5 个	4000 元 / 个	2
手机信号塔	2 个	150000 元 / 个	30
合计			1469

表 1.6.5　接待设施投资估算表

项目名称	数量、规模	单位造价	投资估算（万元）
游客服务中心	500 m^2	4000 元 /m^2	200
白族牌坊	50 m^2	10000 元 /m^2	50
白族印象广场	800 m^2	2000 元 /m^2	160
白族群雕照壁	60 m^2	5000 元 /m^2	30
生态停车场	2000 m^2	500 元 /m^2	100
代步租赁处	100 m^2	5000 元 /m^2	50
休息小品	15 处	10000 元 / 处	15
导游标识牌	20 块	1000 元 / 块	2
合计			607

表 1.6.6　辅助设施投资估算表

项目名称	数量、规模	单位造价	投资估算（万元）
安全设施工程			121
交通指示牌	20 块	1000 元 / 块	2
安全标识牌	20 块	1000 元 / 块	2
防火宣传牌	20 块	1000 元 / 块	2
医疗服务点	5 处	100000 元 / 处	50
室外消防设施	5 处	100000 元 / 处	50
避雷设施	5 处	10000 元 / 处	5
治安岗亭	5 个	20000 元 / 个	10

续表

项目名称	数量、规模	单位造价	投资估算（万元）
环境保护工程			193
环保、环境宣传牌	20 块	1000 元 / 块	2
全封闭式垃圾运输车	1 辆	150000 元 / 辆	15
垃圾转运站	1 处	200000 元 / 处	20
垃圾箱	40 个	1500 元 / 个	6
生态厕所	5 个	100000 元 / 个	50
景区景点绿化美化	40000 m^2	25 元 /m^2	100
合计			314

3. 资金筹措

玉水坪乡村旅游建设期为 5 年，应借助西部大开发政策、云南旅游“二次创业”的契机，遵循分期建设、滚动发展、逐步完善的基本原则，积极争取多方支持，多渠道筹措资金。根据实际情况，项目建设资金拟从以下几个方面筹集解决：

（1）项目招商引资。3000 万元，占 47.96%，积极优化投资环境，面向兰坪县内外开展招商活动，坚持把招商引资作为发展旅游业的主要措施。

（2）政策性银行贷款。1500 万元，占 23.98%，利用政策性银行贷款利率较低、期限较长的政策优势，鼓励和扶持村民开建农家乐和民居客栈。

（3）申请各级政府发展扶持资金。1000 万元，占 15.99%，申请国家级、省级、州级、县级等不同级别的乡村旅游发展专项资金。

（4）村民集体和自有资金。754.73 万元，占 12.07%，村民集资建公共项目和自建农家乐、客栈等。

4. 效益分析

（1）经济效益。项目实施的经济效益主要体现在三个方面：①村民通过参与到住宿、餐饮、交通、销售、演艺等经营服务中，扩展经济收入来源；②旅游业将带动全村家畜养殖、药材种植、农业生产、农副产品等产业发展，改变以种植业、畜牧业为主的单一农业经济结构，形成农业种植、家畜养殖、加工生产、开发销售的农业经济产业链；③促进农村经济的多元化发展，实现旅游业与农业的融合发展。

图 1.6.1　旅游设施规划图

（2）社会效益。项目实施的社会效益主要体现在三个方面：①有助于白族文化、古人类遗址、民间节庆等文化遗产的保护与传承，如修复村中的古人类遗址、本主庙、观音庙等文化遗迹；②通过培训与学习提高村民的整体素质，增加当地村民就业，有助于形成稳定的乡村社会环境；③通过建设乡村交通、用水、用电、通信等基础设施建设，改善乡村基础设施条件，为当地村民生活提供便利的生活条件。

（3）环境效益。项目实施的环境效益主要体现在两个方面：①通过建造村内垃圾站、旅游厕所、绿地系统、污水处理站等，改善村容村貌，美化村庄环境；②项目对玉水坪村的河流、农田、山林采取“保护第一，开发第二”的原则，保护水质、植被、动物，修复环境和控制水土流失，实现乡村生态的平衡和可持续发展。

（三）运营管理

1. 统一组织领导

成立玉水坪旅游区管理委员会，作为玉水坪旅游景区开发、运作、管理机构。管委会由体育文化广电旅游局、通甸镇、村委员会、村民代表等共同组成。管委会主要职责是对玉水坪旅游区进行统一规划、统一开发、统一管理、统一保护，并负责协调政府、企业和当地村民的关系，形成内外部资源整合系统。

2. 健全管理体制

玉水坪旅游区主要采取政府主导运营、企业开发运作、社区积极参与、外部共同监督的管理体制，实行各自独立的开发权、使用权和经营权。

（1）政府主导。政府部门对旅游区的主导管理包括：对景区资源环境保护管理、企业经营行为监督、景区与相关部门之间协调。政府尤其需要主导基础设施建设。通过健全玉水坪旅游区的规划体制、保护机制、法律法规宣传，并向群众展示规划总体方向，提高规划执行力，保证开发建设依法实施。

（2）企业运作。经营管理权由企业执行，企业通过投资开发、营销推广、运作管理等措施，保证经营活动的有效进行，使政府的战略目标通过市场运作得以实现。企业为游客提供旅游产品、旅游商品、旅游服务等获取利益，但要以有效保护旅游资源和环境为前提，以旅游接待容量为参考，以景区可持续发展为目标。

（3）社区参与。当地社区居民需要积极参与到景区的开发建设、经营管理、文化传播以及基础设施维护当中，与政府部门和投资企业形成利益共同体，配合政府部门、投资企业对景区进行开发、建设、保护、管理，成为景区可持续发展的建设力量和保护力量。

（4）外部监督。外部监督管理主要包括政府的监督管理、社区居民监督、媒体监督和相关社会团体监督四部分。政府部门监督主要通过旅游、市场监督、建设、环保、林业等部门实施。社区居民监督包括居民对景区日常运作、景区管理机构、开发企业的监督。媒体监督主要指媒体对旅游景区的信息报道，景区经营和管理者均需加强与媒体的联系，以扩大旅游区知名度和美誉度。社会团体监督主要指各类动植物保护、文化遗产保护团体等，基于其组织的公益性和非营利性，其对旅游区资源生态保护的监督最为有效。

3. 创新经营模式

根据旅游区自身发展、经济政策环境、市场环境等因素进行综合分析，玉水坪旅游区采取“政府主导、企业参营、居民主体”三方共赢经营模式。政府主要负责基础设施和接待设施有关的公共服务类项目，如游客服务中心、自驾车营地、游览道路等；企业主要经营投资额较大的旅游重点项目、旅游接待项目等；本村居民主要利用自家房屋和农产品优势经营投资额较小的农家乐、客栈、娱乐项目等。可以将其经营模式分为综合盈利模式和半开半闭模式。

（1）综合盈利模式。玉水坪旅游区应形成以旅游景区为中心，深度开发“食、宿、游、购、娱”等业务，其综合经济效益实现包括以下途径：土地出让收益；游览交通收益（电瓶车、自行车等）；餐饮、住宿、娱乐收益；房屋出租收益；景区门票收益。

（2）半封闭盈利模式。旅游区实行半封闭式管理：外部进入旅游区的大交通基本为公共道路，外来车辆一般停放在游客服务中心；旅游区内部水路、景点与景点连接道路、特殊通道（如森林栈道、河流浮桥、原木滑道等）、洞穴入口、观景台等，作为景区内部开发项目，可以通过门票、车票等形式作为盈利手段；旅游区入口对外完全开放，以吸引人流、集聚人气为核心，靠宾客栈馆、餐饮、娱乐、购物、房屋出租等旅游收入为主。

（四）保障措施

1. 前期准备阶段

（1）规划设计。为保证旅游区开发建设建立在科学规划基础上，聘请具有资质的规划设计单位，对旅游区的基础条件、旅游资源、客源市场进行分析评价，对旅游区空间布局、产品项目、景观系统、游览设施进行总体部署，对旅游区基础设施、旅游设施、建设时序等进行系统规划，为旅游区未来发展描绘蓝图。

（2）组织动员。为确保旅游区开发建设拥有广泛的参与者，需要对县级管理职能部门、通甸镇、下甸行政村、玉水坪村民等进行广泛动员，阐明旅游区开发建设的目的、意义、作用等，说明旅游区的总体布局、产品项目、经营管理等，使旅游区项目实施具有广泛的群众基础和相当的社会影响力。

（3）成立机构。为保障旅游区开发建设达到预期目标和实现可持续发展，需要成立开发建设管理机构。由体育文化广电旅游局、通甸镇、村委员会、村民代表等共同组成玉水坪旅游区管理委员会。通过规定职责、明确责权、落实人员、制订计划等工作程序，实施对旅游区的有效管理。

（4）教育培训。为保障旅游区开发建设顺利进行并取得预期效果，需要开展广泛的教育培训。内容包括：一是旅游经营技能，包括餐饮、住宿、接待、娱乐项目的特点、服务要求、质量标准等；二是景区管理技能，包括资源保护、环境卫生、安全管理、设施保养等；三是文化展示技能，包括讲解说明、文艺表演、传统技艺等。

2. 启动实施阶段

（1）筹集资金。旅游区开发建设需要政府支持，多渠道争取建设资金。一是向住建部门申请云南省特色乡村建设资金，大致200万元；二是向旅游管理部门申请旅游特色村建设资金，大致20万元；三是向民族宗教管理部门申请民族文化特色村建设资金，大致50万元；四是向文化管理部门申请文化特色村建设资金，大致20万元。

（2）招商引资。旅游区开发建设需要外部企业，增强开发建设活力与效益。一是选择本土具有一定实力的企业，以企业转型、回报家乡、多元化发展等方式进行合作；二是选择经营性项目、营利性项目、风险性项目作为与企业的优先合作项目；三是建立企业与村民合理的利益分配机制，从起步就处理好外来与当地村民的旅游关系；四是企业的开发经营必须遵守国家或地方的法律法规、乡规民约、风俗习惯。

（3）开发建设。旅游区开发建设需要分期分批，按计划有步骤地有序推进。一是基础设施项目优先，如交通道路、供电供水、环境卫生等基础设施项目应作为第一批实施的项目；二是游客中心、民俗文化区优先，如游客服务中心、停车场、民居餐饮、民居接待等旅游设施应作为首批开发的旅游项目；三是标志性景观优先，景区入口、特色客栈、活动广场、祭拜场所等应优先建设。

（4）运营管理。旅游区开发建设需要有效的具有管理，以保证建设总体目标的实现。一是精心策划经营项目，使其既符合市场消费需求，又具有经营盈利卖点；二是严格保护自然生态环境和民族文化遗产，这既是玉水坪最为重要的核心资源，也是其他重要的盈利资源；三是分工与协作并举，既需要各个利益相关者各自独立地开展业务，也需要相关者协作实现整体利益目标。

（5）技术支持。旅游区开发是综合性的建设项目，需要多部门的技术指导。一是经济旅游部门的指导，在项目立项、招商引资、经营管理等方面给予支持；二是民族文化部门的指导，在民族文化、遗产保护、歌舞表演、体育娱乐等方面给予指导；三是建设环保部门的指导，在村落布局、民居改造、环境保护等方面给予指导；四是交通运输部门的指导，在道路建设、游路开辟、栈道修建等方面给予指导。

3. 监督反馈阶段

（1）宣传推广。旅游区开发建设成功需要加大宣传促销力度。玉水坪应与广播电台、电视台、报纸、杂志等媒体合作进行报道宣传，或举办有重大影响的节事活动、会议交流活动，摄影大赛、新闻赛、形象大使等活动进行宣传。通过广播、电视、电影、展览、宣传画、小册子、学术交流等多种形式广泛宣传，树立玉水坪旅游区品牌形象。当地政府、企业、村民也需要作为景区宣传推广的主力军，积极配合、主动参与到旅游区的营销活动中。

（2）调控实施。旅游区开发建设需要国家建设进度进行适时调控，包括旅游经济调控、生态环境调控、社会文化调控等。对旅游经济调控主要是协调好短期效益与长期效益、区内收益与区外收益、投资者与当地村民及地方政府等之间的利益关系。对生态环境调控首先要认识与利用环境保护的规律，认真进行环境影响评价和环境审计，测算景区最大环境承载力。对社会文化的调控主要是鼓励当地居民树立对民族文化的自豪感，积极参与传统文化保护弘扬，深度挖掘传统文化的价值。

（3）运用科技。智慧旅游成为全球最新的旅游发展趋势，在旅游开发建设后期，需要充分利用现代科技手段实现旅游景区进行跨越式发展。一是管理系统的信息化控制，实施门禁系统、景点控制、流量监控、治安防控等信息化管理；二是游览系统的电子化导游，建立以游览线为主导，以景点为重点，以背景为辅助的电子导游系统；三是景点游览的高科技应用，实现时尚与古朴的完美融合；四是营销系统的电子商务服务，建立玉水坪旅游区的电子商务平台，形成集展示、预订、销售、问询、投诉等为一体的互动型的电子商务系统。

（4）监督检查。旅游区开发建设需要切实有效的监督，包括政府监督、社区监督、社会监督。旅游区发展是一项系统工程，涉及众多方面的统筹与协调，因此政府作为统一领导核心组织，应定期或不定期对旅游区发展状态进行监督检查，并针对存在的问题进行及时处理，使旅游区健康有序发展。社区居民作为旅游区建设的利益相关者，对开发建设情况的实施尤其关注并感触颇深，应鼓励他们参与监督，将发现的问题反馈给管理部门。社会力量展开监督反馈是最快速、最真实、最有效的实施保障手段，一方面可以激发社会对规划实施的热情，产生主人翁的参与意识，营造良好的社会氛围；另一方面可以扩大监督的范围，加大监管的力度。

第二部分　罗古箐村乡村旅游扶贫规划

一、规划基础

（一）规划背景

1. 政策背景

（1）怒江万众瞩目：践行“三区三州”方案

2017 年 6 月 23 日，中共中央总书记、国家主席、中央军委主席习近平主持召开深度贫困地区脱贫攻坚座谈会并发表重要讲话，就攻克坚中之坚、解决难中之难、坚决打赢脱贫攻坚战作出部署安排。随后，文化和旅游部、国务院扶贫办印发《关于支持深度贫困地区旅游扶贫行动方案》，对深度贫困地区脱贫攻坚工作作出全面部署。方案指出西藏、四省藏区、南疆四地州和四川凉山州、云南怒江州、甘肃临夏州（以下简称“三区三州”）这些地方的脱贫攻坚工作直接由中央统筹，新增脱贫攻坚资金、新增脱贫攻坚项目、新增脱贫攻坚举措构建起适应深度贫困地区脱贫攻坚需要的支撑保障体系。对怒江的脱贫攻坚、旅游发展是史无前例的战略机会。

（2）规划顶层设计：落实旅游扶贫任务

按照文化和旅游部办公室《关于开展“三区三州”深度贫困地区旅游规划扶贫公益行动的通知》要求，云南省旅游发展委员会统筹组织旅游规划扶贫公益行动，广泛动员全省旅游规划资质单位参与规划编制，充分发挥云南资源、环境、民族文化和旅游产业发展优势，紧紧围绕全省脱贫攻坚大局，以创新、协调、绿色、开放、共享发展理念为指导切实抓好旅游扶贫重点村规划编制工作。此次旅游规划扶贫公益行动实施范围为怒江州 30 个、迪庆州 20 个旅游扶贫重点村。按照资源禀赋、开发建设条件、市场潜力、群众意愿、干部基础、带动效果等从建档立卡贫困村中优选确定。罗古箐作为有条件通过发展旅游实现脱贫致富的贫困村，被列入云南省深度贫困地区旅游规划扶贫公益行动帮扶村之一。

（3）战略轮耕北移：遵循全域旅游布局

怒江傈僳族自治州位于云南省西北部，怒江中游，因怒江由北向南纵贯全境而得名。怒江州拥有世界级旅游资源的同时其旅游却屡屡与历史机遇擦肩而过。20 世纪八九十年代，西双版纳、大理旅游业兴起，大怒江在高山峡谷间寂寞奔流；世纪之交，丽江、香格里拉旅游强势崛起，怒江州西北望空兴叹；云南旅游强省“二次创业”，怒江州山高路远，有力难发。在国家实施“一带一路”倡议、决胜脱贫攻坚的关键时期，怒江州已经站在更高的起点上谋划未来。2017 年 11 月，“天境怒江旅游推介会”在昆举办，通过文化演艺、主题推介、宣传片播放等环节，向大众展示了天境怒江的独特魅力。以旅游扶贫、全域旅游、乡村振兴等为契机，新时代云南旅游又一匹黑马怒江州终成为旅游轮耕的下一个热点。

（4）解码“富饶的贫困”：助力怒江旅游突破

怒江州位于祖国的西南边陲，是国家重点生态功能区、世界自然遗产“三江并流”核心区。生态环境良好，旅游资源独特，民族文化丰富，被誉为“自然地貌博物馆”“生物物种基因库”“人类文明处女地”“民族文化大观园”，拥有高山峡谷观光、民族风情体验、文化生态科考、神奇秘境探险、休闲养生为一体的世界级旅游资源。此外，怒江州还拥有世界级水能资源：由东向西并列着澜沧江、怒江和独龙江三条大江，支流 183 条，世界级矿产资源、世界级生物资源等。但怒江州的美只是“藏在深山人未识”，资源价值仍未挖掘出来。因此，要充分发挥怒江州自然资源、生态环境、民族文化等优势，加快推进旅游开发建设，大力发展乡村旅游、生态观光、农业休闲、民族文化体验、康体运动旅游等，助力怒江旅游新突破。

2. 规划态势

（1）文旅融合亟须新典型

在文化和旅游部组建的新背景下，文化与旅游的融合发展就变得更意味深长。文化与旅游融合发展不是简单相加，而是有机融合，不是简单的物理叠加，而应是复合的化学反应。以习近平新时代中国特色社会主义思想为指导，努力探索文化和旅游融合发展的规律，取得“1+1>2”的效果。罗古箐在几百年岁月漫长的打磨中，普米族人依然延续着先民留下的大量宝贵传统文化与习俗，因此，文旅融合过程中需保证普米民族文化的传承，注重挖掘普米民族山岳生态文化内涵，形成特色鲜明的旅游地文化景观。

（2）民族旅游亟须新模式

民族旅游发展历经博物馆式、观光式、参与式的发展模式之后，对全新的发展模式也有一定的诉求，在全民休闲、全民度假、全民旅游的时代，度假式民族旅游应运而生。度假式民族旅游发展突破以往模式刻板、肤浅、轻参与的特点，以度假方式深度了解某一民族的新方式。罗古箐规划区普米族文化浓郁，地处高原平坝，周围环境静谧、悠闲，是有望形成度假式民族旅游典范之地。

（3）滇西北旅游亟须新亮点

《云南省“十一五”旅游发展计划》中确定了云南省旅游发展的六大区域，怒江州属于滇西北香格里拉生态旅游区（大理、丽江、迪庆、怒江）。滇西北是云南省旅游发展先驱之地，经过几十年的实践表明：一方面，旅游产品同质、开发粗放、文化缺失等问题开始凸显，不利于整个旅游产业可持续发展；另一方面，旅游业转型升级、供给侧改革以及全域旅游发展的需要。因此，怒江州可搭上大理、丽江和香格里拉的“转型车”，借“三区三州”深度旅游扶贫风，引爆怒江州乃至滇西北优质旅游发展新区域，再造滇西北旅游发展新高峰。

（4）怒江旅游亟须后发赶超

怒江州旅游资源富集，拥有高山峡谷观光、民族风情体验、文化生态科考、神奇秘境探险、休闲养生康体为一体的丰富独特的旅游文化资源，是云南最后一个尚待开发的旅游“名牌”。但是从历年旅游统计数据来看，怒江州须借力后发赶超，推进旅游跨越发展。罗古箐规划区普米族文化浓郁、山岳生态文化凸显、交通通达性良好，成为怒江州旅游发展的可塑之地。因此，罗古箐规划区可以“燎原之势”成为新引擎，带动周边旅游发展。

3. 规划价值

（1）创造旅游富民兰坪模式

云南省深度贫困地区旅游规划扶贫公益行动帮扶村为怒江州 30 个、迪庆州 20 个旅游扶贫重点村，其中，兰坪有包括罗古箐在内的 8 个自然村。拟计划以罗古箐为试点，以引爆力最强、带动力最大、见效最快的产业——旅游产业为抓手，通过构建罗古箐的扶贫生态体系，带动该区域社会经济的发展，完成扶贫攻坚的任务，并创造旅游富民兰坪模式，助力整个兰坪的旅游扶贫工作。

（2）突破怒江 A 级景区零历史

A 级景区的评定是一项衡量景区质量的重要标志。从 1998 年开始截至

2017年，云南省共有A级景区8个，2A级景区86个，3A级景区65个，4A级景区72个，5A级景区8个，共239个A级景区。从地域分布上来看，只有怒江州A级景区仍旧为零。罗古箐景区作为兰坪县乃至怒江州自然风光与民族文化型旅游目的地的代表，是实现怒江A级景区零突破的潜力股，并且罗古箐景区创建4A级景区已经正式写入兰坪县2018年政府工作报告。

（3）塑造云南生态文化村落典范

随着我国经济社会发展和人民群众消费升级，国内旅游已从传统观光游览跨入全民休闲度假旅游时代，为了适应人民群众日益旺盛的旅游消费需求，以旅游扶贫为切入点和落脚点，根据罗古箐的实际情况，拟围绕“文创”“生态”两大热点，以“山居、度假”为特色，把生态文明的原创理念贯穿于传统村落保护发展的全过程，提升文化品牌形象，让游客融入传统文化和优良生态相结合的特色旅居空间，将罗古箐塑造成云南生态文化村落的典范。

（4）打造普米族历史文化传承地

普米族是中国具有悠久历史和古老文化的民族之一，主要分布在云南省怒江州的兰坪县、丽江市的宁蒗县、玉龙县和迪庆州的维西县等，普米族的先民在长期的迁徙过程中，创造了独树一帜的普米族文化。从13世纪中叶，普米族陆续迁入兰坪境内，其中通甸罗古箐是全世界普米族最大的聚集地，长期以来，罗古箐及其附近区域，被看作是普米族人迁徙、历史寻根、典籍遗存等的历史文化传承之地，因此，可以将罗古箐打造为普米族历史文化延绵传承的集萃之地。

4. 规划衔接

（1）《怒江州脱贫攻坚全面小康行动计划（2016—2020年）》

《怒江州脱贫攻坚全面小康行动计划（2016—2020年）》提出把脱贫攻坚作为“十三五”期间怒江州最大的政治任务和首要民生工程，以脱贫攻坚统领经济社会发展全局，大力实施“基础设施、产业发展、美丽宜居乡村和安居建设、社会事业、生态保护、民族团结”六大工程。

该规划将旅游业发展列为重要的产业发展工程之一，提出加大对少数民族特色村镇保护与发展的支持力度，加强民族特色工艺品和文化体验项目设计与开发，促进文化和旅游产业融合发展；依托国家公园建设，走生态旅游、环境保护、群众参与的可持续发展之路，积极发展乡村旅游；打通旅游环线，打造“独龙江生态、民俗探秘游”“滇藏新通道生态自驾游”等一批精品旅游线路；重点开发独龙江、丙中洛、石月亮、片马、老姆登、罗古箐等景区；打造30个旅游特色村，扶持乡村旅游示范户250户、民俗客栈200户、特色旅游商品生产150户。

（2）《怒江州脱贫攻坚旅游建设发展规划（2016—2025年）》

《怒江州脱贫攻坚旅游建设发展规划（2016—2025年）》根据全州旅游建设发展总体思路和目标，提出“一城一极两园五区两带”的旅游建设发展总体布局，其中“一极”是指重点培育兰坪县旅游增长极，充分发挥该县的区位交通优势，加大对县城及周边金顶镇、啦井镇、通甸镇的改造提升，加强对罗古箐—大羊场、碧罗雪山老窝山旅游区等景区建设。

该规划将罗古箐—大羊场旅游区列为“五区”之一进行重点建设，提出围绕建设发展目标，着重建设老君山国家公园西大门、罗古箐景区、大羊场景区，改造提升旅游区连接公路，完善区内景区游道和登山步道，配套建设旅游接待设施和公共服务设施等。

（3）《兰坪县国民经济和社会发展第十三个五年规划（2016—2020年）》

“十三五”时期，是兰坪白族普米族自治县全面贯彻落实党的十八大和十八届三中、四中、五中全会以及习近平总书记系列重要讲话和考察云南重要讲话精神，按照“四个全面”总体部署，着力破解制约发展的突出矛盾和关键问题，厚植发展优势，努力保持经济社会持续健康发展，顺利实现脱贫摘帽和与全国、全省同步全面建成小康社会宏伟目标的决胜阶段。

5. 规划范围

项目地位于兰坪县通甸镇德胜村委会罗古箐村，规划范围包括罗古箐村域以及村庄周边区域，具体来说规划区域东至情人树，西至稗子沟，南北两侧以山梁为界，包括罗古箐上中下三寨、情人坝以及罗古箐河南侧山谷等区域，东西长约5.31千米，面积3.84平方千米（5762.25亩），其中核心片区（罗古箐村）约0.23平方千米（353.26亩）（图2.1.1、图2.1.2）。

6. 规划期限

根据《云南省深度贫困地区旅游扶贫公益行动 旅游扶贫村旅游扶贫专项规划编制要点》的要求：规划期限以2019—2021年为主，聚焦三年内实施的重点项目开发建设规划统筹，注重支撑旅游扶贫村实现脱贫攻坚目标，并对旅游扶贫村5年中期开发建设做出科学安排，展望10年远期发展。

因此，本规划期时间为5年，即2019—2023年。

一期（2019—2020年）：建设启动期，重点建设基础设施；

二期（2020—2022年）：建设深化期，重点建设旅游设施；

三期（2022—2023年）：建设完善期，重点建设辅助设施。

兰坪县城市总体规划修改（2010—2030）

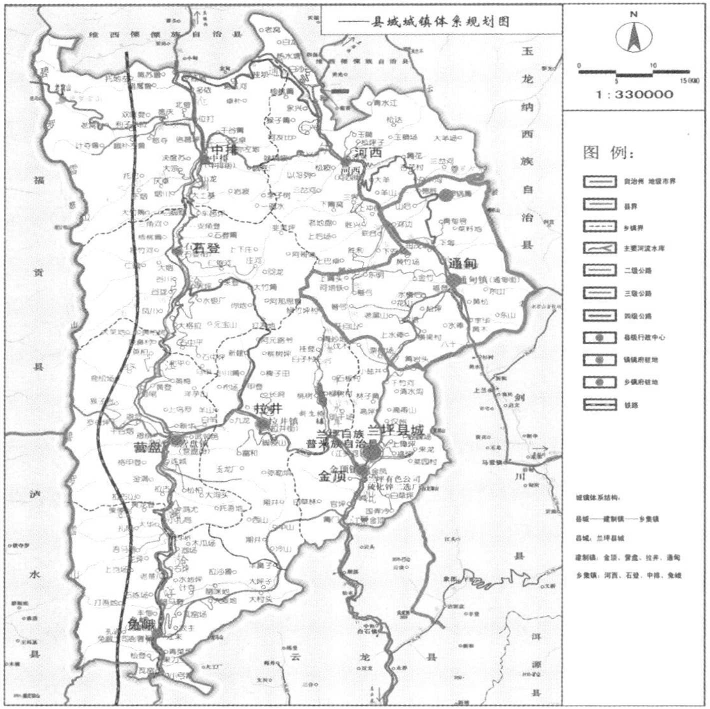

规划对兰坪县旅游发展作“一个中心、两个市场、三大景区、四条线路、五个节点、六条通道”的总体布局。

兰坪县旅游产业建设发展“十三五”规划示意图

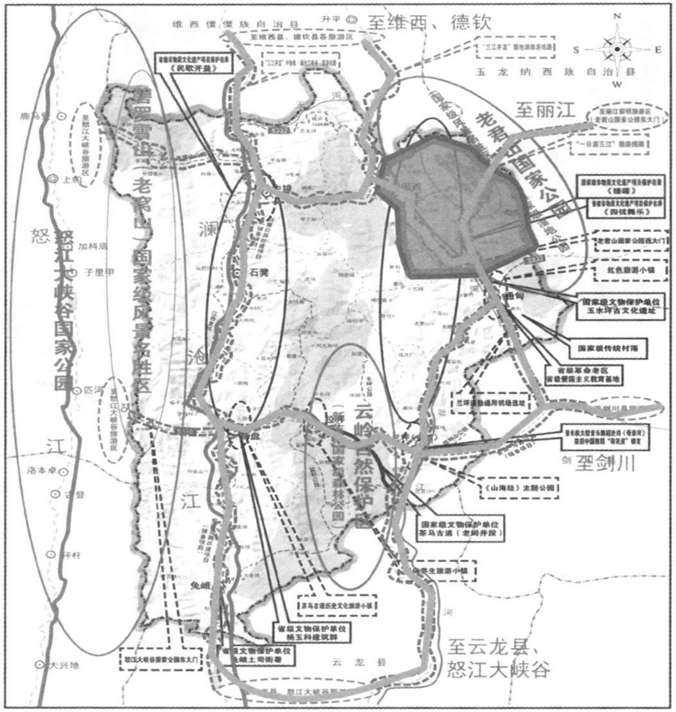

罗古箐村处于罗古箐—大羊场景区内，环三江旅游环线上，民族特色旅游村为旅游规划发展重点。

图 2.1.1　上位规划解读图

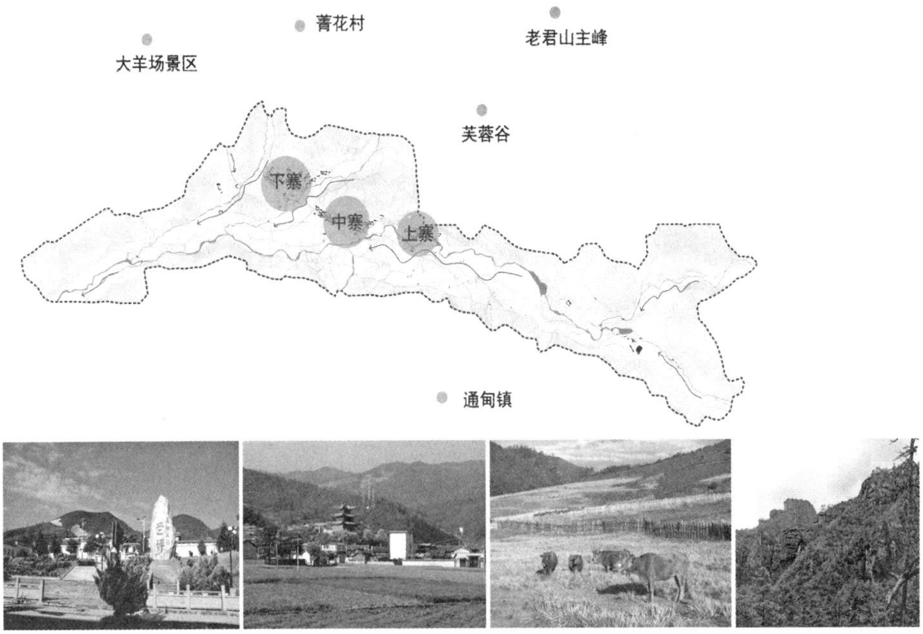

图 2.1.2　规划范围

7. 规划原则

（1）生态保护，科学开发原则

规划必须以生态保护为前提，严格保护规划区内的村寨生态系统、峡谷生态系统、河流生态系统、草甸资源系统、动植物生态系统等，注重协调旅游开发与生态保护的关系。通过 GIS 技术、生态敏感性分析、环境承载力评价等科学的规划设计与方法，在规划过程中，合理进行功能分区、项目设计、活动策划、设施营造和游线安排等。

（2）文化挖掘，体验塑造原则

规划必须以尊重当地文化传统和民族特色为基础，挖掘项目地的历史文化价值、民族文化传统、生态文化精神、乡土风物特色，通过个性的产品、丰富的手段、特色的活动，为游客塑造独特的旅游体验，满足现代游客追求个性、差异、真实、冒险、畅爽等旅游需求（图 2.1.3）。

图 2.1.3　社会文化分析图

（3）立足旅游，产业带动原则

旅游业关联带动作用强，表现出较强的综合带动效应。旅游业的发展直接涉及餐饮业、住宿业、交通运输业等诸多行业的发展，间接地带动农业和工商业的发展。罗古箐村需要立足旅游业，充分借助旅游带动种植业、畜牧业以及第二、第三产业的发展，加速乡村特色经济发展。

（4）因地制宜，精准扶贫原则

结合罗古箐资源条件、地理区位和市场发展潜力，以建档立卡贫困户和贫困人口为重点，因地制宜、突出特色、分类指导、精准施策，加强旅游扶贫开发建设，加快罗古箐景区建设，形成连点成线、以线带片的旅游扶贫新格局，提高旅游扶贫成效，带动罗古箐村民发家致富，助推兰坪旅游成为怒江新亮点。

（5）社区参与，富民惠民原则

规划必须以带动当地群众经济发展与生活幸福为出发点，充分吸纳当地百姓参与就业、参与经营管理、参与开发建设、参与接待服务等，使居民能够从景区开发中受益。同时，通过罗古箐旅游开发带动区域旅游全景化、全覆盖、全参与、全受益发展模式，全面推动全域旅游和经济、社会、环境效益提升。

8. 规划依据

（1）法律、法规、条例

《中华人民共和国城乡规划法》（全国人大，2015 年修订）；

《中华人民共和国土地管理法》（全国人大，2004 年修订）；

《中华人民共和国森林法》（全国人大，2009 年修订）；

《中华人民共和国水法》（全国人大，2009 年修订）；

《中华人民共和国水污染防治法》（全国人大，2008 年修订）；

《中华人民共和国环境保护法》（全国人大，2014 年修订）；

《中华人民共和国环境影响评价法》（全国人大，2002 年发布）；

《中华人民共和国文物保护法》（全国人大，2013 年修订）；

《中华人民共和国野生动物保护法》（全国人大，2009 年修订）；

《中华人民共和国旅游法》（全国人大，2016 年修订）；

《云南省旅游条例》（云南省人大，2014 年修订）；

《风景名胜区条例》（国务院，2006 年）；

《云南省风景名胜区条例》（云南省政府，2012 年）；

《云南省环境保护条例》（云南省人大，1992 年）；

《云南省三江并流世界自然遗产地保护条例》（云南省人大，2005 年）。

（2）政府文件

《关于开展“三区三州”深度贫困地区旅游规划扶贫公益行动的通知》（旅发办〔2017〕345 号）；

《中共中央　国务院关于打赢脱贫攻坚战的决定》；

《国务院办公厅关于支持贫困县开展统筹整合使用财政涉农资金试点的意见》（国办发〔2016〕22 号）；

《国家发展改革委办公厅　国务院扶贫办行政人事司关于编制省级“十三五”脱贫攻坚规划的通知》（发改办地区〔2016〕885 号）；

《云南省全力推进迪庆州怒江州深度贫困脱贫攻坚实施方案（2018—2020 年）》；

《云南省 2018 年深度贫困地区旅游规划扶贫公益行动实施方案》；

《云南省人民政府办公厅关于加快乡村旅游扶贫开发的意见》（云政办发〔2016〕151 号）；

《中共云南省委　云南省人民政府关于举全省之力打赢扶贫开发攻坚战的意见》（云发〔2015〕14 号）；

《中共云南省委　云南省人民政府关于深入贯彻落实党中央国务院脱贫攻坚重大战略部署的决定》；

《云南省发展和改革委员会　云南省扶贫办关于编制“十三五”脱贫攻坚规划的通知》（云发改办地区〔2016〕297 号）；

《云南省三江并流国家重点风景名胜区管理规定》（云南省人民政府，1999 年）；

《风景名胜区规划规范》（国家质量技术监督局和建设部，2001 年）；

《国务院关于加快发展旅游业的意见》（国发〔2009〕41 号）；

《国务院关于促进旅游业改革发展的若干意见》（国发〔2014〕31 号）；

《国务院关于进一步促进旅游投资和消费的若干意见》（国发〔2015〕62 号）；

《关于支持深度贫困地区旅游扶贫行动方案》（国家旅游局、国务院扶贫办，2018 年）；

《中共云南省委、云南省人民政府关于建设旅游强省的意见》（云发〔2013〕14 号）；

《云南省大旅游产业建设方案（2014—2020 年）》（云南省旅发委，2014 年）；

《关于推进美丽乡村建设的若干意见》（云南省委、省人民政府，2014 年）。

（3）旅游标准

《旅游规划通则》（GB/T 18971—2003）；

《旅游资源分类、调查与评价》（GB/T 18972—2003）；

《旅游区（点）质量等级的划分与评定》（GB/T 17775—2003）；

《休闲露营地建设与服务规范》（GB/T 31710—2015）；

《旅游景区（点）质量等级划分与评定》（GB/T 17775—2003）；

《饮用水水源保护区划分技术规范》（HJ 338—2018）。

（4）相关规划

《旅游扶贫试点村规划导则》，2015 年；

《云南省旅游扶贫专项规划（2016—2020 年）》；

《云南省农村扶贫开发纲要（2011—2020 年）》；

《云南旅游"十三五"发展规划》；

《云南省三江并流风景名胜区总体规划（修编）》；

《怒江州城镇体系规划（2008—2025）》；

《怒江州脱贫攻坚全面小康行动计划（2016—2020 年）》；

《怒江州脱贫攻坚旅游建设发展规划（2016—2025 年）》；

《怒江州国民经济和社会发展第十三个五年规划纲要（2016—2020 年）》；

《滇西边境片区区域发展与扶贫攻坚实施规划（2016—2020 年）》；

《怒江州脱贫攻坚全面小康行动计划（2016—2020 年）》；

《怒江州"十三五"脱贫攻坚规划》；

《怒江州脱贫攻坚旅游建设发展规划（2016—2025 年）》；

《兰坪罗古箐旅游区总体规划》，2003 年；

《罗古箐—大羊场旅游区基础设施建设项目可行性研究报告》，2009 年；

《兰坪县旅游发展总体规划（2011—2025）》；

《兰坪罗古箐风景名胜区总体规划》，2013 年；

《兰坪县"十三五"脱贫攻坚规划》，2015 年；

《老君山国家公园"罗古箐—大羊场"生态休闲旅游区开发运营策划》，2016 年；

《兰坪县国民经济和社会发展第十三个五年规划（2016—2020 年）》；

《兰坪县区域发展与扶贫攻坚实施规划（2016—2020 年）》；

《兰坪罗古箐普米风情旅游特色小镇创建方案》，2017 年；

《通甸镇"十三五"发展规划纲要》。

（二）基础条件

1. 地理区位

（1）滇西北中部，依山川连四地

在地理位置上，兰坪县位于中国西南边疆的横断山脉纵谷地带，地处云南省西北部，自东南向西北依次与迪庆州、丽江市、大理州接壤，介于东经99°19′和北纬26°35′。兰坪县境内重峦叠嶂，碧罗雪山和澜沧江由北至南纵贯全境，属于横断山脉横向切割的纵谷区。此外，兰坪县东连丽江、剑川，北邻维西，南接云龙，西与怒江州腹地相连，距离省会昆明市530千米，距丽江160千米，距离维西127千米，距离云龙90千米，地处大理、丽江、迪庆、怒江四州（市）的接合部，自古就是连接四地的交通要道，也是推动云南省“两强一堡”建设的关键节点（图2.1.4）。

（2）怒江州东部，区域进出门户

兰坪白族普米族自治县地处怒江傈僳族自治州东部，西部自北向南依次与福贡县、泸水县接壤，是怒江州通往大理、丽江、昆明等地的最佳通道，位于怒江州通往云南内地的核心轴上。从兰坪县向北可通迪庆，向南可达保山，西可经福贡县或泸水县出境至缅甸，东可至昆明等地，西北可通往四川、西藏等省份，东北可达丽江，西南可至保山市、德宏州等地，东南可往大理州、楚雄州等地。因此，兰坪县在怒江州内地理位置极为优越，是福贡县、泸水县和贡山独龙族怒族自治县通往云南省内地的交通要道。

2. 交通区位

（1）环线节点，一日可达三江

作为三江并流世界自然遗产地的交通枢纽，兰坪县有“一日达三江”的独特交通区位，是三江并流的重要交通节点。剑兰二级公路（G215）及其北区连接线的建成通车，标志着兰坪县域东部的纵向快速通道全线贯通。此外，兰坪县拥有省道两条（S311和S227），兰云高速公路完成前期工作，维兰高速公路完成可研审查，剑兰高速公路完成可研编制，六兰高速公路完成线路选择。随着国省干线和重要农村公路的建成通车，兰坪县“一横两纵三环”的干线公路网格局初步形成。这不仅强化了县域内部重点乡镇之间的联系，同时可以有效加大兰坪县与东部大理州之间的联系沟通，对于促进区域一体化发展意义重大，为兰坪县旅游业的发展插上了腾飞的翅膀（图2.1.5）。

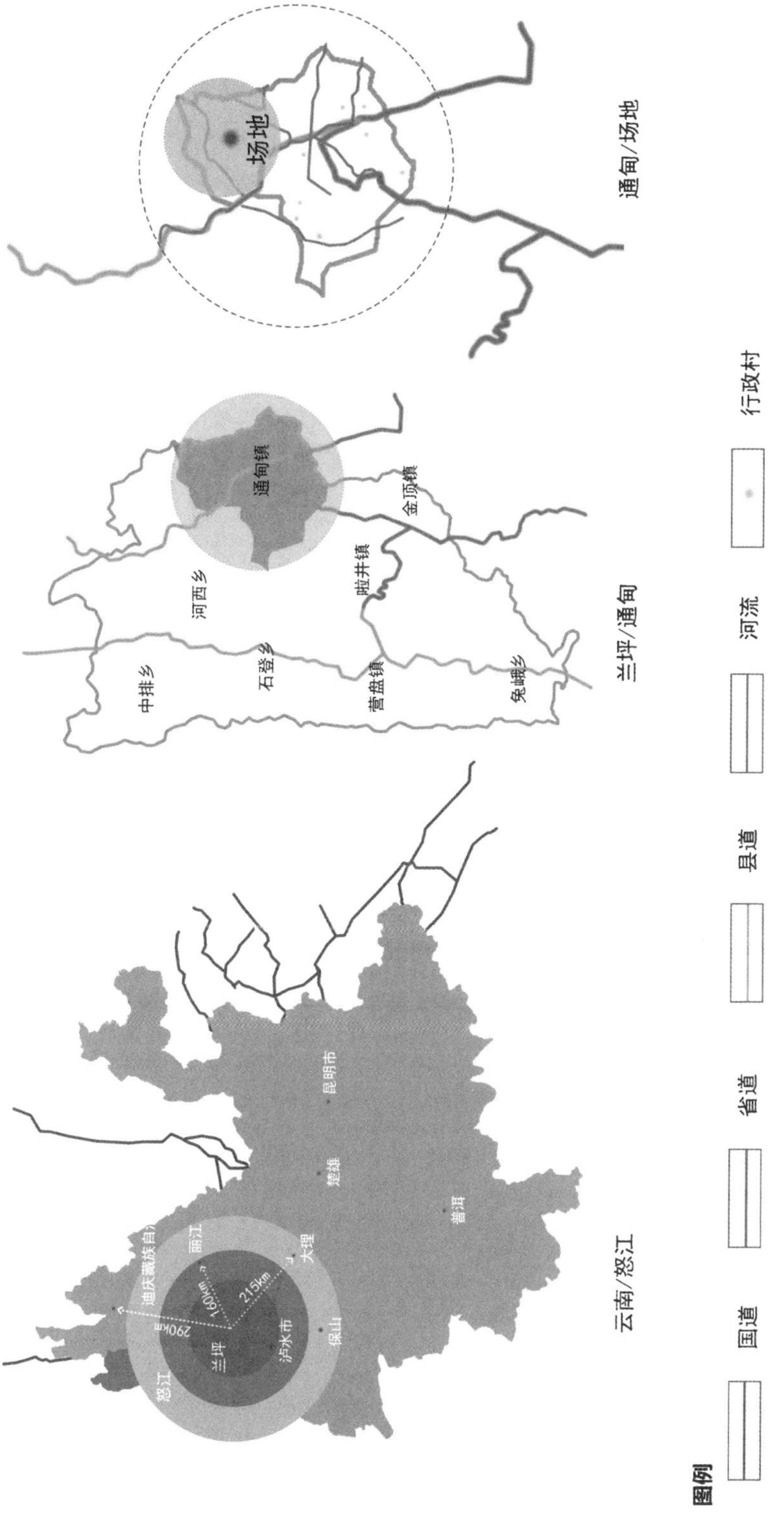
云南/怒江
迪庆藏族自
丽江
大理
保山
泸水市
兰坪
怒江
160km
215km
290km
昆明市
楚雄
普洱
兰坪/通甸
中排乡
石登乡
营盘镇
兔峨乡
河西乡
啦井镇
金顶镇
通甸镇
通甸/场地
场地
图例
国道
省道
县道
河流
行政村

图 2.1.4　地理位置图

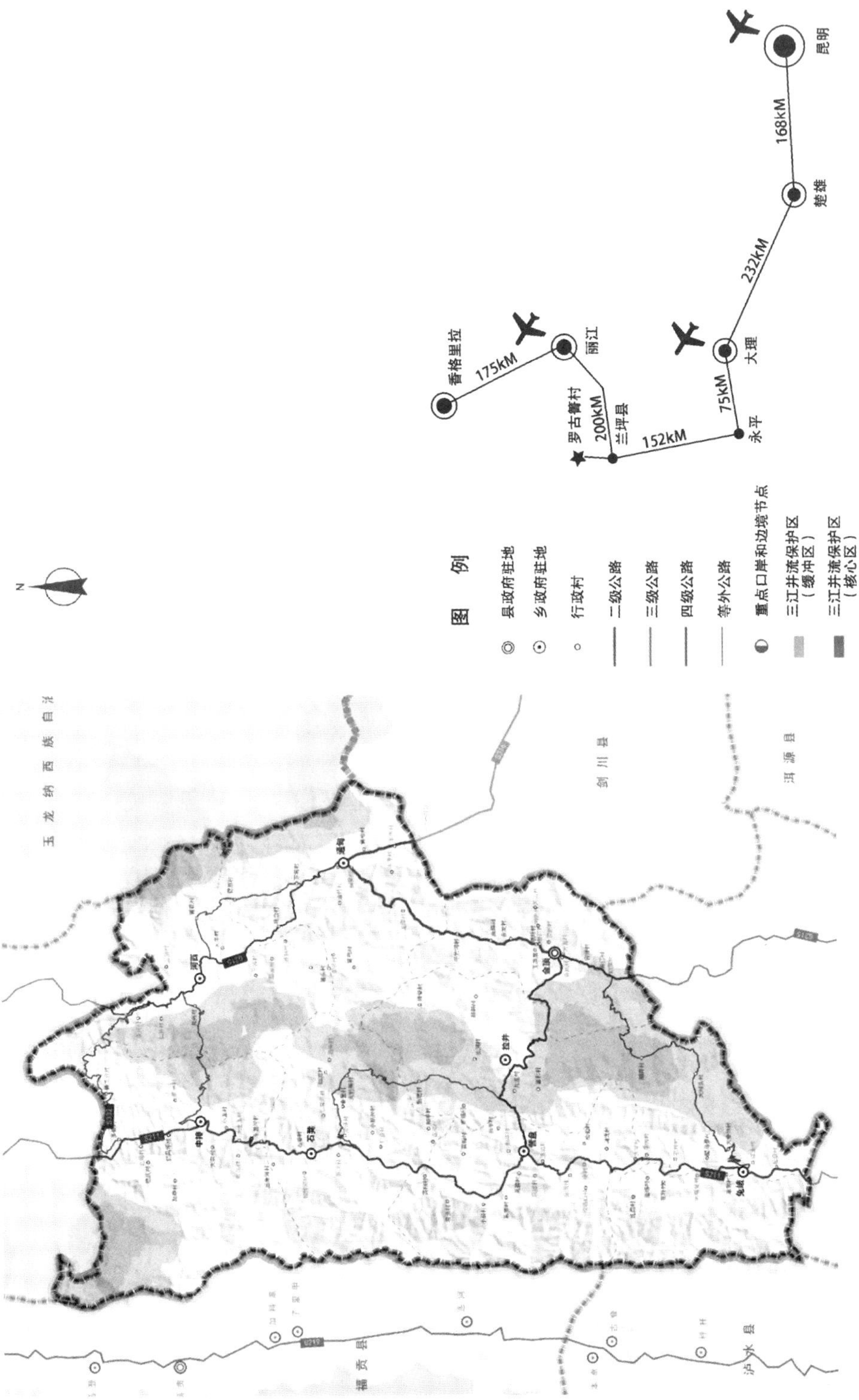
图例
县政府驻地
乡政府驻地
行政村
二级公路
三级公路
四级公路
等外公路
重点口岸和边境节点
三江并流保护区
（缓冲区）
三江并流保护区
（核心区）
香格里拉
175KM
丽江
200KM
罗古箐村
兰坪县
152KM
永平
75KM
大理
232KM
楚雄
168KM
昆明
玉龙纳西族自治
剑川县
洱源县
福贡县
泸水县

图 2.1.5 交通区位图

（2）景区公路，内部潜力巨大

依托怒江州“五横三纵二联”线公路网的规划建设和通甸机场的建设使用，罗古箐规划区可进入性不断优化，049 乡道东西向贯穿整个规划区，西部可经 049 乡道、罗古箐景区专用路进入规划区。目前罗古箐交通体系已基本形成了以县城为中心，乡镇为节点，辐射到乡村的网络化运营。罗古箐景区内部主要机动车观光游览道路及步行游览线业已建成并投入使用，内部道路不断通畅，但从整体来看，区内道路等级较低，路面狭窄，局部宽度不足 3 米，且弯多坡大，超车、会车困难，通畅性较差。

3. 旅游区位

（1）三江之门，连接保护区重要纽带

在旅游区位上，兰坪县东接玉龙雪山风景名胜区，南连大理风景名胜区，而且是连接高黎贡山自然保护区和白马雪山自然保护区两大国家级自然保护区的重要纽带，因此兰坪旅游业的发展对加强周边各景区的连续性、组合性有重要意义。尤其是随着区域内系列旅游线路的开通，丽江、维西、大理、保山与怒江各地的旅游关联度将大大提高，区域旅游环线将日趋完善，以目前滇西北旅游业的发展趋势和推进方向来看，兰坪既是连接保护区的重要纽带，也是完善滇西北乃至整个云南省旅游线路的重要节点。

（2）普米聚集，怒江民族旅游增长极

在怒江州内，罗古箐普米族风情多姿多彩，语言、建筑、宗教祭祀、传统习俗等各方面保存完整，具有省内、国内其他少数民族无可比拟的独特性，对游客具有极强的吸引力，所以罗古箐作为全球普米族最大的聚居区是怒江州民族旅游的重要门户和展示区。对于兰坪来说，随着通甸通用机场的建成，罗古箐规划区的可进入性将极大改善，将成为兰坪至丽江的重要旅游节点，为其承接大理丽江等地客源提供了必要的交通基础，是兰坪旅游发展的增长极和引爆点。

（三）旅游资源

1. 资源类型

根据《旅游资源分类、调查与评价》（GB/T 18972—2003）的规定，结合规划团队实地调研情况，将罗古箐旅游资源分为 7 个主类（其中自然旅游资源包括地文景观、水域风光、生物景观和天象与气候景观；人文旅游资源包括建筑与设施、旅游商品和人文活动）19 个亚类，30 个基本类型（表 2.1.1，图 2.1.6 至图 2.1.13）。

表 2.1.1　旅游资源分类表

<table>
<tr><th>类别</th><th>主类</th><th>亚类</th><th>基本类型</th><th>主要资源单体</th></tr>
<tr><td rowspan="11">自然旅游资源</td><td rowspan="3">地文景观</td><td rowspan="2">综合自然旅游地</td><td>山岳型旅游地</td><td>老君山余脉</td></tr>
<tr><td>谷地型旅游区</td><td>山麓坝</td></tr>
<tr><td>地质地貌过程形迹</td><td>丹霞</td><td>丹霞峰、红色陡崖坡、赤壁石墙、红岩峰崖</td></tr>
<tr><td>水域风光</td><td>河段</td><td>观光游憩河段</td><td>罗古箐河、下寨河</td></tr>
<tr><td rowspan="6">生物景观</td><td rowspan="3">树木</td><td>林地</td><td>原始杂木林、松树林</td></tr>
<tr><td>丛树</td><td>云南松、高山松、云冷杉、红豆杉、落叶松、白杨树、水杨树、花椒树、柏树、槐树</td></tr>
<tr><td>独树</td><td>情人树（云杉）、母亲树、野核桃树、古核桃树、青刺果树、香樟</td></tr>
<tr><td>花卉地</td><td>林间花卉地</td><td>杜鹃花、樱花、桃花、杏花</td></tr>
<tr><td>草原与草地</td><td>草地</td><td>高原牧场、草甸</td></tr>
<tr><td>野生动物栖息地</td><td>陆地动物栖息地</td><td>滇金丝猴栖息地、云豹</td></tr>
<tr><td>天象与气候景观</td><td>天象与气候现象</td><td>云雾多发区</td><td>情人坝</td></tr>
<tr><td rowspan="10">人文旅游资源</td><td rowspan="10">建筑与设施</td><td rowspan="2">综合人文旅游地</td><td>康体游乐休闲度假地</td><td rowspan="2">度假木屋、石门坊</td></tr>
<tr><td>景物观赏点</td></tr>
<tr><td rowspan="2">单体活动场馆</td><td>聚会接待厅堂（室）</td><td>“普米情人节”旅游服务定点接待站</td></tr>
<tr><td>建筑小品</td><td>社区活动中心</td></tr>
<tr><td>景观建筑与附属型建筑</td><td>塔形建筑物</td><td>白色塔形建筑物</td></tr>
<tr><td rowspan="2">居住地与社区</td><td>传统与乡土建筑</td><td>普米族第一代木楞房、普米族第二代木楞房、普米族第三代木楞房</td></tr>
<tr><td>特色社区</td><td>罗古箐村</td></tr>
<tr><td>交通建筑</td><td>栈道</td><td>“老君山—罗古箐大羊场”徒步穿越栈道</td></tr>
<tr><td>河道</td><td>运河与渠道段落</td><td>蓄水池</td></tr>
</table>

续表

类别	主类	亚类	基本类型	主要资源单体
人文旅游资源	旅游商品	地方旅游商品	菜品饮食	红烧琵琶肉、醉鸡、竹叶菜炒西红柿、洋芋、牛羊汤锅、牛角酒、“苏理玛”酒、自制酿酒、
			农林畜产品及制品	酥油茶、乳饼、蔬菜、高山核桃、绒毛鸡、高原生态猪、黄牛、牦牛、乌骨绵羊、松茸、贝母、羊肚菌、天麻、玛咖
			传统手工产品与工艺品	纺织品、皮革品、铁器制造品、竹编织品、四弦琴、漆器
	人文活动	人事记录	人物	杨照辉
		艺术	文学艺术作品	《洪水朝天》《开天辟地》《捉马鹿的故事》《戛达米》《给羊子的来历》《狗救主人的故事》《打猎的来历》
		民间习俗	地方习俗与民间礼仪	少数民族婚丧嫁娶、饮食、喊魂风俗、文体习俗（射击、摔跤、武术、吹笛子、跳锅庄）
			民间节庆	吾昔节、大十五节、绕岩洞、转山会、尝新节、祭龙潭、端午节、火把节、月半祭祖节、苏理玛节、跑马节、过小年
			民间演艺	《母亲河》、搓蹉舞、四弦舞乐
			特色服饰	普米族、白族服饰
		现代节庆	旅游节	东方情人节

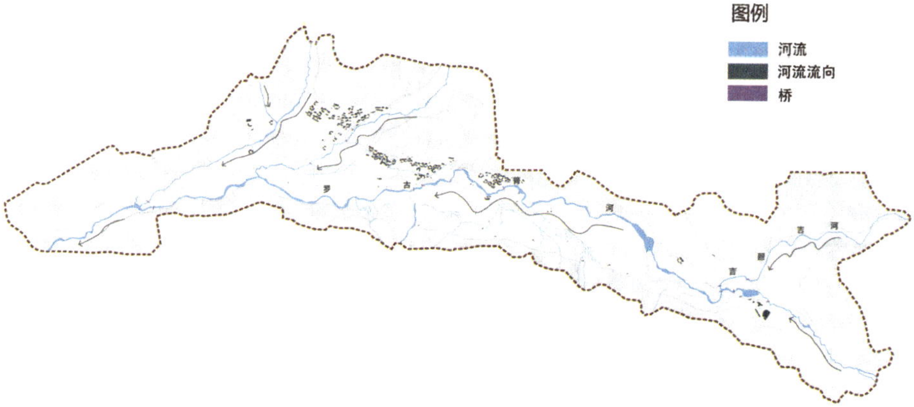

图 2.1.6 河流分析

罗古箐村地处低纬度山地高原（平均海拔2400米），属于高山区冷湿气候。年平均温度为10.7℃，高原气候特征明显，昼夜温差较大，属西南季风区，降水强度中等，6—10月为雨季，7月、8月降水量最为集中，年降水量为982.6毫米，冬季降水以固态降雪为少，多集中于3月份。

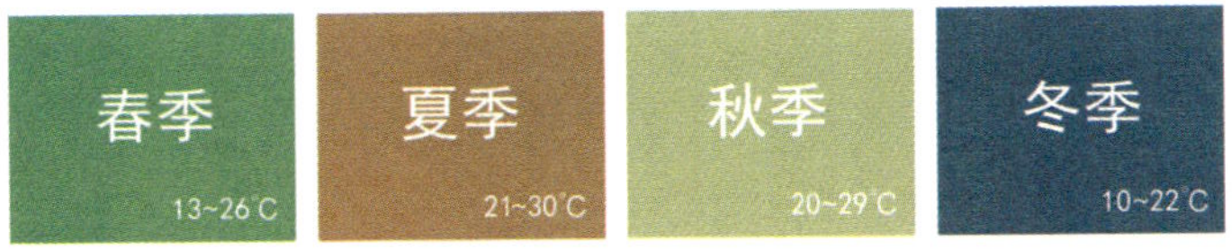

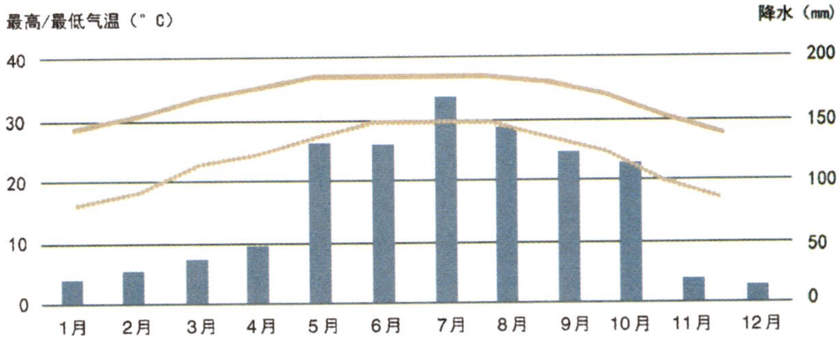

全年温度曲线图

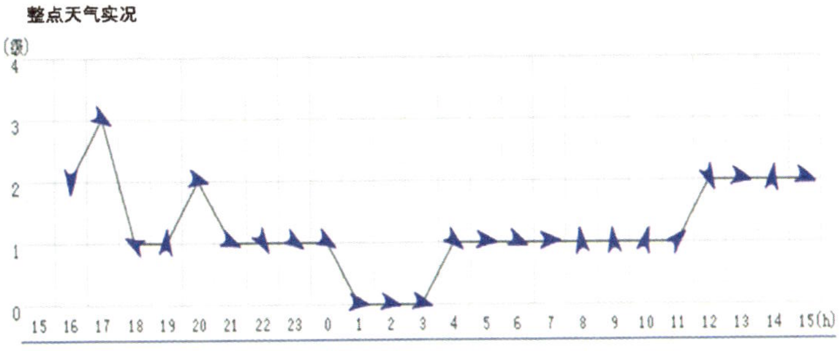

平均风力风向

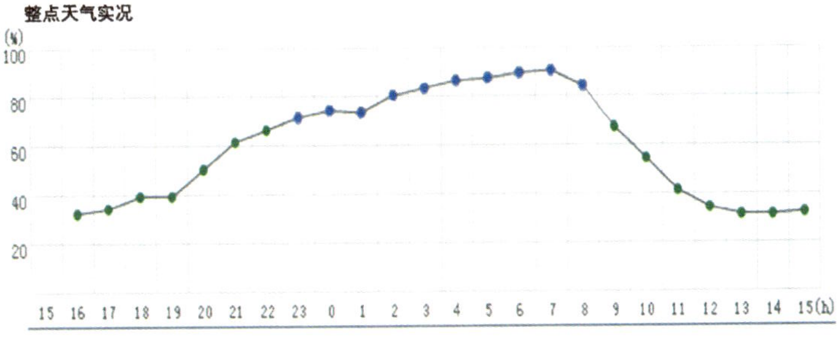

平均相对湿度

图 2.1.7　气候分析

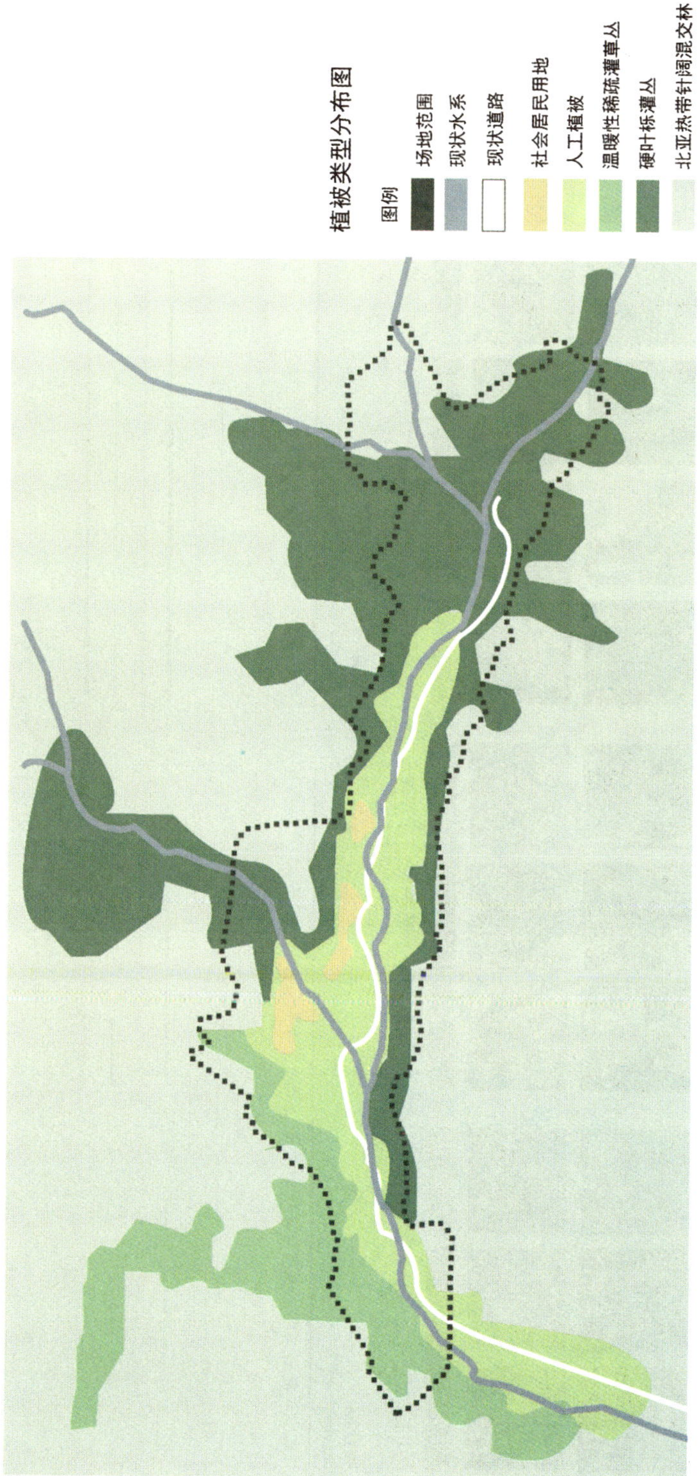
植被类型分布图
图例
场地范围
现状水系
现状道路
社会居民用地
人工植被
温暖性稀疏灌草丛
硬叶栎灌丛
北亚热带针阔混交林

图 2.1.8　植被类型分析

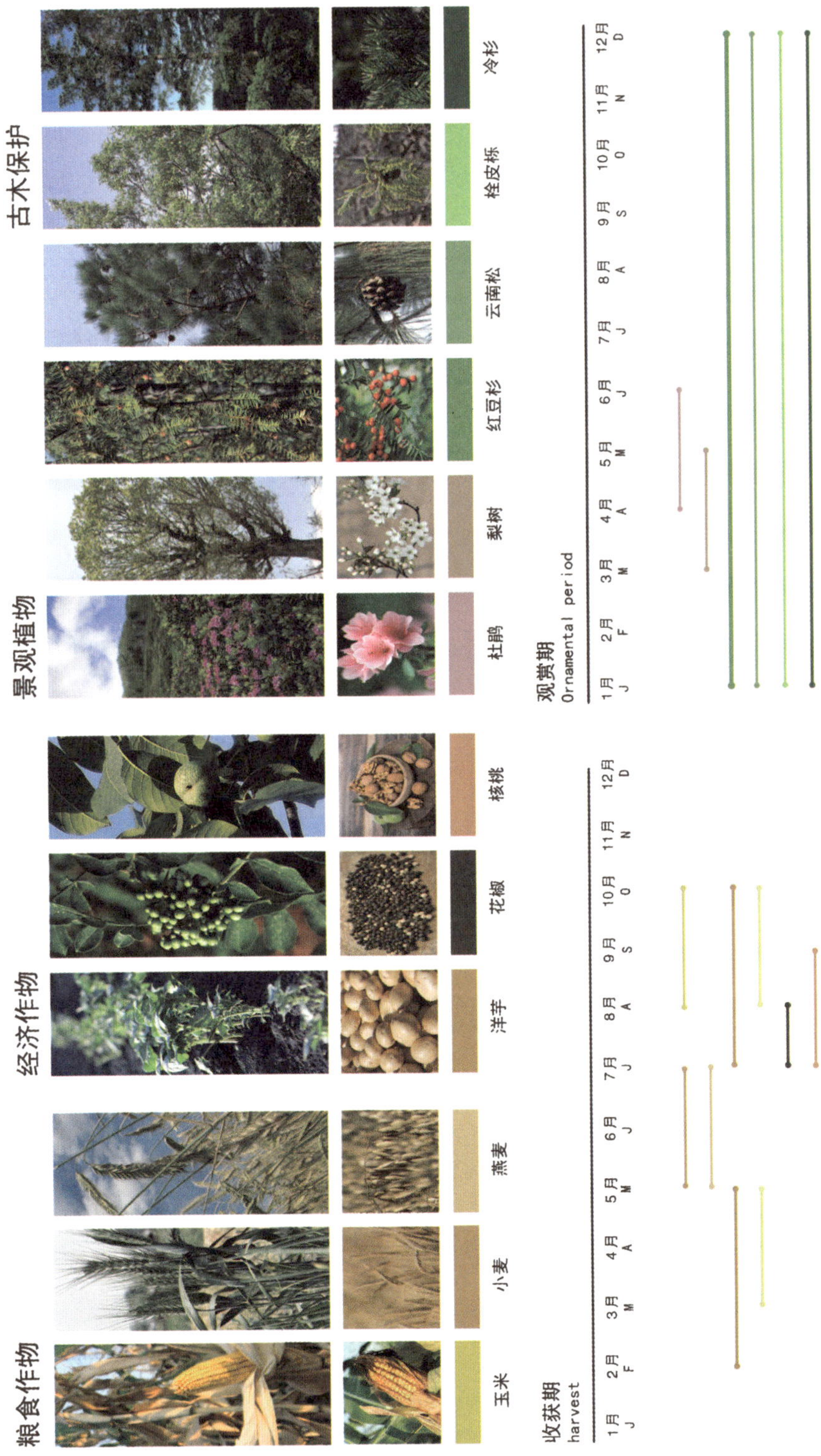
粮食作物
经济作物
景观植物
古木保护
玉米
小麦
燕麦
洋芋
花椒
核桃
杜鹃
梨树
红豆杉
云南松
栓皮栎
冷杉
收获期
harvest
观赏期
Ornamental period
1月 J
2月 F
3月 M
4月 A
5月 M
6月 J
7月 J
8月 A
9月 S
10月 O
11月 N
12月 D

图 2.1.9 植物分析

罗古箐位于滇西北“生态屏障”区和“三江并流”世界自然遗产地原生环境保护极佳区域内，生态系统完好，空气质量优越，海拔错落有致。

罗古箐全村森林覆盖率 85%，具有丰富的森林资源，大部分为原始森林，除此之外，罗古箐规划区内人文资源也十分丰富。

图 2.1.10　旅游资源分布图

根据表 2.1.1，将规划区的旅游资源分为以下两种主体类型：

（1）主类旅游资源

高山草甸峡谷景观。规划区位于树木丛生的山谷中，西岸属怒山山脉的高山称为碧罗雪山，东岸属云岭山脉的山峰，平均海拔约为 2400 米，村是典型的“两山一谷”地形。村寨以东是高原牧场，牛羊追逐、奔走相随、环境幽静、生态和谐、景色如画。每年农历五月初，附近的各族青年男女便来此对歌跳舞、谈情说爱，是青年男女抒发感情、寄托情怀的胜境。人们便将这片高山草甸叫作“情人坝”。

普米村寨文化景观。罗古箐全村皆为普米族，是全国最大的普米族聚居村寨，比较完好地保存了普米族传统生产生活习俗，民族风情浓郁。普米族节庆活动丰富，国家级非物质文化遗产《搓蹉》和省级非物质文化遗产《四弦舞乐》充实了普米族的民间演艺文化。普米族手工艺品和民族服饰亦是琳琅满目，主要有皮革品、竹编织品、四弦琴等。特色美食如红烧琵琶肉、醉鸡、酥油茶等，色香味浓、回味无穷。

半耕半牧农业景观。罗古箐位于半山腰的缓坡上，村寨自西向东，分别为罗古箐下寨、中寨、上寨。村寨北面群山环绕，树木葱郁，植被丰富，全村森林覆盖率 85%。普米族特色民居建筑为“木楞房”。由于经济的发展，木楞房通过改造，房屋发生了局部改变，但整体依旧保持着传统普米族的建筑风格。村里少数人家还有小型养殖场，养了许多羊和牛。村外路边的田地里种植了洋芋、小麦、玉米等农作物。

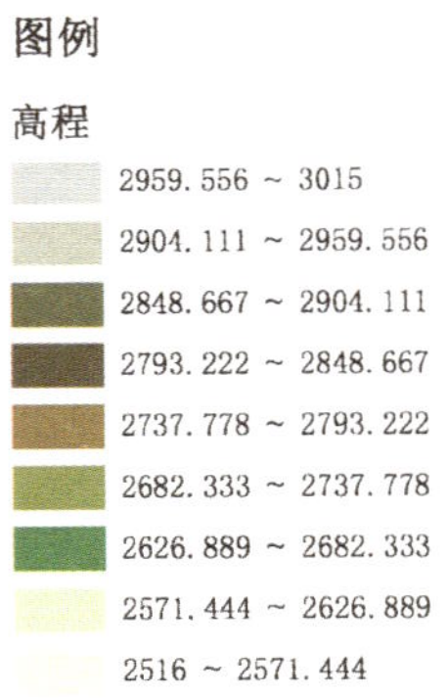

通过高程分析了解到场地现状高程，场地内最高点为 3015 米，场地最低点为 2532.2 米。其中上寨、中寨、下寨多分布在 2626.889～262.333 米的高程。情人坝地区多分布在 2737.778～2793.222 米的高程。

图 2.1.11 高程分析图

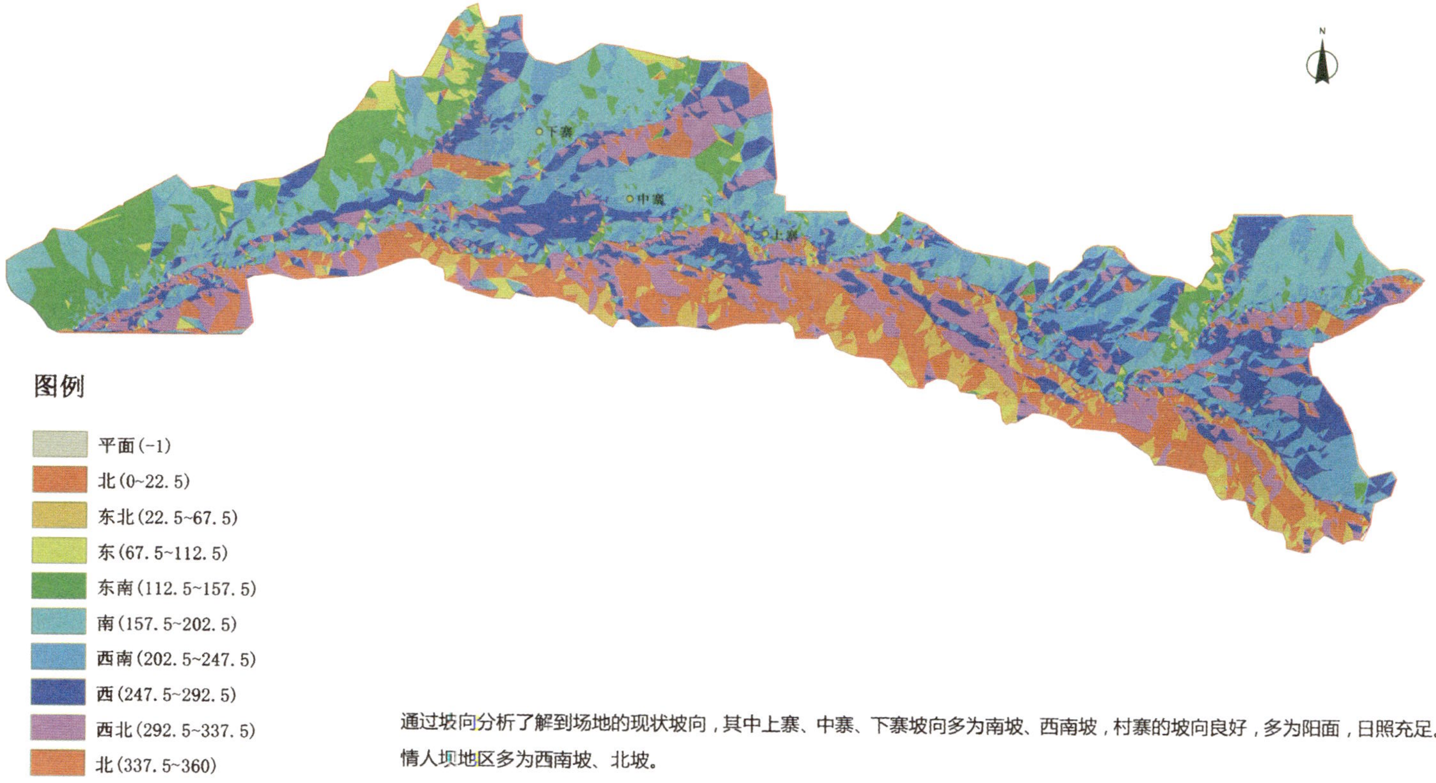

通过坡向分析了解到场地的现状坡向，其中上寨、中寨、下寨坡向多为南坡、西南坡，村寨的坡向良好，多为阳面，日照充足。情人坝地区多为西南坡、北坡。

图 2.1.12 坡向分析图

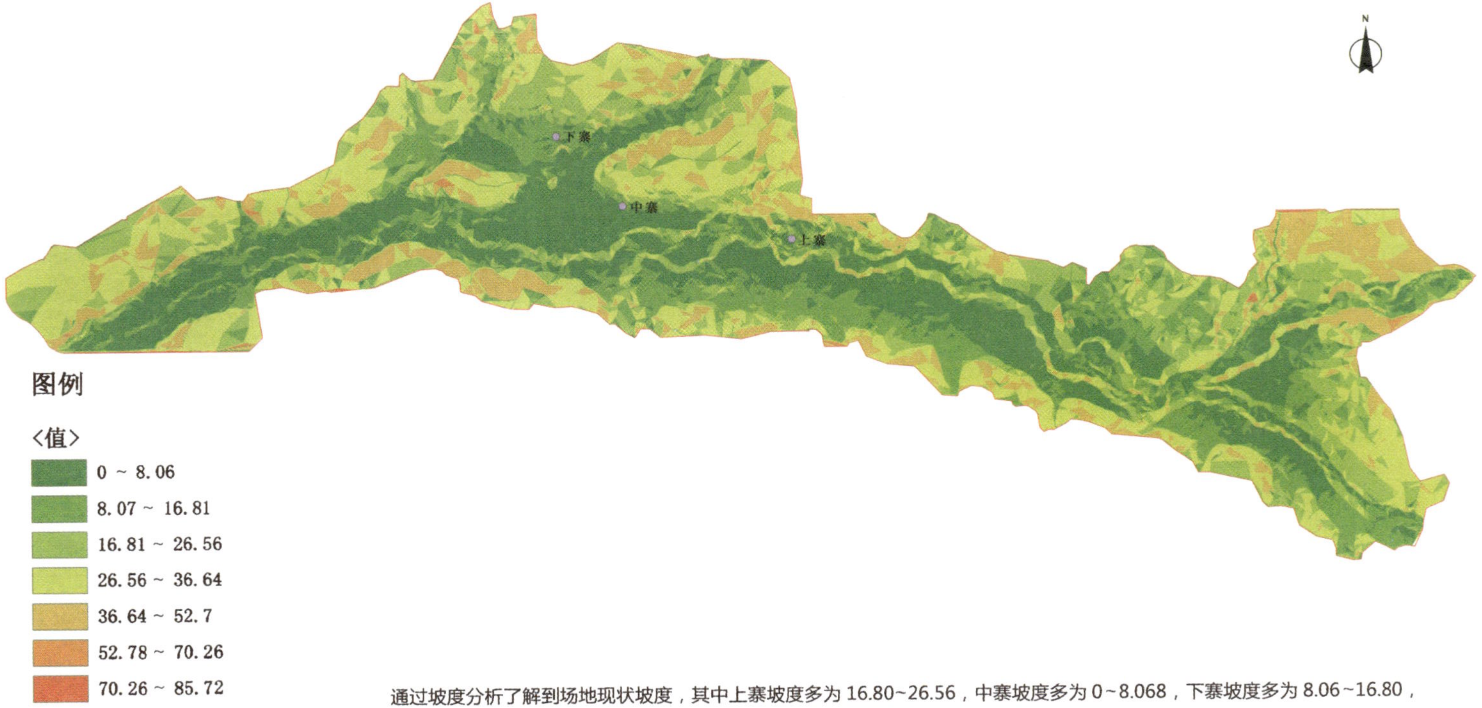

通过坡度分析了解到场地现状坡度，其中上寨坡度多为 16.80~26.56，中寨坡度多为 0~8.068，下寨坡度多为 8.06~16.80，由此了解到中寨坡度较为平缓，上寨坡度相对较陡。

图 2.1.13　坡度分析

（2）辅类旅游资源

河流石滩水域景观。村寨面向农田，山间清泉不断，自成溪流，穿村而过，名为“罗古箐河”，也被称为当地的“母亲河”，养育了当地的普米人，也孕育了当地的普米文化。红色砂石散落在溪流两岸，形成小型的石滩。溪流从高处泻下，击打着砂石，或轻或重，或急或缓。普米族民居群落掩映其间，景色如画，生态环境优美。

丹霞砂岩地质景观。由于喜马拉雅造山运动以及河流侵蚀作用，规划区内丹霞岩体高大，轮廓分明，造型奇特。加之此地岭谷纵横其中，深沟巨箐，峡瀑跌水，把丹霞山地分割成千峰万壑，处处绝壁。谷中森林遮天蔽日，古树枯藤密集。红色砂岩石不仅成为一道景观，也供罗古箐村的村民造房使用。

冷杉古树生态景观。远处山上一片茫茫苍苍的林海，具体有高山松、云冷杉、红豆杉、槐树等。近处草甸边两棵几十米的冷杉古树，茎干高大、比翼而生，宛如相倚放牧的恋人，百年常青，又似恩爱夫妻情义长存，故称“情人树”。村寨中的一棵古核桃树生长在罗古箐河的西岸大陆上，生机盎然，是普米人为死者举行葬礼时给亡灵指引路径的重要标志。规划区中亦有国家一级保护动物滇金丝猴群分布，偶见金丝猴缘木而上，嬉戏成群。

2. 旅游资源分布

（1）垂直分布

从垂直角度来看，规划区的景观自上而下分别为山野森林景观、村寨风情景观、平坝草甸景观、农牧田园景观、河流水域景观（图 2.1.14）。

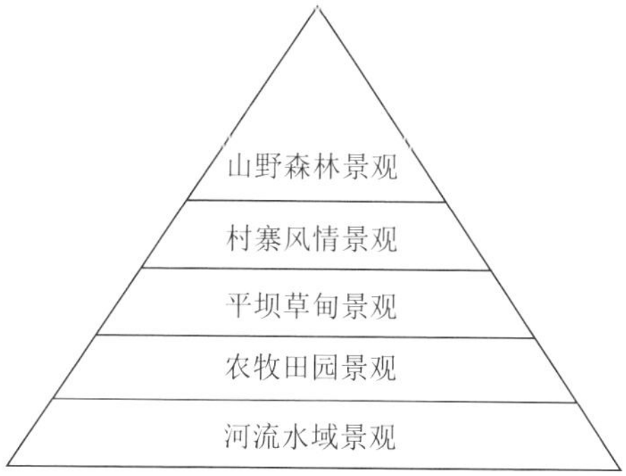

图 2.1.14　景观垂直分布图

（2）水平分布

根据罗古箐旅游资源集聚状况与旅游开发功能要求，可将罗古箐旅游资源空间分布划分为三大旅游片区，即罗古箐综合服务区、普米人风情体验区和情人坝民俗活动区（图 2.1.15、表 2.1.2）。

图 2.1.15　景观水平分布图

表 2.1.2　旅游资源空间分布

区域	主要资源
罗古箐综合服务区	“普米情人节”旅游服务定点接待站、高山草甸、坝子、罗古箐河
普米人风情体验区	社区活动中心、白色塔形建筑物、下寨河、普米族第一代木楞房、普米族第二代木楞房、普米族第三代木楞房、红烧琵琶肉、醉鸡、竹叶菜炒西红柿、洋芋、牛羊汤锅、牛角酒、“苏理玛”酒、自制酿酒、酥油茶、乳饼、蔬菜、高山核桃、松茸、贝母、纺织品、皮革品、铁器制造品、竹编织品、四弦琴、漆器、《洪水朝天》《开天辟地》《捉马鹿的故事》《戛达米》《给羊子的来历》《狗救主人的故事》《打猎的来历》、少数民族婚丧嫁娶、饮食、喊魂风俗、吾昔节、大十五节、绕岩洞、转山会、尝新节、祭龙潭、端午节、火把节、月半祭祖节、苏理玛节、跑马节、过小年、《母亲河》、搓蹉舞、四弦舞乐、普米族、白族服饰、杨照辉、罗古箐河、蓄水池、绒毛鸡、高原生态猪、黄牛、牦牛、乌骨绵羊
情人坝民俗活动区	高原牧场、草甸、情人坝、东方情人节、丹霞峰、红色陡崖坡、赤壁石墙、红岩峰崖、原始杂木林、松树林、云南松、高山松、花椒树、柏树、槐树、情人树（云杉）、母亲树、野核桃树、古核桃树、青刺果树、香樟、杜鹃花、樱花、滇金丝猴栖息地、云豹、度假木屋、石门坊、“老君山—罗古箐大羊场”徒步穿越栈道、老君山余脉、红豆杉、落叶松、水杨树、桃花、杏花

3. 旅游资源特征

（1）开阔的高山草甸

高山草甸是在寒冷的环境条件下，发育在高原和高山的一种草地类型。规划区周围山脉为老君山余脉，岭谷纵横其中，深沟巨箐。大片高原草场分布在村寨东面，绒毛鸡、高原生态猪、黄牛、牦牛、乌骨绵羊等农家散养牲畜奔跑在草甸之上。每年，盛大的普米族“情人节”在此举行。草地上、密林间人们嬉笑打闹，形成了规划区独有的资源特征。

（2）原真的普米村落

普米族是中国具有悠久历史和古老文化的民族之一，是云南省 15 个特有民族之一，人口仅 3.5 万。罗古箐是兰坪县最大的普米族山寨，村寨自西向东，带状分布，总体布局灵活，没有特殊的建筑物或具有中心性的小广场。保存着鲜活的普米族服饰、民歌、刺绣、筑房文化，民族风貌保存完好，文化底蕴深厚，民族特色突出。奠定了规划区丰富的民族资源的基调（图 2.1.16 至图 2.1.19）。

图 2.1.16　村寨现状分析

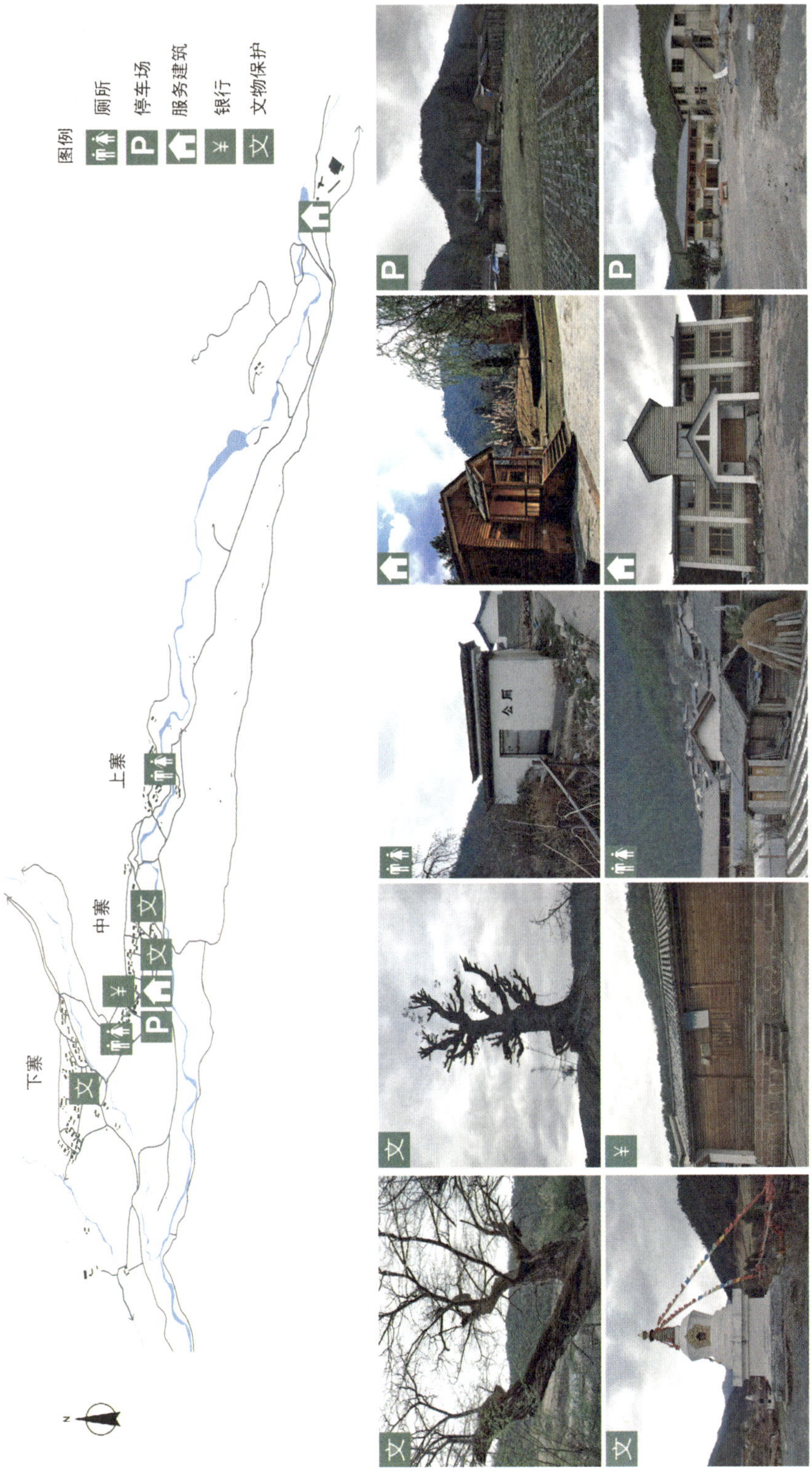

图 2.1.17 旅游设施现状分析

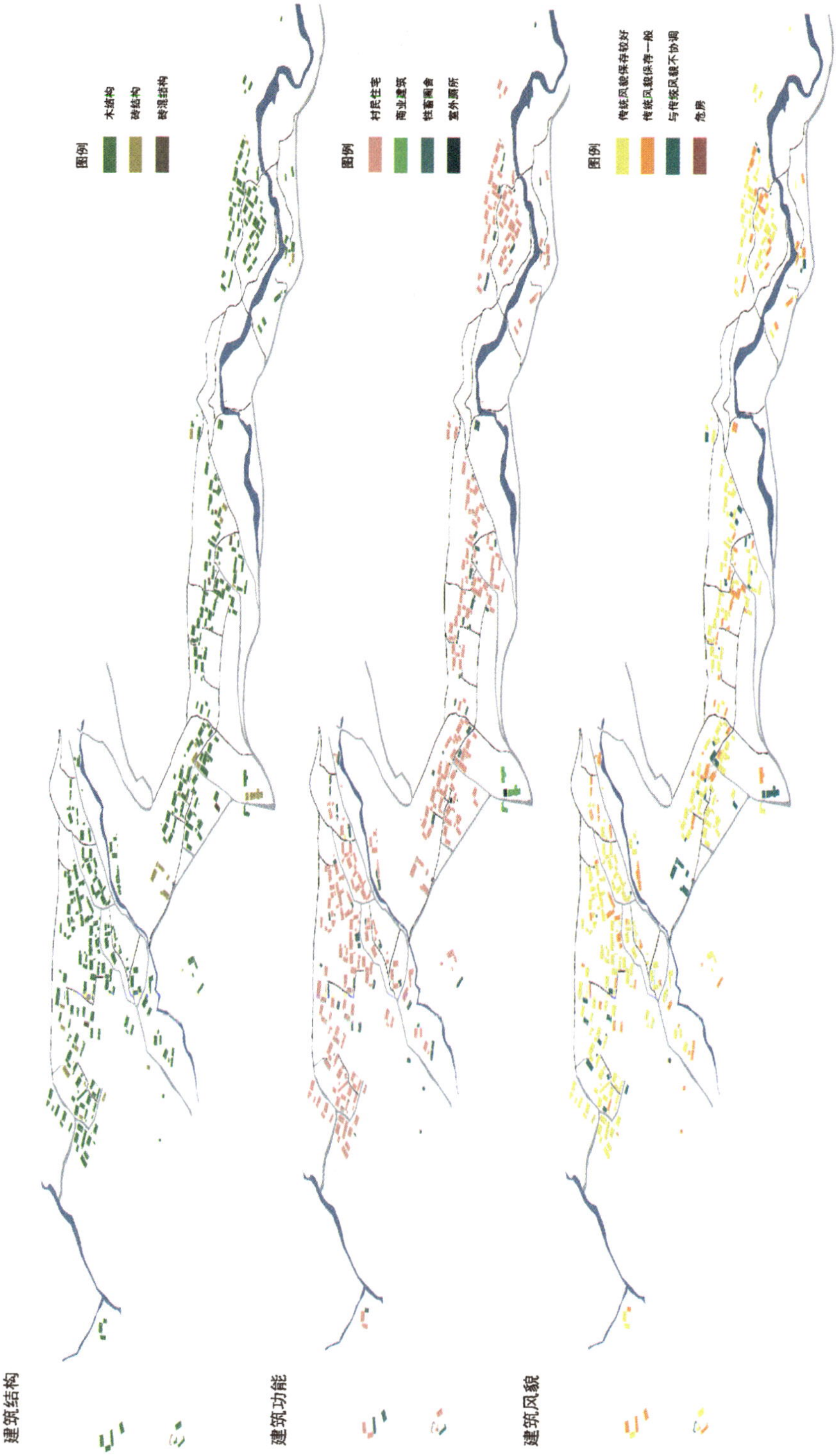
建筑结构
图例
木结构
砖结构
砖混结构
建筑功能
图例
村民住宅
商业建筑
牲畜圈舍
室外厕所
建筑风貌
图例
传统风貌保存较好
传统风貌保存一般
与传统风貌不协调
危房

图 2.1.18　建筑分析

危房

与传统风貌不协调

传统风貌保存一般

传统风貌保存较好

图 2.1.19　建筑风貌分析

（3）静幽的峡谷溪流

规划区地处横断山脉，具有特殊的地质变迁史和独有的地质结构，山峦连绵起伏，山高谷深，山峰平均海拔约3000米，谷地平均海拔2000米左右。规划区西至村寨入口处，东至情人坝坝头，是典型的狭长形山谷谷地。山间清泉不断，自成溪流，像一床白色的丝绸从高处泻下，并自东向西贯穿整个村庄，被誉为“情人溪”，也被当地人称为“母亲河”。

（4）奇幻的丹霞地貌

由于造山运动以及受强烈侵蚀分割、溶蚀和重力崩塌等综合作用形成了规划区中奇特造型的丹霞石景观。丹霞石或巍峨高大，或拟人似物，奇险雄伟。丹霞石质地坚硬，色赛丹朱，加之绿色森海的映衬，光彩悦目。林间密布各类杜鹃花，也不乏樱花和桃花等其他品种。花开季节，整个风景区色彩缤纷。漫步大羊场—罗古箐徒步栈道，丹霞风貌尽收眼底。

4. 旅游资源评价

（1）单体评价

按照《旅游资源分类、调查与评价》（表2.1.3）中所规定的分类评价体系，对罗古箐的旅游资源进行定量评价，并确定单体级别。

表2.1.3 旅游资源评价赋分标准

评价项目	评价因子	评价依据	赋值
资源要素价值（85分）	观赏游憩使用价值（30分）	全部或其中一项具有极高的观赏价值、游憩价值、使用价值	30~22
		全部或其中一项具有很高的观赏价值、游憩价值、使用价值	21~13
		全部或其中一项具有较高的观赏价值、游憩价值、使用价值	12~6
		全部或其中一项具有一般的观赏价值、游憩价值、使用价值	5~1
	历史文化科学艺术价值（25分）	同时或其中一项具有世界意义的历史、文化、科学、艺术价值	25~20
		同时或其中一项具有全国意义的历史、文化、科学、艺术价值	19~13
		同时或其中一项具有省级意义的历史、文化、科学、艺术价值	12~6
		同时或其中一项具有地区意义的历史、文化、科学、艺术价值	5~1
	珍稀奇特程度（15分）	有大量珍稀物种，或景观异常奇特，或此类现象在其他地区罕见	15~13
		有较多珍稀物种，或景观奇特，或此类现象在其他地区很少见	12~9
		有少量珍稀物种，或景观突出，或此类现象在其他地区少见	8~4
		有个别珍稀物种，或景观比较突出，或此类现象在其他地区较多见	3~1

续表

评价项目	评价因子	评价依据	赋值
资源要素价值（85分）	规模、丰度与概率（10分）	独立型旅游资源单体规模、体量巨大；集合型旅游资源单体结构完美、疏密度优良级；自然景象和人文活动周期发生或频率极高	10~8
		独立型旅游资源单体规模、体量巨大；集合型旅游资源单体结构很和谐、疏密度良好；自然景象和人文活动周期发生或频率很高	7~5
		独立型旅游资源单体规模、体量中等；集合型旅游资源单体结构和谐、疏密度较好；自然景象和人文活动周期发生或频率较高	4~3
		独立型旅游资源单体规模、体量较小；集合型旅游资源单体结构较和谐、疏密度一般；自然景象和人文活动周期发生或频率极高	2~1
	完整性（5分）	形态与结构保持完整	5~4
		形态与结构有少量变化，但不明显	3
		形态与结构有明显变化	2
		形态与结构有重大变化	1
影响力（15分）	知名度和影响力（10分）	在世界范围内知名，或构成世界承认的名牌	10~8
		在全国范围内知名，或构成全国性的名牌	7~5
		在本省范围内知名，或构成省内的名牌	4~3
		在本地区范围内知名，或构成本地区的名牌	2~1
	适游期或使用范围（5分）	适宜游览的日期每年超过300天，或适宜于所有游客使用和参与	5~4
		适宜游览的日期每年超过250天，或适宜于80%游客使用和参与	3
		适宜游览的日期每年超过150天，或适宜于60%游客使用和参与	2
		适宜游览的日期每年超过100天，或适宜于40%游客使用和参与	1

根据旅游资源单体评价总分，从高到低共分为五级，其中：

五级旅游资源，得分值域≥90分；

四级旅游资源，得分值域为75~89分；

三级旅游资源，得分值域为60~74分；

二级旅游资源，得分值域为45~59分；

一级旅游资源，得分值域为30~44分；

未获等级旅游资源，得分值域≤29分。

依据上述评价方法，罗古箐共有列级旅游资源单体106个，具体如下：五级资源有1个，四级资源有5个，三级资源有5个，二级资源有12个，一级资源有36个，未获等级旅游资源有47个。

表 2.1.4　主要旅游资源等级表

旅游资源等级	旅游资源单体	数量
五级	罗古箐村	1
四级	老君山余脉、东方情人节、普米族木楞房、滇金丝猴栖息地、云豹	5
三级	罗古箐河、丹霞峰、红色陡崖坡、赤壁石墙、红岩峰崖	5
二级	《母亲河》、搓蹉舞、四弦舞乐、杨照辉、情人坝、“老君山—罗古箐大羊场”徒步穿越栈道、高原牧场、草甸、情人树（云杉）、母亲树、古核桃树、情人坡	12
一级	吾昔节、大十五节、绕岩洞、转山会、尝新节、祭龙潭、端午节、火把节、月半祭祖节、苏理玛节、跑马节、过小年、少数民族婚丧嫁娶、饮食、喊魂风俗、文体习俗（射击、摔跤、武术、吹笛子、跳锅庄）、《洪水朝天》《开天辟地》《捉马鹿的故事》《戛达米》《给羊子的来历》《狗救主人的故事》《打猎的来历》、纺织品、皮革品、铁器制造品、竹编织品、四弦琴、漆器、“普米情人节”旅游服务定点接待站、度假木屋、石门坊	36
未获等级	普米族、白族服饰、酥油茶、乳饼、蔬菜、高山核桃、绒毛鸡、高原生态猪、黄牛、牦牛、乌骨绵羊、松茸、贝母、羊肚菌、天麻、玛咖、红烧琵琶肉、醉鸡、竹叶菜炒西红柿、洋芋、牛羊汤锅、牛角酒、“苏理玛”酒、自制酿酒、蓄水池、白色塔形建筑物、社区活动中心、杜鹃花、樱花、桃花、杏花、野核桃树、青刺果树、香樟、云南松、高山松、云冷杉、红豆杉、落叶松、白杨树、花椒树、柏树、槐树、原始杂木林、松树林、下寨河	47

（2）综合评价

旅游资源种类丰富，市场吸引力强。罗古箐规划区的旅游资源总量丰富、类型多样，自然资源和人文资源特色突出。自然旅游资源以高山草甸、冷杉古树为主。人文旅游资源以普米风情、传统民居建筑类为主。因此，丰富的旅游资源也增强了整个规划区的市场吸引力。

旅游资源组合良好，开发潜力巨大。规划所在地是“两山一谷”的独特地形，生态环境与人文景观的组合方式，让旅游区如充满原生态物象的世外桃源。但同时基础设施薄弱和交通不便导致该区域内旅游资源开发利用程度较低。因此，该地区存在较高的开发潜力。

旅游资源价值较高，核心卖点突出。高山草甸、冷杉古树的组合让人觉得该规划区具有一种独特的气质，普米族的少数民族房屋和农耕放牧生活方式给村寨也带来一种和谐的氛围。整个规划区不仅是一个生态景区，更是一个打着民族旅游品牌的特色景区。

旅游度假环境优良，迎合消费升级。规划区以绿色生态环境为基础、普米传统文化为特色，发掘普米族民俗文化。当今游客已经从物质旅游向着精神旅游逐渐转型，已经不再满足于“走马观花”式的旅游需求，而是更加注重追求品质与养生。因此，规划区的发展也是切实满足了消费者的心理需求。

（四）旅游市场

1. 客源市场规模

（1）怒江州客源市场稳步上升，蓄势待发

根据怒江州国民经济和社会发展统计公报数据，2010 到 2017 年间，怒江州的国内外旅游者接待人次从 155.9 万人数增长到 348.38 万人次，年平均增长率为 11%；旅游收入 8 年间从 8.00 亿元增长到 42.27 亿元，年平均增长率为 23%，旅游人均消费为 1213.33 元。怒江州 2010 到 2017 年间，无论是旅游总收入还是旅游总接待人数都呈增长趋势，尤其旅游总收入近 3 年来增幅明显。由此可见，怒江州旅游接待人数和旅游综合收入呈逐年稳步上升的趋势，并且民族风情游、休闲度假游、健身探险游热潮正成为怒江州旅游业强劲的发力点。

（2）兰坪县客源市场迅速增长，波动明显

根据兰坪县旅游局统计数据，2010 年接待旅游者 37.00 万人次，到 2017 年接待旅游者 94.67 万人次，8 年间旅游人次增长了 1.6 倍。2010 年旅游综合收入 15225 万元，到 2017 年旅游综合收入 130000 万元，8 年间旅游总收入增长了 7.5 倍。旅游客源市场增长波动较为明显。其中有两处突破性增长，2015 年的旅游人数增长幅度最大，2017 年旅游收入有突破性增长。可见，近些年怒江州加大对兰坪县旅游基础设施建设，不断提升景区档次，效果显著。由此可见，兰坪县的旅游接待人数和旅游综合收入虽然增长波动明显，但整体上呈迅速增长的趋势，因此兰坪县未来旅游也会继续保持大幅度增长状态。

根据以上数据，2017 年兰坪县占怒江州的旅游接待总人次的占比为 27%，旅游总收入的占比为 31%。由此可知，兰坪县旅游业为怒江州旅游的发展做出了重要贡献，兰坪县是怒江州旅游迅速发展的重要抓手，是怒江州旅游有利的吸引点，因此随着怒江州旅游业蓬勃发展，兰坪县旅游也将进入迅速发展之路。其中，罗古箐规划区所在的通甸镇是兰坪县重点旅游目的地，是旅游者必游之地，而罗古箐规划区是通甸镇旅游业的核心吸引力。随着兰坪县对罗古箐规划区旅游建设力度加大，罗古箐规划区旅游业即将迎来新的局面，因此罗古箐规划区的旅游业正处于重要的发展阶段，未来旅游客源市场规模会进一步扩大。

（3）滇西北客源市场发展成熟，形成客源互补

罗古箐规划区是兰坪县重点旅游发展对象，其旅游发展与兰坪旅游发展息息相关。兰坪县与大理州、丽江市、迪庆州毗邻。据统计，大理州 2017 年接待海内外旅游者 4222 万人次，旅游总收入 647.00 亿元。丽江市 2017 年接待海内外游客 4069.46 万人次，旅游总收入 821.90 亿元。迪庆州 2017 年接待海内外旅游者 2676.89 万人次，旅游总收入 298.86 亿元。由此可见，大理、丽江、迪庆的旅游发展态势良好，客源市场发展较为成熟，可与兰坪县形成客源互补，旅游客流可以分流到兰坪，助推兰坪县旅游的迅速发展。目前兰坪县正积极推进兰云高速、维兰高速、维通二级公路，兰坪县通甸一类通用机场正在建设中，罗古箐规划区对外交通条件将得到极大改善，周边热点旅游城市旅游发展将会带动兰坪县的发展，罗古箐可以乘势开发，投身于兰坪旅游迅速发展的浪潮中。

（4）罗古箐周边景区客源市场发展良好，旅游带动强劲

罗古箐规划区处于“三江并流”世界自然遗产老君山的核心区域，其周边有众多知名的旅游景点，如拥有壮观的森林景观的云岭自然保护区、历史悠久的富和山茶盐古道、叹为观止的碧罗雪山等。这些景区在全省乃至全国都有一定的名气，是怒江州重要的旅游景区，近些年来这些景区旅游发展迅速，客源市场发展态势良好。罗古箐规划区拥有独特高原牧场和原生态普米族文化，在旅游资源方面可以与周边景区形成吸引力的互补，借此弥补规划区旅游开发力度不足、知名度低、影响力弱的缺陷，吸引更多游客。

2. 客源市场定位

（1）市场目标定位

罗古箐规划区处于老君山西部片区核心景区范围中，但是旅游规模小、知名度低、影响力弱，从现实情况来看，它还不能作为一个独立的旅游地。基于罗古箐旅游资源优势，景区的建设现状对客源市场目标进行如下定位：按客源类型定位，以民俗文化体验、生态养生、休闲度假、农业观光旅游客源为主；按旅游方式定位，以自驾车旅游和散客旅游为主；按旅游者年龄定位，以中青年游客为主，以年长和年幼游客为辅；按消费层次定位，以高档消费为主体，以中低档消费为辅；从旅游产品市场细分来看，罗古箐规划区的旅游目标市场主要为文化体验旅游市场。

（2）区域市场定位

基于主要客源市场、区位条件、资源优势、市场开发等方面的分析，对罗古箐规划区做出如下定位：

一级市场以大理、丽江、迪庆和怒江州本地客源市场为主。罗古箐规划区与丽江市云龙县和大理州的剑川县之间的交通较为便利，路程距离不足 200 千米，因而丽江、大理旅游客源可以分流到规划区。此外，罗古箐规划区属于老君山国家级风景名胜，是怒江州重要旅游目的地，对于怒江州本地游客也具有极大吸引力。由于交通的便利，此类市场游客以休闲度假为主要目的、以自驾旅游为主要方式，是罗古箐规划区旅游初期营销推广的重点。

二级市场以云南省内其他地区和四川及贵州等毗邻省份客源市场为主。罗古箐属于“三江并流”世界自然遗产，拥有丰富的自然资源和独一无二的普米族文化，对云南省乃至全国产生极大的吸引力。二级客源市场是极具潜力的客源市场，是决定罗古箐规划区规模形成的关键客源市场，也是打响罗古箐规划区知名度的关键，伴随着规划区的不断发展，二级客源市场将成为中期营销推广的重点。此外，此类市场一般以观光游览和体验民俗风情为主要目的，因此罗古箐规划区要加强对民俗文化的挖掘力度和基础设施建设，挖掘二级市场的发展潜力。

三级市场以国内其他客源市场和南亚、东南亚客源市场为主。怒江州旅游处于全面开发建设阶段，旅游客源和旅游收入主要来源于国内市场，在此情形下罗古箐规划区也要以国内客源市场为主。不过随着罗古箐附近交通、铁路、飞机等交通设施日益完善，对全国乃至全世界吸引力也会越来越大，所以罗古箐规划区要依托“三江并流”世界自然遗产和“世界最完整的普米族文化”名片增强自身的吸引力，将三级市场作为罗古箐规划区远期营销的重点。

3. 客源市场预测

（1）预测依据

2012 年罗古箐—大羊场景区的年旅游接待量是 20000 人次，以 2012 年旅游接待人数为基数，借鉴兰坪县每年的旅游人次增长率，估算出 2017 年罗古箐—大羊场景区接待游客量为 4 万人次。因缺乏详细的统计数据，依据罗古箐规划区目前开发现状以及影响力，2017 年旅游接待人数约为整个罗古箐—大羊场景区接待人数的 3/4，因此计算得出罗古箐规划区的游客量人数约为 3 万人次。结合罗古箐规划区实际情况，估算出 2017 年旅游收入为 150 万元，人均收入为 50 元。以 2017 年罗古箐规划区旅游人数 3 万人次，旅游总收入 150 万元为基数，综合考虑罗古箐规划区旅游总收入、旅游人数的增长率及增长规律，以及旅游发展的大环境、景区发展生命周期、品牌塑造期等各种影响因素，做出预测。

（2）预测结果

从数量上看，预计到 2018 年，游客量达到约 5.02 万人次，旅游收入达到 402.30 万元；预计到 2019 年，游客量达到 9.79 万人次，旅游收入达 1208.97 万元；预计到 2020 年，游客量达到 20.76 万人次，旅游收入达 3515.08 万元；预计到 2021 年，游客量达到 41.10 万人次，旅游收入达 8773.21 万元；预计到 2022 年，游客量达到 78.09 万人次，旅游收入达 19695.08 万元；预计到 2023 年，游客量达到 143.69 万人次，旅游收入达 42171.58 万元。从大幅增长时点看，2020 年前后旅游区游客量、旅游收入都将迎来井喷式增长。

二、总体构思

（一）发展思路

1. 普米文化故事化

罗古箐规划区是普米族世居之地，约有 700 年历史，是全球最大的普米族聚居区。因此，普米族文化是罗古箐规划区的一张标识牌。罗古箐由东向西，依次为罗古箐上寨、罗古箐中寨和罗古箐下寨。将浓郁的普米族文化以可视性故事展现于罗古箐三寨中，形成连接性强、故事性强、参与性强的普米族文化窗口。

2. 山野度假高端化

根据中国旅游研究院发布的公告，2016 年休闲度假游客约占 52.7%，2017 年中国休闲度假旅游指数为 60%。因此，中国休闲度假旅游市场潜力巨大，尤其是山野度假旅游。但是目前山野度假旅游大多处于低端化，高端化山野度假旅游较少，尤其是民族文化依托型的山野度假甚少。罗古箐规划区急需依托浓郁的普米族文化和山岳生态文化，将其打造成度假式民族旅游胜地。

3. 村田打造创意化

罗古箐规划区罗古箐三寨村落前有地形平坦、条块规整的田地。依托田地种植，在基础农业本底上植入创意、科技、文化等元素，形成高端精品化标准农田。将田地打造创意化可以实现田地附加值，增加农民收入，形成创意农田扶贫新模式。

4. 产业植入多样化

罗古箐规划区以种植业和畜牧业为主，以木材加工业和餐饮服务业为辅。产业结构不优，产业种类不多，急需进行产业植入。产业植入可以以旅游为核心，形成电子商务、商贸物流等支撑型，形成绒毛鸡、乌骨绵羊等特色养殖业，太空种植等科技农业，精品民宿等高端服务业等一系列产业链。

（二）发展战略

1. 文旅互融互动的战略

文化是旅游的灵魂，普米族有着深厚的历史文化底蕴、丰富多彩的民族文化特色，具有得天独厚的文旅产业融合发展条件。通过深度挖掘民族特色文化资源，丰富并提升旅游产品内涵，着力打造成为民族文化与旅游相互融合、相互促进的文化旅游示范项目。

2. 优势错位双开发战略

依据区间竞合分析和区内竞合分析，罗古箐规划区普米族文化优势明显，在整个区域内处于“一枝独秀”的态势。因此，可以进行优势开发。罗古箐规划区与整个区域都隶属于乡村旅游范畴，但是都处于低端型、观光型水平。因此，可以进行错位开发，朝高端山野度假层次发展，构成一定旅游优势。总之，罗古箐规划区要优势开发与错位开发相结合，形成双开发战略。

3. 河田村山多组合战略

罗古箐规划区呈现东西走向的带状结构，南北由低到高呈现罗古箐河流、四方块田地、多排层村舍和高耸立山岳。河流可进行亲水、戏水活动，田地可进行创意、文创农业，村舍可进行山野、度假民宿，山岳可进行营地、野宿居住。将河流、田地、村舍和山岳进行多组合、立体式开发，可提供给游客多体验、多视角感受罗古箐规划区魅力的窗口。

4. 产业植入新驱动战略

罗古箐规划区目前仅有一产特色种植业和特色养殖业，二产木材加工业，三产餐饮服务业。一产比重大，二产、三产比重小，结构不优，种类不多，急需新兴产业植入。例如，可以植入电子商务、商贸物流、科技农业、现代农业、民族文创等。

（三）开发定位

1. 总体定位

以生态环境、民族文化为依托，以“普米山岳生态文化”为核心，以

"普米风情品味""山居休闲度假""民俗活动体验"为主题引领，在保护普米族文化原真性的基础上，通过放大建筑景观特色、做强民俗活动体验、景观化农牧生态等手段，打造集村寨观光、文化展示、风情体验、休闲娱乐、生态度假等功能于一体的普米山岳生态文化度假地。

解读：普米山岳生态文化度假地是对罗古箐规划区普米文化、山岳生态文化的休闲度假化体现，是对罗古箐规划区元素与意象的完美阐释，是集娱乐、休闲、度假于一体的综合地（图 2.2.1）。

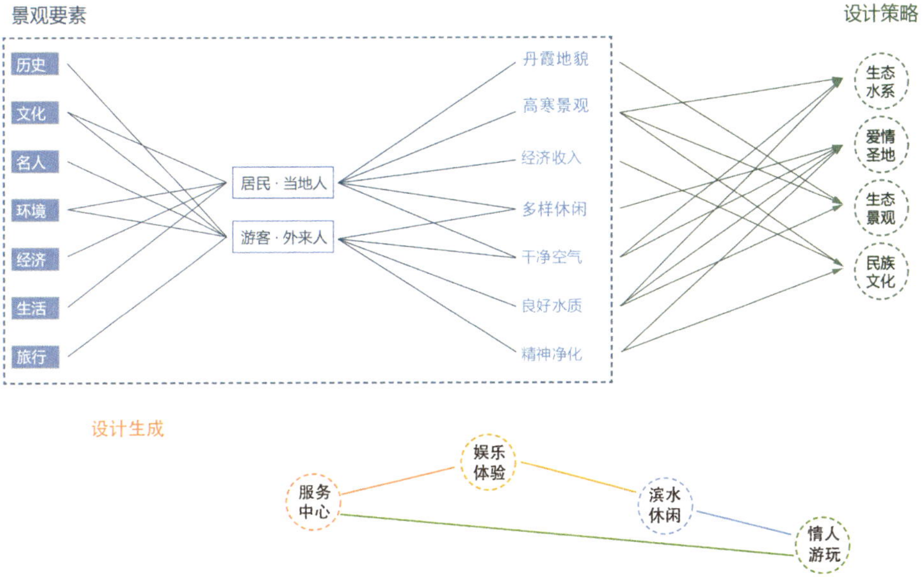

图 2.2.1 总体设计策略

2. 形象定位

世外罗古箐，天下普米情

主要体现罗古箐普米族文化和山岳生态文化两张经典牌，具体来说：

世外罗古箐："世外"形象表达罗古箐高、远，遗世独立的特点；"高"是指罗古箐地处高原之地，恰似与天相接；"远"是指罗古箐地处平坝之地，站在高原之上俯视罗古箐仿佛高原凹谷中一颗明珠，村落风貌尽收眼底，与天空形成相隔遥远的视觉冲击。

天下普米情："天下"形象表达罗古箐是我国普米族第一大村、普米族迁入兰坪的首个落脚点，是罗古箐普米族诞生的地方。这种气势和胸怀不仅凸显罗古箐鲜明的普米族文化，也将其浓郁、悠长的特点表现得淋漓尽致。

备选口号为：

多情普米人，斑斓罗古箐

兰坪罗古箐，东方伊甸园

罗古箐：情人相约的地方

罗古箐：待过就不曾离开

罗古幽箐，普米留情

3. 分层定位

（1）人类学乡村

罗古箐规划区全部为普米族，拥有独特的宗教文化、生态文化和民俗文化等。人类学乡村旨在全方位展现普米族文化，罗古箐上寨主要展现普米族生态文化，罗古箐中寨主要展现普米族民俗文化，罗古箐下寨主要展现普米族宗教文化。游客置身罗古箐规划区，漫步于人类学乡村，深度体验普米族文化。

（2）营地型景区

罗古箐规划区有茂密的森林、高耸的山岳、开阔的平坝和涓涓的河流等。森林、山岳、平坝和河流等要素充分体现了浓郁的山岳生态文化氛围。罗古箐规划区拥有汽车营地、星空屋营地、变色屋营地和帐篷营地等业态，形成营地型景区。游客置身罗古箐景区，可以玩营地型活动，住营地型设施。

（四）目标定位

1. 定性目标

（1）世界级原乡文化度假地。

（2）国家级生态旅游示范区。

（3）国家 4A 级旅游景区。

（4）云南乡村旅游创客基地。

（5）云南省普米文化旅游名村。

2. 定量目标

（1）旅游目标

到 2019 年，游客接待量接近 10 万人次，旅游总收入突破 1208 万元，游客人均消费达到 123 元；到 2022 年，游客接待量超过 78 万人次，旅游总收入突破 19904 万元，游客人均消费达到 252 元；到 2023 年，游客接待量超过 143 万人次，旅游总收入突破 42000 万元，游客人均消费近 300 元。到 2020 年建成国家 4A 级旅游景区，到 2023 年建成世界级原乡文化度假地。

（2）产业目标

巩固传统产业（特色种植业、特色养殖业、木材加工业、木本榨油业和餐饮服务业）；发展新兴产业支撑型（扶贫数据监测、农村网络通信、农村商业网点、农村物流配送和农村电子商务等），新兴产业潜力型（高端农家乐、精品民宿、民族骑行业、民族文创业和民族休闲业等）。到2023年建成产业多样的发展区域。

（3）社会目标

通过罗古箐规划区打造，2019年旅游服务直接就业达到500人，间接从业达到1000人；2023年直接就业达到1500人，间接从业达到3500人。

（4）生态目标

通过资源保护型开发、资源节约型经营和环境友好型消费，植被覆盖率2019年达到90%，2023年达到95%；空气质量2019年达到二级，2023年达到一级；水体质量2019年达到Ⅲ类，2023年达到Ⅱ类。建成人类学乡村和营地型景区。

（五）空间布局

1. 旅游空间结构

罗古箐旅游空间结构包括三个层次：

一级层次：旅游区。属旅游空间范围。开发建设内容包括边界划定、入口设置、内部游路、接待设施、游览设施、解说系统、水电系统、通信系统等，形成旅游区开发建设的管理空间。

二级层次：旅游片区。属旅游功能定位。共划分为三个旅游功能区，分别为罗古箐综合服务区、普米人风情体验区、情人坝民俗活动区。

三级层次：旅游景点。属旅游游览单元。共划分为民族文化类、乡村民俗类、活动项目类、溪流水域类、山野森林类、平坝草甸类、田园风光类、高原牧场类等，是高原山区民族旅游度假集聚点。

2. 旅游空间布局

（1）总体空间布局

两山夹一谷，谷中一村落；

村落依河流，河流贯三区；

三区西向东，普米展风情。

规划以“保护＋传承＋创造”为设计理念，整体构成“一谷、三区”的空间结构。

一谷：普米生态谷

规划所在地为典型的东西走向的两山夹一谷的狭长形山谷谷地。罗古箐村落依山而建，顺应地形呈东西向延伸布局。村落南侧有一条河流，从东向西流淌，构成一个背阴向阳，坐山面水的空间格局，整体生态环境优良（图 2.2.2）。

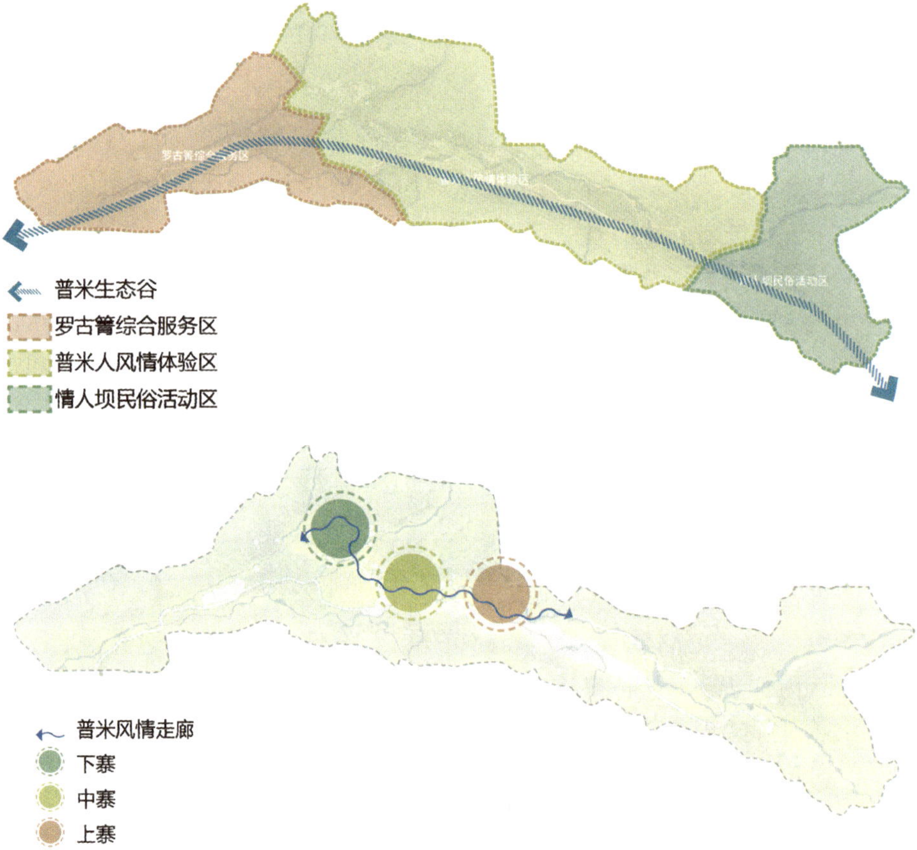

图 2.2.2 旅游空间布局

三区：旅游功能区

包括罗古箐综合服务区、普米人风情体验区、情人坝民俗活动区，形成空间错落、功能完整、主题突出的空间布局。

（2）村寨空间布局

根据普米文化主题、旅游开发方向将罗古箐村（下、中、上三个寨子）空间布局划分为“一廊、三园”。

一廊：普米风情走廊

风情走廊将下、中、上三个村寨所有的主要景观点串联起来，形成一条联动村寨三园的景观轴、交通轴和主题轴。

三园：旅游主题园

下寨：普米生态乐园；中寨：普米民俗观园；上寨：普米祈福圣园，形成整条风情走廊上的三段不同的主题节奏。

3. 旅游功能分区

根据罗古箐规划区的地形地貌、普米族文化主题、旅游开发方向，将整个旅游区划分为三个功能区（图 2.2.3）。

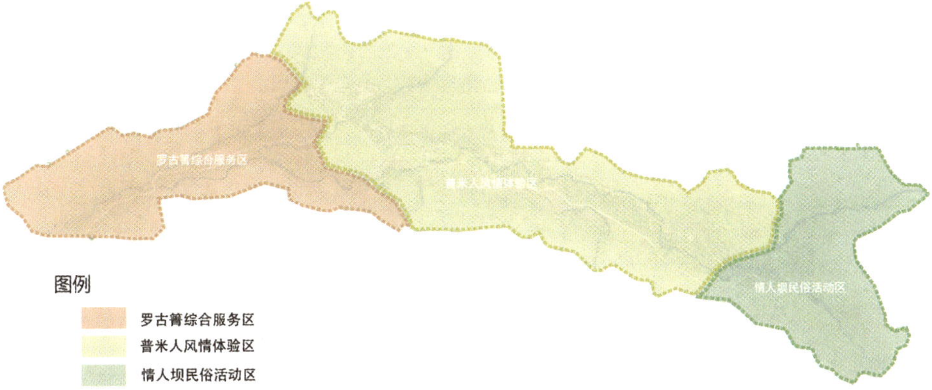

图 2.2.3　功能分区

（1）罗古箐综合服务区

以规划区西部的山间坝子为依托，是游客进入罗古箐村的第一印象区和门户，功能定位为旅游集散中心，在提供标准化服务基础上，丰富休闲业态，通过主题氛围营造与文化内容展示，打造集旅游服务、商品贩售、景区宣传、文化展示、交通换乘、红砂岩展示等多功能为一体的综合服务区。

（2）普米人风情体验区

依托规划区中部的罗古箐下、中、上三个寨子，以原真文化展示、民俗风情体验、山居休闲度假为补充，通过传统的木楞房建筑、原始的村落风貌、具有民族特色的景观小品，发展“文化浸泡式”度假旅游，打造普米文化体验度假区。三个寨子功能定位分别为：下寨生态文化体验，中寨民俗文化体验，上寨宗教文化体验，包括生活场景、文化舞台、商业接待等功能。

（3）情人坝民俗活动区

以规划区东面的坝子为依托，面积 45 亩，主要卖点包括秀美神秘的高原牧场（情人坝）、双株冷杉古树（情人树）以及东方情人节，是普米族特色文化演艺和节庆活动的举办场地。功能定位为民族节庆活动体验（包括普米歌舞艺术、体育竞技等民俗活动）、娱乐休闲、户外运动体验、爱情文化体验、休息观景等。

（六）项目分布

罗古箐旅游区规划项目具体见表 2.2.1，图 2.2.4、图 2.2.5：

表 2.2.1　罗古箐旅游区项目体系表

<table>
<tr><th colspan="2">旅游片区</th><th>项目组团</th><th>具体项目</th></tr>
<tr><td colspan="2" rowspan="3">罗古箐综合服务区</td><td>村寨大门</td><td>普米寨门、普米广场、普米女神像、普米族徽</td></tr>
<tr><td>游客中心</td><td>普米游客中心、生态停车场、生态厕所、自驾车营地</td></tr>
<tr><td>交通补给</td><td>特色交通供给站、马厩、滨水栈道、水景观群</td></tr>
<tr><td rowspan="9">普米人风情体验区</td><td rowspan="3">普米生态乐园</td><td>生态农庄</td><td>普米自然馆、中医疗养馆、药膳食疗馆、乌骨羊农庄、绒毛鸡舍、中华神犬园</td></tr>
<tr><td>艺术田地</td><td>七彩药田、药博园、秦艽田、五味子田、蔓荆田</td></tr>
<tr><td>原始森林</td><td>“猴出没”基地（丛林攀越、飞碟靶场、有氧单车）、采药探险、拾菌林、林中栈道</td></tr>
<tr><td rowspan="3">普米民俗观园</td><td>搓蹉广场</td><td>水镜喷泉、普米记忆馆、搓蹉舞台、冠礼殿堂</td></tr>
<tr><td>普米人家</td><td>木楞乡居、普米食府、白衣闺阁、牛车之旅、乡土长廊</td></tr>
<tr><td>普米作坊</td><td>四弦乐坊、木雕工坊、酥油工坊、篾盒作坊、腊肉作坊</td></tr>
<tr><td rowspan="3">普米祈福圣园</td><td>祭祀广场</td><td>普米铁三脚、神木祭坛、祭祀表演</td></tr>
<tr><td>祭祀展馆</td><td>普米祈福馆、食祭馆、戎肯祭堂、厮杀舞、普米归宗路</td></tr>
<tr><td>祭祀神林</td><td>山神庙、水源神树、图腾白石林</td></tr>
<tr><td colspan="2" rowspan="3">情人坝民俗活动区</td><td>情人树普米欢歌</td><td>情人树许愿、普米情人场、普米篝火会、普米搓磋舞、普米逃婚场</td></tr>
<tr><td>情人坪草甸游牧</td><td>情人栈道、萌宠小舍、情人牧羊、斗鸡比赛、萌宠运动会、普米童话廊</td></tr>
<tr><td>情人湖营地休闲</td><td>变色屋营地、星空屋营地、滨湖帐篷、湖畔对歌、情人湖放灯、营地电影院</td></tr>
</table>

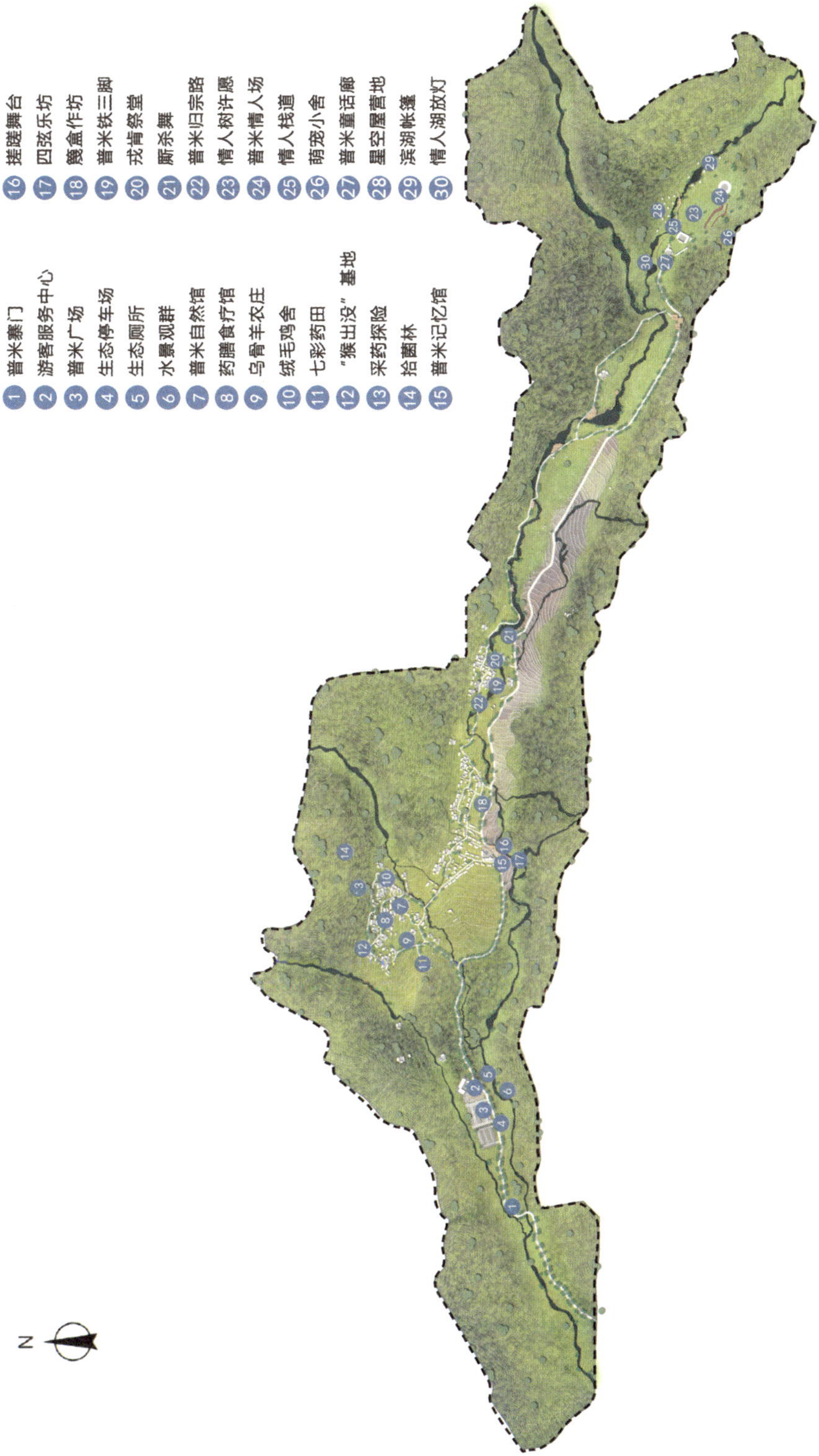
1 普米寨门
2 游客服务中心
3 普米广场
4 生态停车场
5 生态厕所
6 水景观群
7 普米自然馆
8 药膳食疗馆
9 乌骨羊农庄
10 绒毛鸡舍
11 七彩药田
12 “猴出没”基地
13 采药探险
14 拾菌林
15 普米记忆馆
16 搓蹉舞台
17 四弦乐坊
18 篾盒作坊
19 普米铁三脚
20 戎肯祭堂
21 厮杀舞
22 普米归宗路
23 情人树许愿
24 普米情人场
25 情人栈道
26 萌宠小舍
27 普米童话廊
28 星空屋营地
29 滨湖帐篷
30 情人湖放灯
N

图 2.2.4　总平图

图 2.2.5　鸟瞰图

三、项目产品

围绕“普米山岳生态文化体验地”的旅游总体定位，将罗古箐建设成为以“生态环境、民俗文化”为核心品牌，休闲度假旅游为重要补充的全国普米文化主题度假村寨。旅游产品打造强调其“差异性”，带动旅游产品结构从初级的短程观光休闲向体验、休闲、度假特色化产品体系的转型。

通过存量项目的提升、新业态产品的塑造、引擎项目的开发建设，将罗古箐旅游产品构建形成“两大基础产品、三大核心产品、四大特色产品”的体系结构（表 2.3.1）。

表 2.3.1　旅游产品体系表

两大基础产品		三大核心产品			四大特色产品			
生态休闲	民俗体验	普米风情品味	山居休闲度假	文化创意体验	民俗活动	户外运动	避暑养生	露营休闲
高山草甸	普米生态文化	普米人类学博物馆	变色屋营地	普米自然馆	普米之恋舞台剧	“猴出没”基地	中医疗养馆	自驾车营地
原始森林	普米民俗文化	冠礼殿堂	星空屋营地	木雕工坊	普米对歌会	采药探险	药膳食疗馆	情人湖放灯
河流石滩	普米祭祀文化	普米族宗教馆	木楞乡居	酥油工坊	普米搓磋舞	情人跑马场	药博园	营地电影院
田园风光	普米农牧文化	戎肯祭堂	普米食府	篾盒作坊	普米情人节	萌宠运动会	滨水栈道	滨湖帐篷

（一）产品体系

1. 两大基础产品

包括民俗体验、生态休闲两大基础产品。

（1）文化体验。依托罗古箐作为普米发源地（兰坪是中国唯一的普米族自治县）及东方情人节的文化主脉，打造体验原汁普米族风情的胜地，塑造高品质的民俗文化体验旅游产品。

（2）生态休闲。依托罗古箐森林、溪流、草甸等核心生态资源，借势立体海拔高差形成的原生环境与景观分层，为喜爱自然风光、徒步探险、休闲度假的游客打造高端生态休闲旅游产品。

2. 三大核心产品

包括普米风情品味、山居休闲度假、民俗活动体验。

（1）普米风情品味。以民俗、节事以及博物馆为载体，以普米民俗为对象，以三个村寨为据点，吸引世界各地旅游者，观赏、交往、参与、体验，增强普米文化认知。可以开发原始宗教旅游产品、民族歌舞旅游产品、民族建筑旅游产品、民族风味旅游产品等。

（2）山居休闲度假。以优越生态环境和丰富生态资源为载体，以度假木屋、营地、别墅和普米风情民宿为对象，为游客提供山居休闲度假体验。

（3）民俗活动体验。普米族的“东方情人节”已经成为一年一度颇具规模的旅游产品，同时，普米族还有像大过年、大十五节、绕岩洞、转山会、尝新节等传统节日，青年男女在民俗活动期间要举行赛马、打靶、赛跑、摔跤等多种娱乐活动。

3. 四大特色产品

包括文化创意、露营休闲、户外运动、避暑养生。

（1）文化创意。普米文化在传承和保护的基础上，加入现代元素，利用不同载体再造与创新传统文化。打造创客基地，鼓励把各种创意转变为现实。

（2）露营休闲。依托山林、草甸、溪流等环境，建设以露营为主，包括休闲、观光、餐饮、运动、娱乐等多功能露营地。根据建筑形式分类，包括帐篷营地、汽车营地、房车营地、别墅营地等，为游客提供户外露营体验。

（3）户外运动。以峡谷、森林等资源为依托，聚焦户外运动，发展综合性运动型旅游项目。配套提供装备租赁、向导服务、救援体系，开发徒步、骑马、山地自行车等山地运动旅游产品，为游客提供户外运动体验。

（4）避暑养生。罗古箐年平均温度较低，规划区所属通甸乡多年平均温度为 10.7℃，适合开展森林浴、品氧洗肺、避暑养心、亲水养生、自然养性、畅爽体验等放松身心、恢复活力的避暑养生旅游体验活动，让游客回归自然。

（二）旅游景观体系

罗古箐规划区景观系统由五大主题景观、七大地标景观、十大小品景观构成。

1. 五大主题景观

以普米族文化为主题，罗古箐规划区形成五大主题景观集聚区（表 2.3.2）。

表 2.3.2 主题景观群

主题景观群	所属区域
普米游客中心景观群	罗古箐综合服务区
普米自然馆景观群	普米人风情体验区（普米生态乐园）
普米人类学博物馆景观群	普米人风情体验区（普米民俗观园）
普米祈福馆景观群	普米人风情体验区（普米祈福圣园）
普米情人场景观群	情人坝民俗活动区

2. 七大地标景观

以普米族文化和生态文化主题，罗古箐规划区拟建七大地标景观（表 2.3.3）。

表 2.3.3 地标景观

地标景观	所属阶段
普米寨门	罗古箐综合服务区
普米女神像	罗古箐综合服务区
木楞乡居	普米人风情体验区（普米民俗观园）
普米铁三脚	普米人风情体验区（普米祈福圣园）
白绵羊雕塑	普米人风情体验区（普米祈福圣园）
归宗路	普米人风情体验区（普米祈福圣园）
情人树	情人坝民俗活动区

3. 十大小品景观

根据主题烘托需要，罗古箐规划区拟建十个小品景观（表 2.3.4）。

表 2.3.4　小品景观

小品景观	所属阶段
普米族徽	罗古箐综合服务区
马厩	罗古箐综合服务区
水景观群	罗古箐综合服务区
乡土长廊	普米人风情体验区（普米民俗观园）
羊头四弦琴雕塑	普米人风情体验区（普米民俗观园）
神木祭坛	普米人风情体验区（普米祈福圣园）
山神庙	普米人风情体验区（普米祈福圣园）
图腾白石林	普米人风情体验区（普米祈福圣园）
萌宠小舍	情人坝民俗活动区
变色屋营地	情人坝民俗活动区

（三）项目体系

1. 罗古箐综合服务区

【区域概况】位于旅游区西部，依托罗古箐村入口处的平坦坝子，南北两侧以山脊线为界，东面紧邻罗古箐下寨。

【功能定位】功能定位为旅游集散中心，是游客进入罗古箐村的第一印象区和门户，重点表现普米族的迎宾文化、建筑文化等内容。

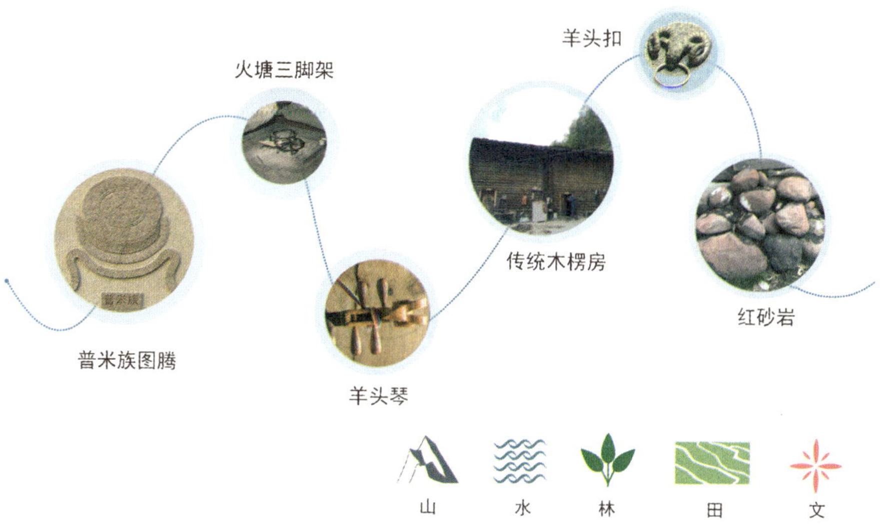

图 2.3.1　综合服务区设计元素

【开发思路】该区以“普米迎客”为主，在提供标准化服务基础上，丰富休闲业态，通过主题氛围营造来展示文化内容，打造集旅游服务、商品贩售、景区宣传、文化展示、交通换乘、红砂岩展示等多功能为一体的综合服务区。按照从西至东的层次，布局村寨大门、游客中心和交通补给三大主题板块。

（1）村寨大门

普米寨门：普米寨门位于搓蹉广场前，横跨于入村道路之上，也是罗古箐村的一个标志景点。大门以木石材料为主，以羊毛、羊皮、羊骨、牛角等为小品装饰，通过石柱、图案、形状等元素，体现普米族特有的文化符号。大门上用中文、普米原始文字雕刻“普米”两个大字，整体造型古朴、大气，起到入口引导、画龙点睛的作用。

普米广场：进入大门后在游客中心前面的空地建设一个面积约 200 平方米的普米广场，用当地特有的红砂岩为铺设材料，将其作为集人流集散、文化观赏、文艺活动、篝火晚会等功能于一体的场地。在普米广场定时举行大型的普米搓蹉舞表演活动，游客进门由普米族少女奉上“苏理玛”，献上迎宾酒歌，并将其固化为一个欢迎游客、祝福游客的迎宾活动。

普米女神像：巴丁喇木是普米族崇拜的女神。传说她是一位美丽能干的女神，身穿白衣、白裙、骑着白骡，只饮清泉和牛羊奶，不食五谷。“巴”是族称，“丁”是土地，“喇”是虎，“木”是女性，全意为“西番土地上的母虎神”。在搓蹉广场中间竖一座巴丁喇木女神像，作为整个景区的标志性景观之一。

普米族徽：标徽是每个民族认同感的集合，是一个民族的象征。普米族族徽象征图案是篾盒。普米人的房屋为木结构，四周墙壁用圆木重叠垛成，屋内立方柱、设神龛。竹子是普米族的保护神，篾盒是普米族婚丧嫁娶、节日等诸多民俗活动的贵重馈赠礼品。由篾盒与木垛房墙壁花纹组成的图案，象征吉祥、有爱、神圣和幸福。

（2）游客中心

普米游客中心：深挖普米族的传统建筑文化元素，以普米传统的木楞房建筑为设计造型建设游客服务中心，游客中心中庭包括擎天柱、火塘这些普米建筑元素。同时按照国家标准对 A 级旅游景区游客中心的要求，在提供门票预订、咨询、投诉、免费旅游地图及宣传册、旅游纪念品、寄存等基础服务基础上，营造浓郁的普米文化旅游氛围（图 2.3.2 至图 2.3.5）。

图 2.3.2　综合服务区游客服务中心平面图

图 2.3.3　综合服务区游客服务中心鸟瞰图

图 2.3.4　综合服务区游客服务中心效果图

生态停车场：在游客服务中心旁边修建占地面积为 4000 平方米左右的生态型停车场。停车场分别供旅游大巴、小汽车使用，并配备数量合适的电瓶车。同时注重停车场的景观绿化和生态隔离设置，采用乔木遮阴、绿化铺地、绿化隔离等方式进行设计。

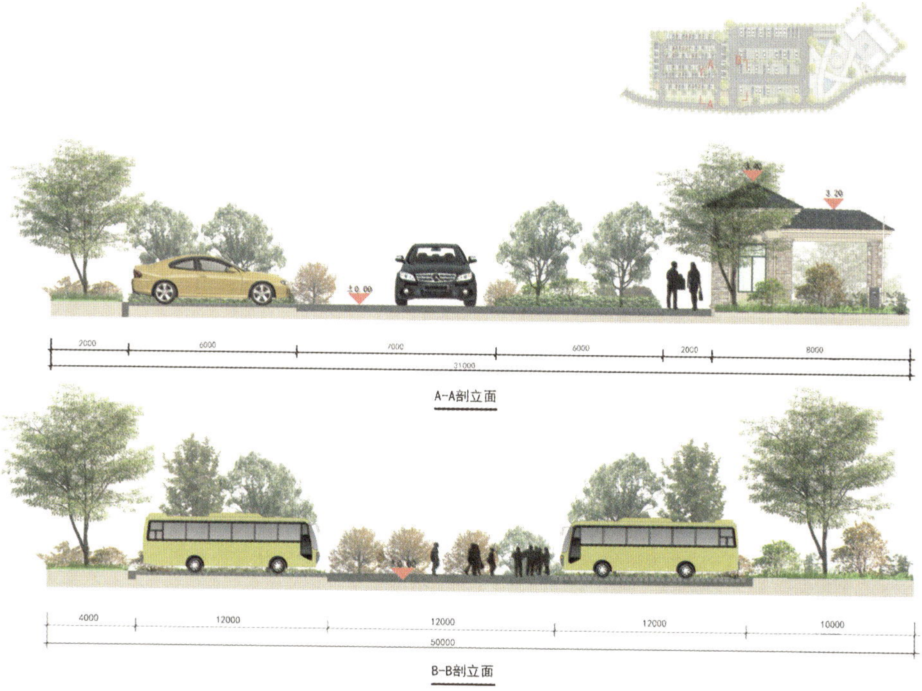

图 2.3.5　综合服务区停车场剖面图

生态厕所：在生态停车场附近修建一座 3A 级实用型、环保型、景观型的普米木楞房建筑的生态厕所，在满足游客生理需求和环境保护的同时，成为一个特殊的景点。厕所还要注重人文关怀，设置“第三卫生间”，以便有效解决部分特殊游客的如厕问题。

自驾车营地：在依山傍水的区域根据《休闲露营地建设与服务规范　第 2 部分：自驾车露营地》《汽车旅游营地等级划分与评定》等标准建设一个包括自驾车露营区和房车露营区的自驾车营地。汽车营地数量约 20 个，提供有停车区、游乐区、保障区、废弃物收纳与处理区等。

（3）交通补给

特色交通供给站：为自驾车、团队游等游客提供进入旅游区的交通换乘服务。特色交通供给站在提供电瓶车、自行车租赁等服务基础上，还提供小型电动车、二轮平衡车、马车为代表的旅游代步工具租赁业务，打造一道流动风景线。

马厩：在特色交通供给站旁边的山地上，建一座集观赏价值以及提供游览景区的马匹为一体的马厩。马厩用当地植物、木头作为围栏，为游客提供游览方式的多种选择。

滨水栈道：以自东向西流淌的母亲河（也称罗古箐河、情人河）为依托，对河流两岸进行生态和景观改造，打造景观生态带，同时在滨河岸边修建1~2米宽的具有导览、审美、安全和环保功能的亲水木栈道，并设置各种体现普米族生态文化的湿地景观。

水景观群：规划在游客服务中心前面、罗古箐河畔建一组水景观群，具体包括普米族传统的水碾房、水磨房、水碓房以及水车、叠瀑等景观。

2. 普米人风情体验区

【区域概况】位于旅游景区的西北处，依托罗古箐下寨。该区由北向南分别为村后原始森林、罗古箐下寨、农田及下村河。西边临近罗古箐入口处。

【功能定位】功能定位为“医疗康养中心”，是游客感受普米族山岳生态文化、普米族民族医药文化的主要区域，重点是宣传普米族山岳生态文化、弘扬传承普米族中医药文化。

【开发思路】该区以“绿色生态”与“健体康养”为主。由于下寨是游客游览景区时最先浏览的地方，也是最先接触到普米族文化的地方，故通过山岳生态文化的宣传，能提高游客在游览景区过程中的生态保护意识，也能提高游客在今后日常生活中的环境保护意识。若下寨为整个游览过程的最后一站，经过一天疲惫的游玩之后来到下寨，也能体验到普米中医的放松与休闲技术。打造集文化传承、医疗康养、商品售卖、娱乐休闲等多功能为一体的康养区，达到沐浴身心的效果。按照从北向南的次序，安排原始森林、生态农庄和艺术田地三大主题板块。

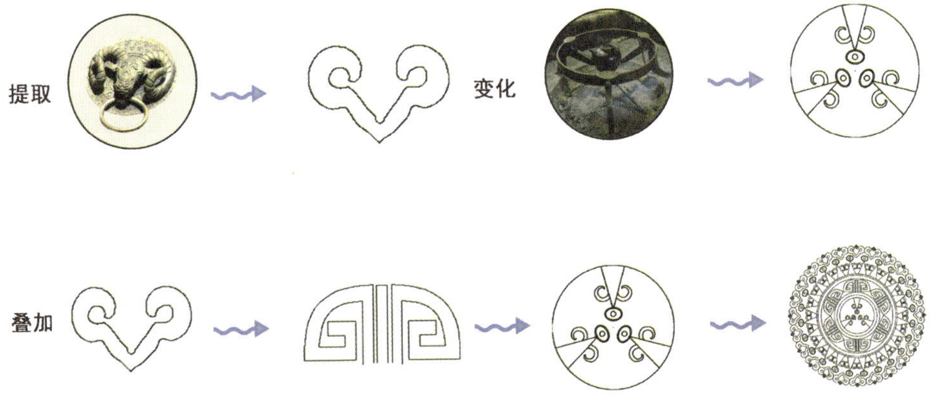

图 2.3.6　普米人风情体验区设计元素

（1）生态农庄

普米自然馆：以人工智能和普米族山岳生态文化为依托，设置专门的普米 VR 体验馆，展示普米族独有的山岳生态文化。让游客身临其境般地感受到普米族保护生态的毅力与决心，同时也起到提高游客自然保护意识的作用。

中医疗养馆：大多数普米人都懂得一些医药知识和常用于治病的中草药，有许多医药经验。并且项目依托当地的“天然药库”，迎合消费者从物质旅游向精神旅游的转型需求，把中医药融入旅游中。为游客旅游之后的放松，以及康养度假提供场所。

药膳食疗馆：药膳发源于我国传统的饮食和中医食疗文化，药膳是在中医学、烹饪学和营养学的理论指导下将具有药用价值的实物相配，“寓医于食”将药物作为食物，又将食物赋以药用，达到强身健体、延年益寿的效果。同时游客也可在此购买普米族传统中药和食用方法。

乌骨羊农庄：乌骨羊全世界唯一的原产地就是在规划区所在地，并且由于乌骨羊原产地主要居住着普米族，因此乌骨羊也称为“普米乌骨羊”。乌骨羊全身是宝，是中国独有的“黄金羊”“药羊”和“羊王”。乌骨羊农庄以因地制宜的原则，搭配“羊村”的外形发展观光农业，带动当地乌骨羊产业的发展。

绒毛鸡舍：兰坪绒毛鸡原名绒毛鸡，是集肉用型、药用型、观赏型为一体的兰坪县的特色品种。根据该品种全身羽毛为绒毛以及产区定名为兰坪绒毛鸡，并于 2009 年列入《国家级畜禽品种资源保护名录》。绒毛鸡舍主要是绒毛鸡的养殖地和售卖点，游客可以现场购买绒毛鸡，并且选择带走或是在当地餐馆现杀现炖。

中华神犬园：藏獒是一种大型猎犬，原产于我国青藏高原，是全世界犬类中最古老和最原始的珍贵犬种，也是举世公认最优秀、最优良和最昂贵的犬种，被称为“中华神犬”“东方国宝”，是我们中华民族独有的稀世珍宝。以精品化、规范化、人性化的标准养殖藏獒，并从小进行训练，为游客提供观赏表演。

（2）艺术田地

七彩药田：七彩药田依托普米下寨原有的农耕田地，将普米族传统医药中集观赏价值、经济价值和药用价值于一体的植物种植在此处，形成视觉上的美感。具体可种植红花、鸡血藤、天麻、虎掌草、犁头草、白独活、大狼毒等开花有颜色的药用植物。

药博园：该项目以“互联网 + 农业”为核心，建立中药材线上销售基地。同时通过植物标本或实体和展板结合的形式，形成科普的效果，展示当地的传统中医药材与植物。药博园的外形是由当地的红砂岩堆砌起来的建筑，而红砂岩也是当地的一种天然砂石。

秦艽田：由于规划区得天独厚的气候和土壤环境，非常适合秦艽的生长。秦艽有极高的药用价值，是治疗风湿关节痛、结核病、潮热、黄疸等症的主药之一。秦艽在夏、秋两季开筒状深蓝紫色花，可点缀整个规划区。

五味子田：五味子为著名中药，分为南、北两种，能滋补强壮身体，药用价值极高，有敛肺止咳、滋补涩精、止泻止汗、强身健体之效。项目依托当地现有农田种植五味子，并设置五味子采摘活动。五味子颜色鲜艳，形状别具特色，且产量高，有一定的经济价值。

蔓荆田：蔓荆适应性较强，对环境条件要求不严。其花朵具有观赏价值、果实成熟经过干燥过后具有药用价值，同时蔓荆的果实又可提取芳香精油。因此游客可在此观赏到蔓荆花海也能买到中药蔓荆子和蔓荆子精油。

（3）原始森林

“猴出没”基地：项目将云南特有品种滇金丝猴和动画片“熊出没”结合在一起，设计一个小型的主题乐园，并设置丛林攀越、飞碟靶场、有氧单车等小障碍体验项目，顺利通过障碍项目即可保卫这片森林。以故事的形式让小朋友和大人深入原始森林，加深保护森林的观念。

采药探险：由于普米族人所居住的地区多数山区和半山区，茫茫林海就是天然药库，药物资源十分丰富。原始森林中藏着很多野生的草药，游客在相关工作人员的带领下抵达采药林，根据草药示意图寻找植物。在体验采药过程中，呼吸到大自然的新鲜空气，并在寻找发现草药的过程中得到收获的乐趣。

拾菌林：项目依托“以林养菌，以菌促林”的林下经济模式开展养菌产业项目。项目设想在林中选取一片林地，种上多种食用菌，游客可参观养菌林，亦可亲自采摘新鲜的菌子。养菌林中的菌子既可供当地村民日常食用，也可作为旅游商品卖给游客，还可以通过销货渠道售往云南其他地区。

林中栈道：林中栈道是连接原始森林中各个项目之间的通道，可选用栈道防腐木制作木栈道，或用当地的红砂岩做砂石栈道。栈道边可间隔放置生态垃圾桶与石凳，供游客休息和观赏风景。

3. 普米民俗观园

【区域概况】该区位于罗古箐三寨中的中寨，呈狭长状分布在群山之间的罗古箐沟内，区内共有 28 户人家，全部为普米族，在建筑、饮食、服饰、文学、教育、音乐、舞蹈、节日文化等方面还保存着比较浓郁的普米族风情。与上寨、下寨相比，中寨社会经济发展水平较高，已有接待设施包括山礼人家亚噶驿站、普米客栈农家乐、木林森农家乐、“普米情人节”旅游服务定点接待站等，目前承担了罗古箐的主要旅游接待活动。

【功能定位】该区最大的特色就是浓郁的普米民俗风情和普米族特色民居建筑“木楞房”，属于普米村落迈向现代化的形态，因此民俗观园区定位为民俗文化展演与体验。

【开发思路】该区按照中寨地形走向上、中、下三段开发三大项目组团：搓蹉广场、普米人家、普米作坊。

（1）搓磋广场

水镜喷泉：借鉴法国波尔多加隆河畔的水镜面广场，即在广场地面铺设一层薄薄的水面，达到镜面反射的效果，每隔一段时间地面还会喷出水雾，使得整个广场如梦如幻。因此规划在搓蹉广场中央区域打造水镜广场，游客可在水镜广场上观看周边倒影，而且打造类似水景演出的效果。

普米记忆馆：普米族历史悠久，艺术文化绚烂，因此在广场后打造普米人类学博物馆。出于环保理念，因地制宜利用当地已有的较大规模的木楞房作为博物馆主体建筑，馆内主要展出普米族族源历史、木楞房模型、神话传说等，展示普米族历史文化，结合智能讲解系统，让游客对普米文化有更形象、更深入、更全面的了解（图 2.3.7、图 2.3.8）。

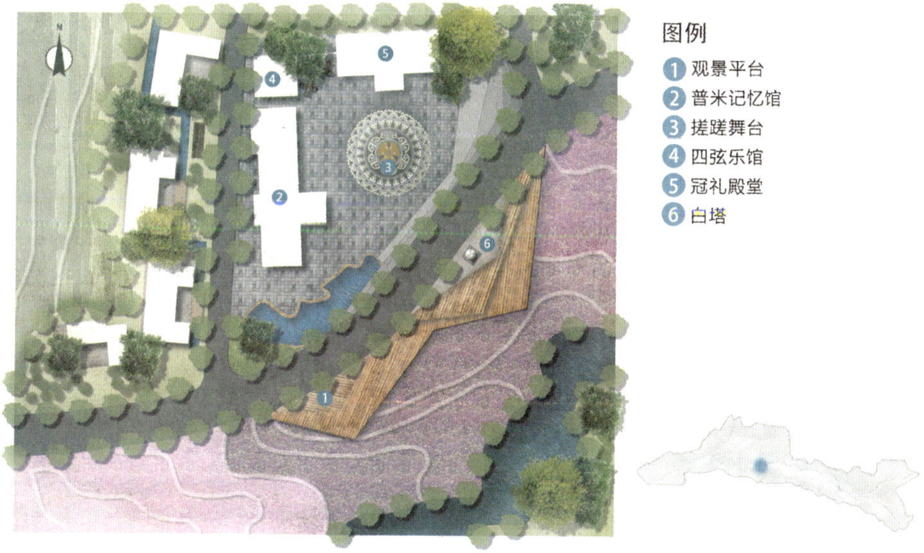

图 2.3.7　普米记忆馆平面图

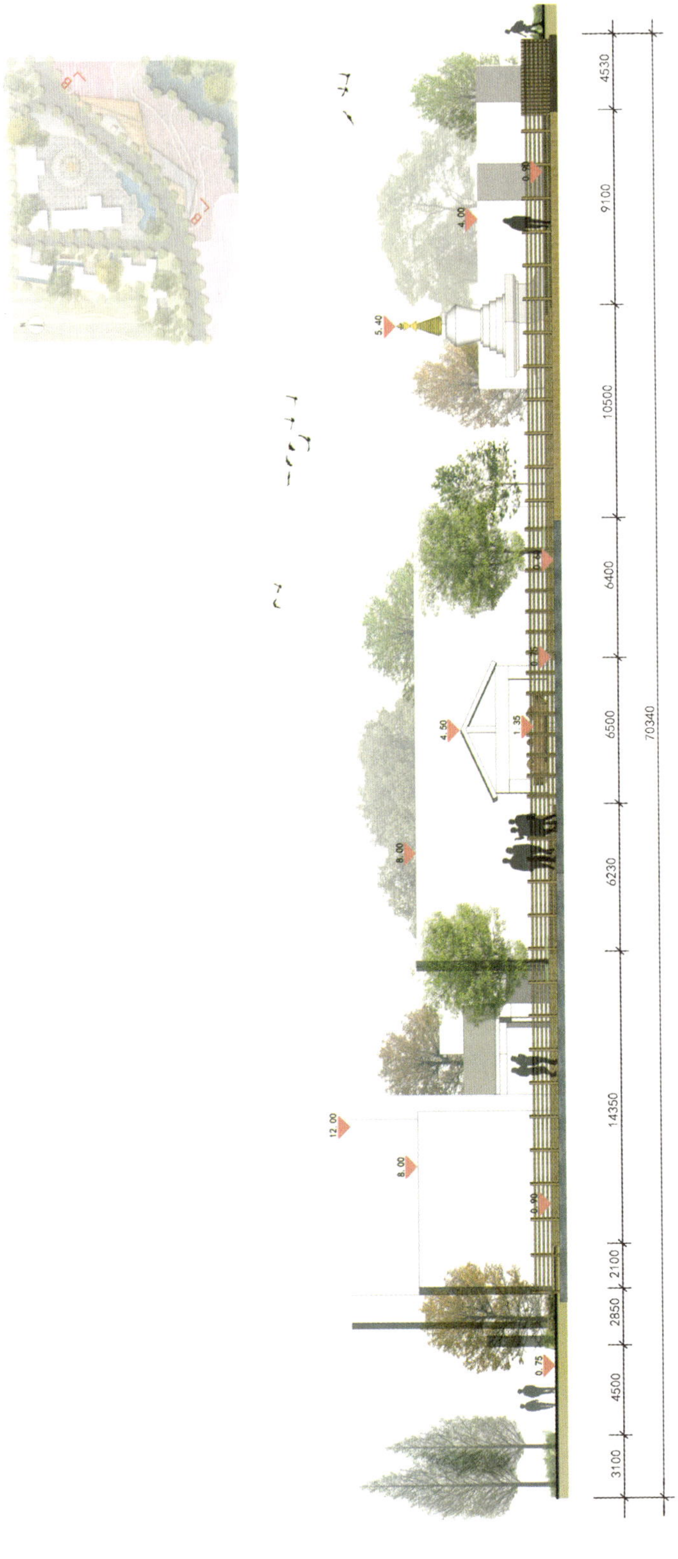

B-B剖立面

图 2.3.8 普米记忆馆剖面图

搓蹉舞台："搓蹉"舞作为国家级非物质文化遗产，是罗古箐普米族舞蹈文化的集中体现，因此在四弦广场旁设置搓蹉舞台，开展"搓蹉"舞表演活动，游客可以在四弦广场上观看表演。搓蹉舞台设置结合当地普米族建筑文化特色，利用圆柱木头打造木楞舞台（图 2.3.9）。

图 2.3.9　搓蹉舞台鸟瞰图

冠礼殿堂：按照习俗，普米族人民在除夕之夜会将年满 13 岁儿童按性别团聚在一起，为入社的儿童举行成年仪式，届时将通宵欢乐，在火塘前进行祭祀、换装等活动。依托此习俗打造半开放式冠礼殿堂，游客可在此体验普米族的成年礼仪式。

（2）普米人家

木楞乡居：依托中寨较为完好、具有基本接待条件的木楞房资源，打造普米族特色民宿。民宿内房间布局、设施布置等结合罗古箐本地普米族特色设置，游客入住后不仅可以享受到温馨的住宿体验，而且可以体验普米族生活中的民俗活动，感受普米风情，进一步深化民俗体验（图 2.3.10 至图 2.3.13）。

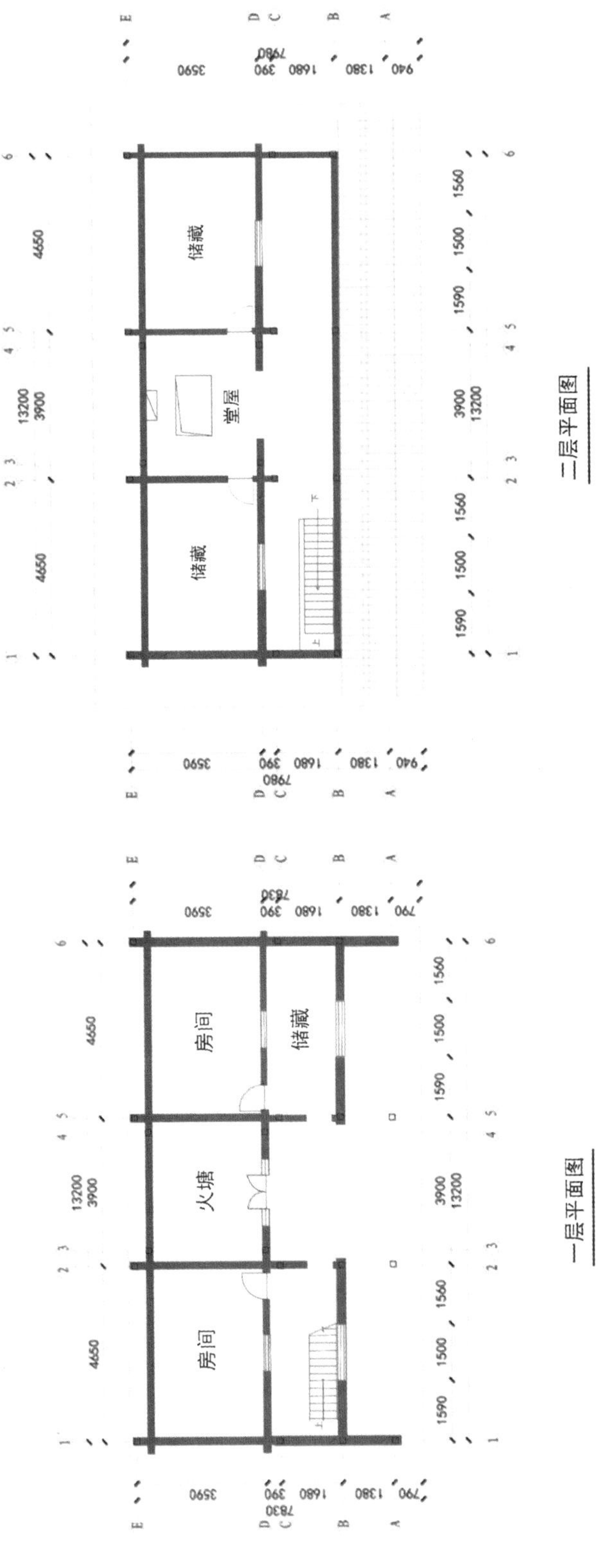

占地面积：112m²
建筑面积：205m²

图 2.3.10　木楞乡居户型 A 平面图

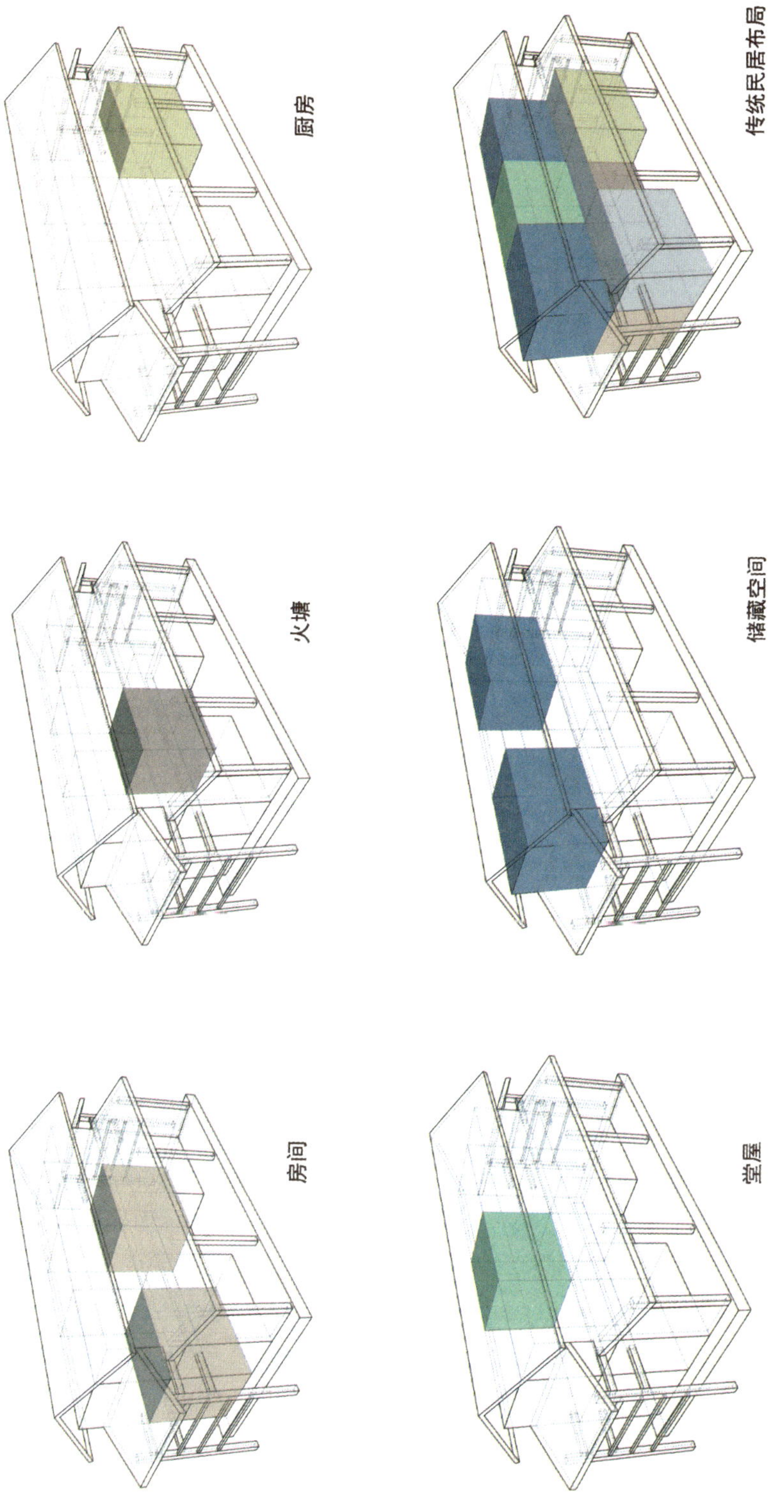

图 2.3.11　木楞乡居户型 A 布局图

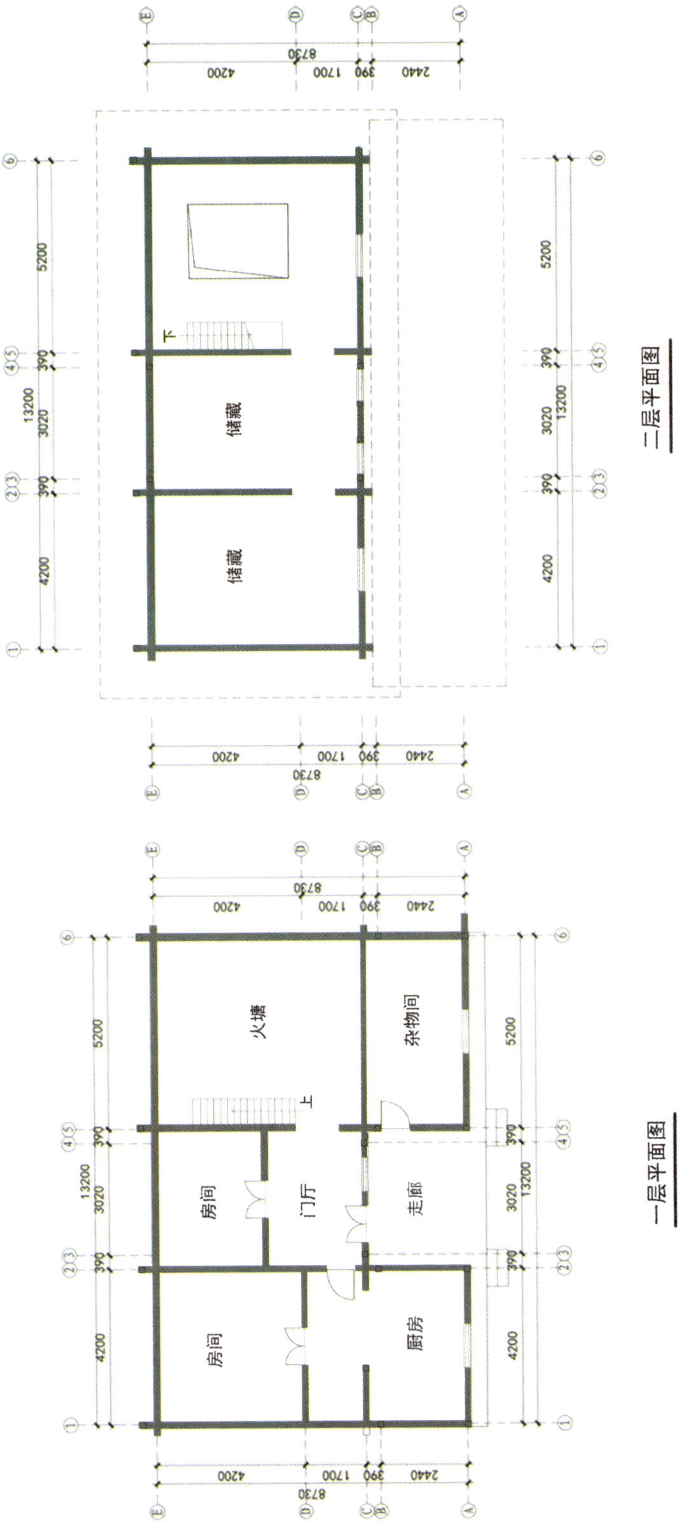

占地面积：140㎡
建筑面积：210㎡

图 2.3.12　木楞乡居户型 B 平面图

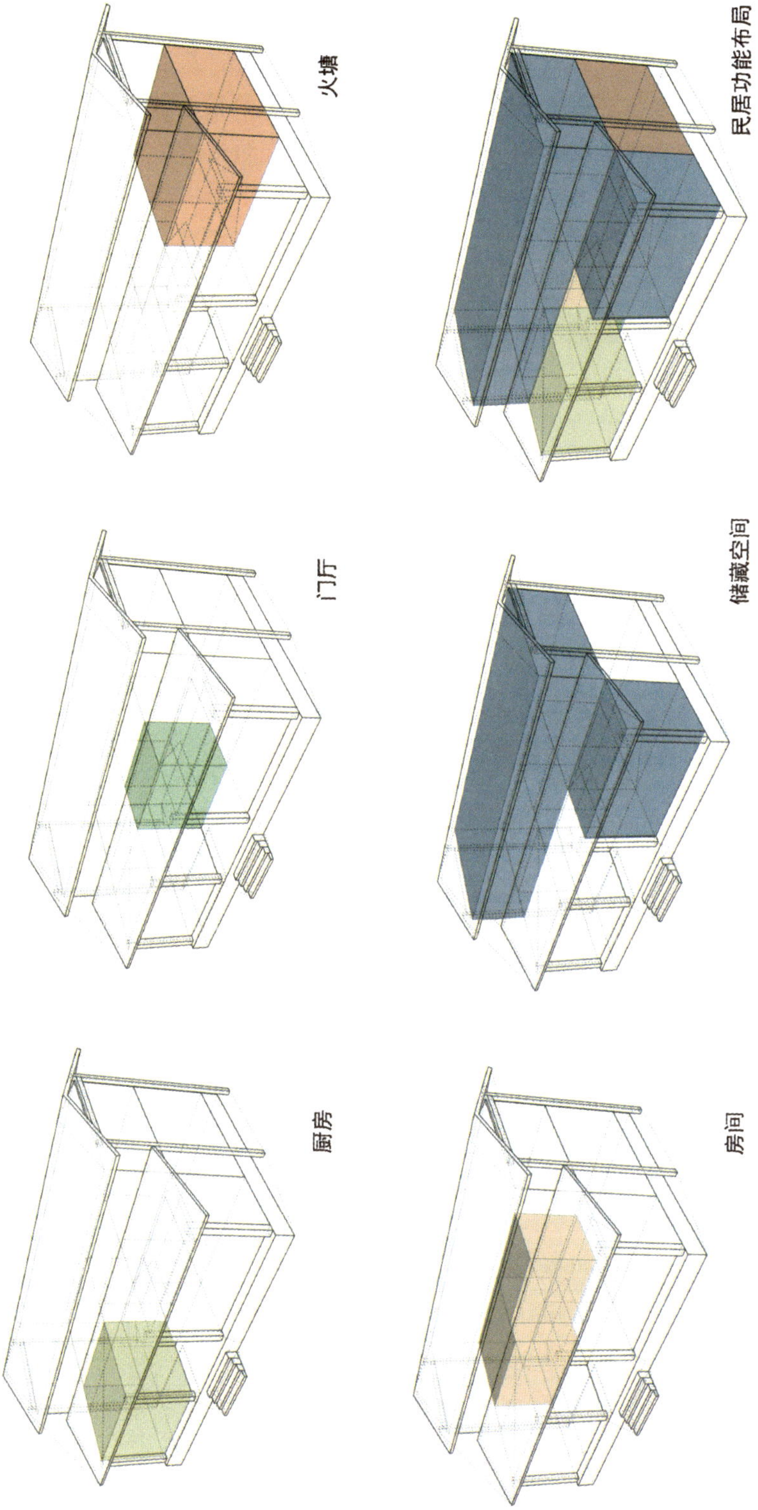

图 2.3.13　木楞乡居户型 B 布局图

普米食府：罗古箐普米人饮食种类丰富，烹饪方式独特，有石头烤粑粑、羊胃煮肉、木桶煮食、糌粑面、猪膘肉、腊肉、酥油茶等，具有鲜明的本民族和乡土特色，因此考虑在中寨打造普米食府。借助中寨较为蜿蜒曲折的道路，打造沿路分布的美食品尝食府，食府采取半开放吧台形式，融游和食于一体。

白衣闺阁：普米族作为羌人的后代自古崇尚白色，以白色为吉利，而且其服饰文化绚丽多彩，自古有男穿长裤、女穿长裙的传统。依托中寨诸多民居，择其一将民居外部用环保漆粉刷成白色，内部设置普米族服装展览台、试衣间，集普米族服饰文化展览、体验功能于一体。

牛车之旅：出于保护罗古箐村寨生态环境原则，村寨内严禁私家车及各类旅游大巴驶入，结合罗古箐特色养殖，考虑打造用牦牛、犏牛编制快乐之旅，游客可乘坐牛车游览村寨内广场、木楞房、手工作坊等景观，为游客提供动态观景体验。

乡土长廊：为了满足游客购物需求，选取中寨中部廊道设计开发乡土长廊，廊道上设置若干罗古箐本地特色旅游商品展示、选购吧台，例如虫草、毛毡等商品。长廊设计需与周边景观相协调，使用木头打造简易吧台，利用茅草搭建吧台顶，避免阳光直射加快旅游商品变质（图 2.3.14、图 2.3.15）。

图 2.3.14　乡土长廊效果图

图 2.3.15 乡土长廊效果图

（3）普米作坊

四弦乐坊：四弦琴作为云南省非物质文化遗产，在制作工艺方面独具特色，因此在此规划以四弦琴制作为主题的体验馆。体验馆内由当地人现场演绎四弦琴的制作工艺，供游客观看、学习，并配有专门的老师教授游客自己动手制作四弦琴，制成的四弦琴游客可自行带走或留存展览（图 2.3.16 至图 2.3.18）。

木雕工坊：罗古箐中寨现存大量木雕工艺品，例如木门、木凳等，而且也有少量未对游客开放的木雕工坊，其木雕加工产品主要供自家使用。依托已有资源，将现有木雕工坊进行外观、内部构造改造，使其具备游客接待功能，游客可在工坊内体验木雕技艺，也可购买木雕工艺品。

酥油工坊：罗古箐因地处高原地区，当地普米人素有喝酥油茶的习俗，有提神醒脑、生津止渴的作用，做法是先将适量酥油放入特制的桶中，佐以食盐，再注入熬煮的浓茶汁，用木柄反复捣拌，使酥油与茶汁溶为一体，呈乳状即成。因酥油茶制作工艺具有易操作的特点，所以在中寨规划供游客体验的酥油工坊。

箆盒作坊：竹子是普米族的保护神，普米族族徽的象征图案是箆盒，此外，箆盒还是普米族婚丧嫁娶、节日等诸多民俗活动的贵重馈赠礼品，普米人素有自制箆盒的习俗。在罗古箐中寨选取箆盒制作技艺高超的普米人，由他们教游客制作竹箆盒，游客可在此体验箆盒制作。

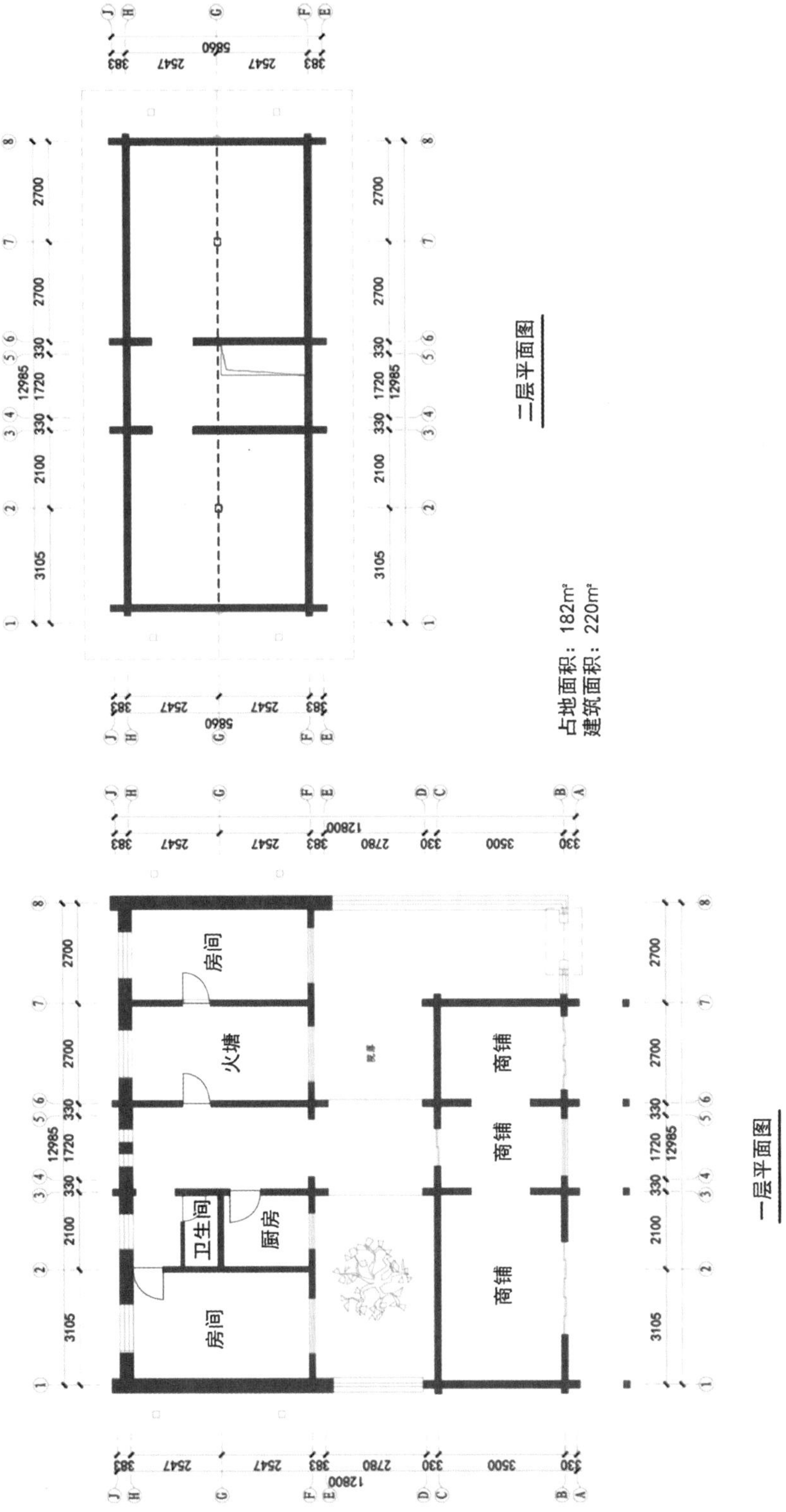

图 2.3.16 四旋乐坊平面图

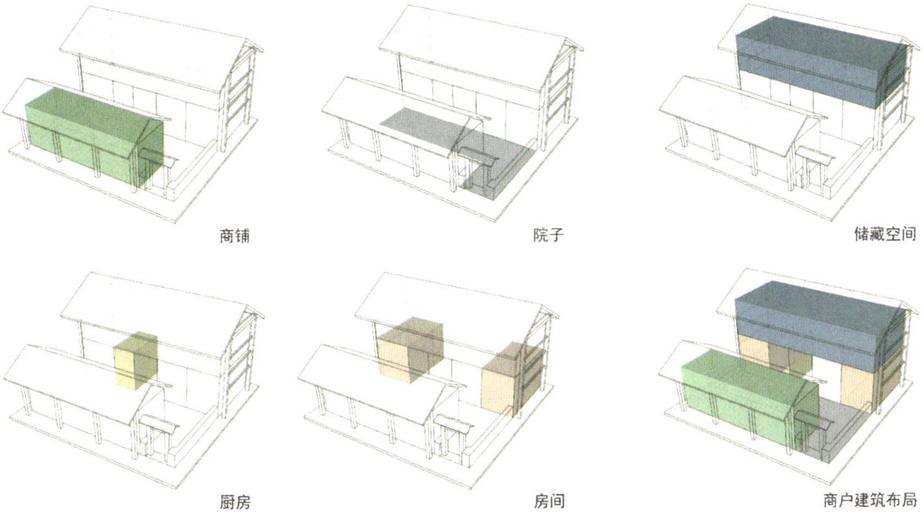

图 2.3.17 四旋乐坊布局图

图 2.3.18 四旋乐坊效果图

腊肉作坊：腊肉是由鲜肉加工而成，从制作到存放过程中肉质不变，长期保持香味，还有久放不坏的特点，罗古箐普米族因为畜牧业发达素有制作腊肉的传统，由于当地牲畜大多散养故而肉质较好，腊肉味道比较可口。腊肉作坊主要供游客选购当地生产腊肉，同时进行腊肉的生产，并满足游客体验腊肉制作过程。

4. 普米祈福圣园

【区域概况】普米祈福圣园建设在罗古箐村的上寨，与情人坡较近，罗古箐河穿村而过，地势起伏不平，且普米族民居保留最为完整。

【功能定位】功能定位为宗教文化展示区，重点表现普米族祖先崇拜、神灵崇拜、图腾崇拜等宗教信仰文化，反映普米族与祖先、与神灵、与世界之间独特的关系理解和沟通方式。

【开发思路】该区以普米族宗教文化为主线，按照先中心后外围来布局祭祀广场、祭祀展馆、祭祀神林三大主题板块。

（1）祭祀广场

普米铁三脚：普米族人们尤为重视火塘文化，认为火塘是人们灵魂聚集地之一，也象征着神灵，因此火塘成了普米族生活的重要组成部分，每日都要举行祭祀火塘的仪式。在祭祀广场中央位置设置一个大型的铁三角架形状火塘的雕塑，并且雕塑前方设置篝火点，晚上可以在此举行篝火狂欢。

神木祭坛：普米族敬重神灵，将自身吉凶祸福与神明的好恶紧紧联系起来，目前普米族主要有三大重要的神灵祭祀活动，分别是“祭山神”“祭龙潭神”“祭铁三角”。普米族祭祀活动神秘、过程复杂，祭祀时间固定，地点往往在山林之中，不易展现。因此在祭祀广场铁三角雕塑后方设置神木祭坛，祭坛中间设有祭祀神木雕塑，代表山神，雕塑四周引水环绕，代表龙潭神。神木祭坛的目的是在非祭祀时间进行祭祀表演，让游客有机会了解普米族祭祀文化。

祭祀表演：普米族祭祀活动多达 108 种，内容丰富，形式多样。大型祭祀活动场面隆重，一般有诵经、祈祷、献祭品等环节，极具有观赏性。因此将祭祀活动部分仪式进行适当加工，挖掘其文化内涵，使其更具艺术价值。

（2）祭祀展馆

普米祈福馆：普米祈福馆，由普米族民居改造而成。主要是全面地向游客介绍普米族的祭祀、祈福文化。主要以实物、图片、表演等展现形式介绍祭祀、祈福文化，同时也设有相应的体验项目，主要体验项目有祭祀歌曲厅、祭祀、祈福解读专厅、祭祀仪式体验厅。游客可以有机会体验普米古歌神秘旋律、通过体验祭祀仪式来感受普米族人对神灵的敬畏（图 2.3.19）。

食祭馆：食祭馆由旧民居改造而成，源于普米族祭祀食祭文化，在祭祀过程中，普米族讲究生祭和熟祭，称之为“献生”和“献熟”。食祭馆一方面详细向游客展现祭祀活动中的“生祭”和“熟祭”文化，另一方面向游客提供各类普米族美食。尤其是食祭馆会根据祭祀种类不一样或节庆不同，提供不同主题的美食。比如龙潭祭时，全村人需要吃斋，食祭馆提供素食美食宴；在尝新节时期，提供有关新粮制作的美食和美酒。

图 2.3.19　普米祈福馆效果图

戎肯祭堂：普米人深信灵魂终将回到祖先生活、居住的地方，因此当有人去世时，普米族会为其举行戎肯仪式，并用白羊为亡魂引路。戎肯祭堂普米族由当地的民居改造而成，主要展现戎肯文化，分两部分，分别是文化展示区和表演区。文化展示区用文字、视频、实物展现普米族死葬文化。在表演区，表演者将“戎肯”仪式某些部分进行加工，以表演方式展现给旅游者。

断杀舞：普米族传统中，若死者为女者，死者娘家和婆家会分别派出十二壮丁跳断杀舞，最终娘家人在婆家敲锅掷碗，婆家赔礼，两方和好，以表示对死者念念不舍。据此可以将断杀舞进行编排，在村落大街小巷进行表演展示，并且游客也可参与其中跳断杀舞，敲锅掷碗，亲身感受普米族的独特文化。

普米归宗路：普米族人认为，人死之后灵魂会踏上圣洁的归宗路，回到祖先最初生活的地方。据此设置归宗路，凸显普米族落叶归根的精神。归宗路将戎肯（给羊子）故事化、体验化以及景观化，打造一条最长的来到罗古箐必走的灵魂得到洗礼之路。具体来说，归宗路整体分为三段，一头连着祭祀广场，一头延伸到祭祀神林。第一段主题是溯源，用石雕、木头、石头以及《指路经》经文铺设而成；第二段主题是回归，设计成迷宫形式，掩映在竹林之中；第三段主题是重生，由白石铺设而成，道路两旁设有火把，照明重生之路。

（3）祭祀神林

山神庙：普米族认为山神给予普米族人定居与耕地之地，尤为敬重山神，通常普米族人会在山上划出一块“神林”，作为祭祀山神的场所，并选出山神树进行祭祀。因此可以在普米族“神林”附近，保证不破坏神树前提下，修建山神庙。山神庙里主要展示山神历史、当地神树文化，可以供当地普米族准备祭祀活动和休息之用，游客也可参观体验。普米族重视为祭祀山神而选出的神牛，因此建议山神庙绘以神牛为装饰。

水源神树：普米族各氏族会在神树林中选出属于本氏族的神树，然后又在各氏族神树中选出整个村子的神树。水源神树是属于村子的神树，对于整个村子尤为重要，因此需要对水源神树进行特别保护。建议在水源神树附近设立护林碑，并圈出适合的空地，设立树苗点，游客可以在此选择树苗作为自己的神树，进行栽种，以求心想事成。

图腾白石林：普米族图腾崇拜物有蟾蜍、白虎、熊、狗等，主要是蟾蜍和白虎。普米族认为蟾蜍赐给他们智慧，白额虎代表祖先来崇拜。因此，根据普米族图腾，建设图腾白石林，用白石为材料，设计多种图腾雕塑立于其中，雕塑上刻有关于图腾的传说故事，游客可以更加了解普米族图腾文化。图腾白石林附近设有图腾工艺品馆，游客可以进行参观采购。

5. 情人坝民俗活动区

【区域概况】情人坝民俗活动区位于罗古箐规划区的东部，毗邻罗古箐上寨，主要由情人树、情人坪、情人湖和相思树等资源构成。整个区域呈现“四周高，中间低”的特征，四周山脉高耸、树木林立，中间坝地平坦开阔、略有起伏。

【功能定位】依据情人坝资源特征，将情人坝民俗活动区分为普米欢歌、草甸游牧和营地休闲三大功能。普米欢歌主要位于情人树聚集区，草甸游牧主要位于开阔平坦的情人坪，营地休闲主要位于情人湖、相思树和毗邻北部山脉的平坝之地。

【开发思路】依托情人坝资源特征，情人坝主打民俗活动，主要分为情人树普米欢歌、情人坪草甸游牧和情人湖营地休闲三大组团，旨在为游客提供集亲子活动、娱乐、休闲和野宿于一体的活动体验地。

（1）情人树普米欢歌

情人树许愿：情人树许愿位于情人坝极具代表性双株冷杉附近，双株冷杉被称为“情人树”。情人树许愿主要通过许愿带、许愿活动等形式进行，旨在满足游客对美好爱情的祝愿。许愿带是游客可以通过购买许愿带，将对爱情的美好祝愿写在上面，悬挂在情人树上。许愿活动是定期组织大规模游客进行许愿仪式，通过仪式表达对爱情的美好祝愿。

普米情人场：情人树美好传说源于普米族隆布和卓玛的爱情故事。普米之恋舞台剧位于情人树附近，利用可拆建的形式旨在将隆布和卓玛的爱情故事以舞台剧形式呈现给游客。游客不仅可以切身感受情人树背后真挚的爱情故事，还可以切身体验以“舞台剧”呈现爱情故事的魅力（图 2.3.20）。

图 2.3.20　普米情人场效果图

普米篝火会：普米篝火会可在情人树附近平坦开阔的地方进行，主要是夜间举办的活动。普米人和游客一起席坐于篝火周围，进行接歌、猜谜和派对等活动，旨在为游客提供丰富多彩的夜间活动。游客在与普米人互动过程中可以充分感受其浪漫、热情的一面。

普米搓蹉舞：普米族舞蹈《搓蹉》列入国家级非物质文化遗产保护名录。搓蹉舞是展现普米族舞蹈文化的窗口。普米搓蹉舞可在情人树附近，进行周期性举办。普米人围于情人树，欢快地跳着搓蹉舞。不仅可以给游客展现普米族传统舞蹈文化，还可以充分吸引游客参与其中，切身体验一番。

普米逃婚场：普米逃婚场源于普米族婚嫁习俗“三回三转”，借鉴誉为“私奔者天堂”的苏格兰逃婚小镇。普米逃婚场位于情人树附近，主要展演普米族“三回三转”婚嫁习俗，吸引游客来此举办一场普米族婚礼，打造“普米婚都”品牌，使其成为游客举办婚礼的殿堂。

（2）情人坪草甸游牧

情人栈道：情人栈道位于情人树附近，连接罗古箐和大羊场两地，长约 20 千米。情人栈道可周期性举办情人徒步活动，游客可参与其中，沿途可观赏罗古箐和大羊场之间沿途的风景。通过漫长的徒步活动，情人互助行走，可增进彼此间的感情，体验爱情的来之不易。

萌宠小舍：萌宠小舍位于情人坪附近，情人坪是平坦开阔的高山草甸。萌宠小舍外观用茅草搭建而成，内部饲养小香猪等萌宠。游客在萌宠小舍既可以观看萌宠，又可以喂养萌宠。让游客充分体验与动物亲近的乐趣，尤其是儿童游客，更会喜欢与动物亲身接触的机会。

情人牧羊：情人牧羊源于隆布和卓玛的爱情故事。卓玛天天通过放牧羊群等待隆布的归来。情人牧羊主要在情人坪进行，将兰坪县本土乌骨绵羊进行外表的装扮，让情人体验一番共同牧羊的乐趣。情人牧羊旨在满足情人游客亲近动物、增进感情的诉求。

斗鸡比赛：斗鸡比赛主要在情人坪进行，四周用栅栏围起，将斗鸡放于其中。斗鸡比赛可周期性举办，比赛开始前，游客可进行预测，获胜者可获得兰坪县本土绒毛鸡系列产品，失败者要接受回答问题、跳普米舞和唱普米歌等活动性惩罚。让游客充分体验斗鸡比赛的乐趣。

萌宠运动会：萌宠运动会主要在情人坪进行，运用栅栏等木质材料建立跑道。萌宠运动会采用周期性举办的方式，让小香猪等萌宠参与运动会。运动会开始前，游客可以进行预测，预测成功者可获得兰坪县土特产，预测失败者要接受相应惩罚。此外，萌宠运动会活动采用萌宠单独参与和游客与萌宠共同参与两种形式，可充分满足游客与萌宠接近的愿望。

普米童话廊：普米童话廊位于情人树附近，连接罗古箐和大羊场两地，长约 20 千米。普米童话廊建在罗古箐通往大羊场的前 2 千米，将普米族童话故事以声音的形式融入其中。因普米族童话故事多与青蛙、羊等动物有关，可将动物形象建在道路两旁，形成供亲子游客休闲的地方。

（3）情人湖营地休闲

星空屋营地：星空屋营地位于毗邻情人坝北部山脉的平坝之地，此地平坦开阔，地势较高，是观景的极佳位置。星空屋营地外观以透明材质为主，内设基本住宿设施。白天可在星空屋中观看蓝天、白云和树木等，晚上可在星空屋中观看星星、月亮和夜空等，为游客提供非凡的住宿体验。

变色屋营地：变色屋营地位于毗邻情人坝北部山脉的平坝之地，与星空屋营地形成两种不同风格的住宿业态。变色屋营地外观采用变色材质，在阳光、风和气温的变化下会显示不同颜色；内部设置基本住宿设施。不同颜色的变色屋可以与周围环境形成不同风趣的景色，为游客提供良好的视觉冲击。

滨湖帐篷：滨湖帐篷位于情人湖畔，沿湖岸设置不同风格的帐篷，形成帐篷营地。滨湖帐篷主要针对露营游客而设置，为其提供非凡的露营体验。露营游客依湖而息，既可以享受微风轻拂，又可以聆听湖中蛙声、林中虫声等大自然的声音。露营游客可以充分体验湖畔露营的非凡感觉。

湖畔对歌："对歌"是普米族青年男女传情达意、交流感情的主要方式。湖畔对歌位于情人湖旁的相思树附近，为青年男女提供传情达意、交流感情的场所。湖畔对歌既可以展现普米族青年男女对歌的场景，又可以让游客参与其中体验普米族浓郁的对歌文化。

情人湖放灯：情人湖放灯位于情人湖畔，主要依托情人湖为游客提供放灯活动。放灯活动主要在夜晚举行，情人将对彼此的美好祝愿放置于灯内，一起放于情人湖中。情人湖放灯主要依托放灯来祝愿自己的爱情美满、永驻长流，为游客提供纪念美好爱情的绝佳之地。

营地电影院：营地电影院毗邻情人湖畔和情人坝北部山脉的平坝之地，是为游客提供的夜间休闲活动。情人湖营地休闲由北向南、由高到低依次为星空屋营地、变色屋营地和滨湖帐篷三种住宿方式。营地电影院是露天电影的形式之一，可播放《归途》等普米族电影，让营地游客感受浓郁的普米族文化。

四、专项规划

（一）土地利用规划

1. 土地利用现状

旅游与土地关系密切，但旅游用地不同于旅游区用地、风景区用地，旅游用地是指为旅游者提供一系列旅游活动的场所的总称。由于各种原因，旅游用地尚没有统一的分类体系，从而造成旅游用地类型不明确、旅游用地与其他土地利用类型相混淆的弊病。尤其是土地利用总体规划与旅游产业规划采用的土地分类标准不一致，导致两个规划之间衔接性差，阻碍了旅游业可持续发展。

现阶段，我国旅游用地的相关地类呈点状分布于全国土地分类体系中。在2007年《土地利用现状分类》中，旅游用地涉及了商服用地、公共管理与公共服务用地两个一级类，分别位于批发零售用地、住宿餐饮用地、商务金融用地、文体娱乐用地、公园与绿地、风景名胜设施用地6个二级分类中。这表明旅游用地日益受到人们的重视，旅游用地的内容正在逐渐完善。

为便于有效管理旅游用地，使旅游规划与土地利用总体规划相衔接，有必要建立一套科学合理的旅游用地分类体系，将旅游用地作为土地利用总体规划中一个子类打包确定占比，并根据地方旅游业发展情况进行动态调整。

根据罗古箐土地利用总体规划，规划区土地利用分为旅游设施用地、村镇设施用地、交通设施用地、林地、农业用地、水域、滞留用地。目前罗古箐各类土地利用情况如表 2.4.1 所示。

表 2.4.1 土地利用现状表

用地类型	面积（公顷）	所占比例（%）
一、旅游设施用地	0.10	0.1
二、村镇建设用地	13.25	3.4
三、交通设施用地	7.53	1.9
四、林地	214.9	55.5
五、农业用地	139	35.9
六、水域	7.16	1.9
七、滞留用地	5.06	1.3
合计	387	100

2. 土地利用依据

罗古箐规划区用地可分为：

（1）甲类：风景游赏用地——风景点建设用地、风景保护用地、风景恢复用地、野外游憩用地、其他观光用地；

（2）乙类：游览设施用地——旅游点建设用地、游娱文体用地、休养保健用地、购物商贸用地、其他游览设施用地；

（3）丙类：居民社会用地——居民点建设用地、管理机构用地、科技教育用地、工副业生产用地、其他居民社会用地；

（4）丁类：交通与工程用地——对外交通通信用地、内部交通通信用地、供应工程用地、环境工程用地和其他工程用地等；

（5）戊类：林地——成林地、灌木林、苗圃、竹林、其他林地；

（6）己类：园地——果园、茶园、其他园地；

（7）庚类：耕地——菜地、水浇地、水田、旱地、其他耕地；

（8）辛类：草地——天然牧草地、改良牧草地、人工牧草地、人工草地、其他草地；

（9）壬类：水域——水库和其他水域用地；

（10）癸类：滞留用地——未利用地和其他滞留用地。

按照“土地利用规划应扩展甲类用地，控制乙类、丙类、丁类、庚类用地，缩减癸类用地”的要求，罗古箐规划区土地利用规划应遵循下列基本原则：

①突出旅游景区土地利用的重点与特点，扩大旅游用地；

②保护风景游赏地、林地、水源地和优良耕地；

③因地制宜地合理调整土地利用，发展符合旅游景区特征的土地利用方式与结构。

3. 土地利用指标

罗古箐规划区的土地利用重点在于适当扩大游览设施用地、风景游赏用地等用地方面的比例，保护水源地、林地、优良耕地，提高旅游区的环境水平和增加旅游区的景观层次，完善游览服务设施，强化旅游吸引力，以满足发展旅游业的需要。

土地利用所涉及的项目包括（表 2.4.2，图 2.4.1 至图 2.4.3）：

（1）旅游设施用地：游客服务中心、接待设施、游娱设施、购物商贸设施等；

（2）村镇建设用地：村庄、农村配套设施、绿化等；

（3）交通设施用地：停车场、游览道路、公路、游憩带、道路绿化等；

（4）林地：成林地、灌木林、竹林、其他林地；

（5）农业用地：农田、农业设施等；

（6）水域：水面、湿地、滨水栈道等；

（7）发展滞留用地。

表 2.4.2　土地利用规划表

规划用地类型	规划用地（公顷）	所占比例（%）
一、旅游设施用地	4.43	1.1
二、村镇建设用地	17.59	4.6
三、交通设施用地	12.28	3.2
四、林地	207.38	53.6
五、农业用地	134	34.6
六、水域	9.83	2.5
七、滞留用地	1.49	0.4
合计	387	100

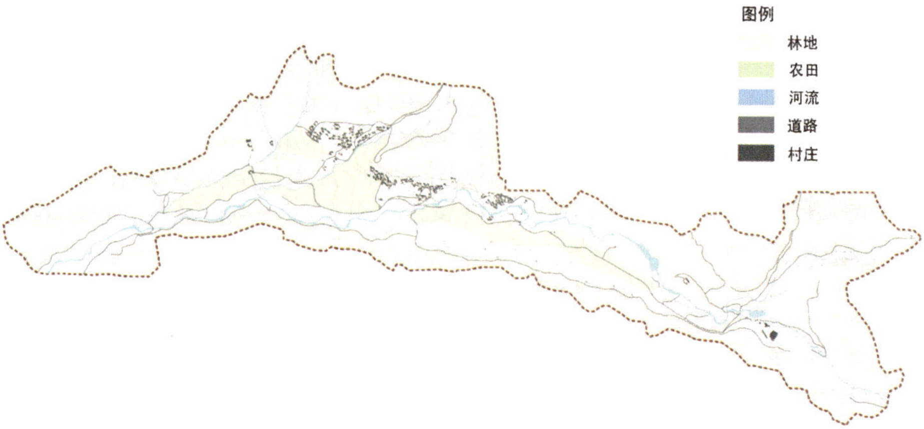

图 2.4.1　用地分析

图 2.4.2　总体竖向规划

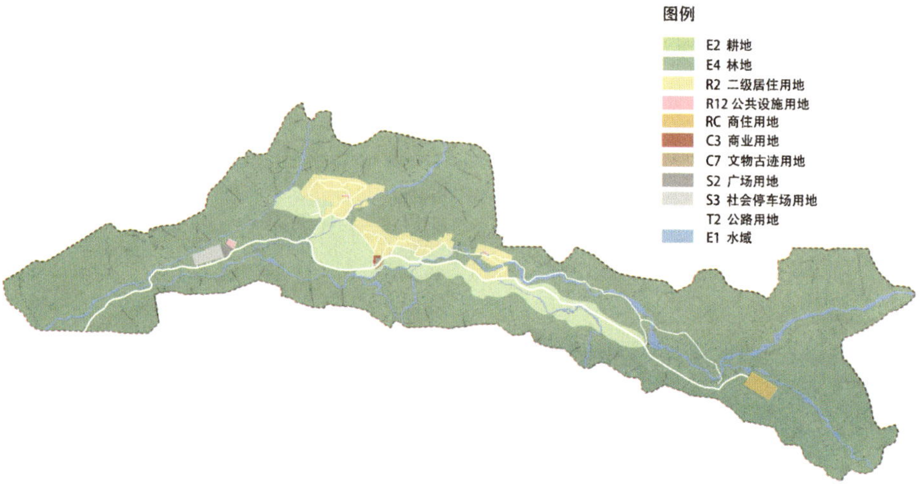

图 2.4.3　土地利用规划

（二）旅游交通规划

1. 交通现状

依托怒江州“五横三纵二联”线公路网的规划建设和通甸机场的建设使用，罗古箐规划区可进入性不断优化，旅游区外部交通，主要为049乡道，呈现东西向穿过。目前罗古箐内部交通体系已基本形成了以县城为中心，乡镇为节点，辐射到乡村的网络化运营，但是由于罗古箐规划区所在区域地形地势复杂，气候环境多变，公路塌方、水毁等现象常有发生，部分农村公路仍不具备车辆安全通行的条件。罗古箐规划区内部主要机动车观光游览道路及步行游览线业已建成投入使用，内部道路不断通畅，但从整体来看，区内道路等级较低，路面狭窄，局部宽度不足3米，且弯多坡大，超车、会车困难，通畅性较差，内部交通潜力巨大。此外，交通停靠站点设施不全，标识不清。纵观交通道路设施，综合体的外部交通道路、内部交通道路均需要全面提升，停靠站点需要新建（图2.4.4）。

2. 交通线路规划

（1）外部交通

目前兰坪县域东部的纵向快速通道已经全线贯通，049乡道东西向贯穿整个规划区。西部可经049乡道、罗古箐景区专用路进入规划区，东部可进入性较差，尚未通车行水泥道路。

未来规划一方面将周边景区丽江玉龙县、黎明旅游区、老君山国家公园至罗古箐的公路建设通车，并在中远期提升其等级，提升东大门的可进入性，拉动以自驾游为主的大众旅游市场，打造探险自驾、露营休闲型旅游通道。

另一方面，在罗古箐东部修建道路和丽江通往兰坪方向S226连接，南部修建道路和S311连接，北部和S225连接通往维西、迪庆等地，实现罗古箐外部东西向和北方的可进入性大大增强。此外，将049乡道和罗古箐景区专用路两条道路等级提升为三级公路，减少弯道和坡道。缩短从兰坪、大理、迪庆、维西以及昆明进入罗古箐的时间，打造文化体验、生态休闲型旅游通道。

（2）内部交通

环线。沿规划区外部打造绕入口罗古箐综合服务区、上中下三寨及情人坝三个区域的交通环线，实现乡村环线道路全面沥青柏油化，并配备排水沟系统，对两侧山体进行绿化，在环线与村内土路交叉处设置村寨导游标识牌。

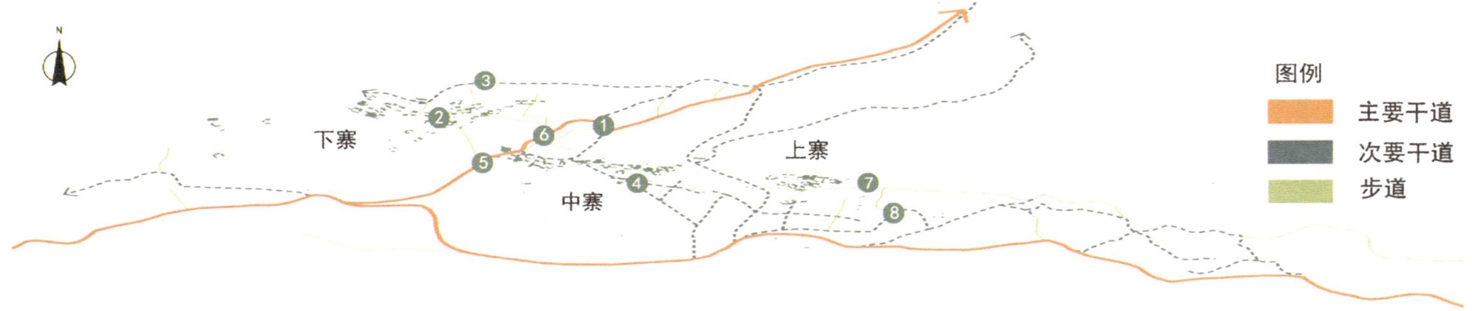

上寨步行道仍较多土路，没有进行系统的路面建设。水泥干道路面较窄，车辆难以通过。

中寨道路相比之下较为宽阔，主要干道多为水泥路面，但路面上较为脏乱，景观植物布置较差。

下寨主干道较为狭窄，次干道路面中间多有水渠穿插其中，影响行走。

图 2.4.4　道路现状分析

一廊。沿规划区中轴打造风情走廊，形成一条联动村寨的景观轴、交通轴和主题轴，将下、中、上三个村寨所有的主要景观点串联起来；廊道实现沙石化，主干道为红砂岩铺就的碎石路，村内到户通道为鹅卵石步道、木板路，道路两边为村落景观。并对这些小道进行亮化和美化，当步行小道纵坡坡度超过 15° 的游路路段，表面应作防滑处理；当纵坡超过 18° 时，宜按台阶、梯道设计，台阶踏步最小不得少于 2 级；当台阶坡度大于 58° 时，梯道应作防滑处理，且应设置护拦设施；并且游路的转折、衔接处应符合游人的行为规律（图 2.4.5、图 2.4.6）。

图 2.4.5　交通系统规划

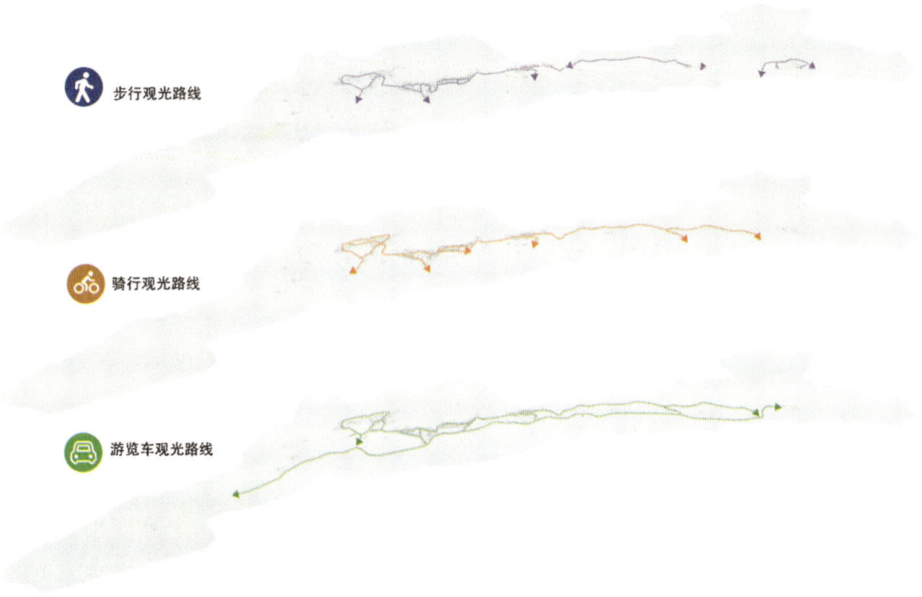

图 2.4.6　交通系统线路规划

（3）特色交通

情人栈道。在情人树附近设置情人栈道，连接罗古箐和大羊场两地，长约 20 千米。情人栈道可周期性举办情人徒步活动，游客可参与其中，沿途可观赏罗古箐和大羊场之间沿途的风景。通过漫长的徒步活动，情人互助行走，可增进彼此间的感情，体验爱情的来之不易。

登山步道。在情人坝等地的较平缓山地区域开辟登山步道，步道形式为沙石路面的自然道路，每条步道长 1.5 千米左右，宽 1 米，道路两边为高山自然植物景观。

滨水栈道。以罗古箐河为依托打造景观生态带，同时在滨河岸边修建 1~2 米宽的具有导览、审美、安全和环保功能的亲水木栈道，并设置各种体现普米族生态文化的湿地景观。

森林氧道。森林氧道是连接原始森林中各个项目之间的通道，可选用栈道防腐木制作木栈道，或用当地的红砂岩做砂石栈道。栈道边可间隔放置生态垃圾桶与石凳，供游客休息和观赏风景。

骑马古道。在情人坝至罗古箐村寨路段仿造茶马古道打造骑马古道，出于保护当地本真环境，古道由已有土路改造而成。游客骑在马上既可观赏沿途的田园风光，又可远眺群山。

3. 交通设施规划

（1）停车场：在游客集散中心修建大规模生态停车场。停车场主要功能为汇集东、西两个方向人流，非旅游区车辆只能停留于此，游客中心既是外来车辆泊放地，亦是换乘旅游区交通工具的集散地。

（2）营地：在情人坝建设变色屋营地、星空屋营地两个营地，既作为旅游景区的管理工作站，也作为旅游景区的游客集散站。

（3）驿站：在罗古箐—大羊场栈道沿途建设 5 个驿站，驿站作为游客游览的始发站、中转点和终点站，具备基本的接待功能，能够满足游客沿途的食、行、游、娱、购等需求。

（三）水电设施规划

1. 供水排水工程

（1）供水设施工程

罗古箐旅游区水源主要来自罗古箐河及四周山间溪流，上寨、中寨、下寨农户基本已有自来水设施，日常生活用水可以得到保障，但是自来水尚不够稳定，随着旅游业的发展，旅游区供水条件需要进一步改进。

旅游区供水以满足旅游区发展为目标。按照4A级旅游景区的标准要求，合理布局水源点，配置取水、输水、净水、配水等给水系统要素，优化完善供水系统，建立安全、合理、经济的供水系统。

水网设施建设。修整、开挖沟渠、筑坝拦水，在旅游区形成一大水圈，即沿罗古箐河进行修整、开挖，打造罗古箐环山绕水景观，象征普米族逐水草而居的迁徙文化。并利用罗古箐河水形成三大水域空间，即喷泉水景、门前水景、交汇水景。

合理测算供水量。旅游区各村寨按近期、中期、远期三阶段估算用水量，根据旅游区的常住居民数量、旅游人数增加，逐渐增加供水量。

旅游景区分散供水。各旅游景区采取分散供水，分别设置给水泵站，严格管理蓄水池，确保水质符合国家生活用水卫生标准要求。

增加供水管道。根据各旅游区不同情况，安装DN400、DN300、DN200、DN150、DN100不同标准尺寸的给水管，从供水地连接到各个景区。

（2）排水设施工程

目前罗古箐旅游区排水为雨污混流，排水设施主要为自然或人工沟渠，雨季水流对环境有一定影响。旅游区排水以适应旅游区发展为目标。根据各旅游景区的条件，合理确定排水体制；积极治理生产生活污水，最大限度地减少污水水体的污染；综合考虑污水系统布局，建立旅游区修建污水处理装置，集中处理旅游区产生的污水。

建立污水处理站。按近、中、远期结合要求，修建旅游区排水系统，在罗古箐综合服务区、普米人风情体验区、情人坝民俗活动区分别设置污水处理站；污水自行处理后达到排放标准，进入旅游区内总污水管道与其他生活污水一并集中处理；排水设施结合旅游区建设，一次规划分步建设实施。

排水采用分流制。旅游区内雨水天然径流按原自然地形排放，或采用道路边沟就近排放；旅游区内的生活污水采用排水暗管，排放到污水处理井和处理站，处理达标后方可排放。

增加排污管道。污水管、雨水管根据实际情况，适当采用DN400、DN300、DN200、DN150、DN100排水管，水管需按照相关技术要求进行安装。

2. 电力电信工程

罗古箐规划区供电线路与周边乡镇村落供电线路连在一起，近期内供电需求可以满足。随着未来旅游区开发建设，各个旅游区的供电量将会增加，需要提高供电电压，升级各旅游区输电变压器。

旅游区电力以保障旅游区电力需要为目标。电力工程设施建设需要一定的前瞻性，在供电能力方面留有余地；配套完善各旅游区供电系统，尤其新建功能区电网系统，加强电力系统的可靠性；电力设施建设应与旅游区环境相协调，在确保电力设施安全可靠基础上又美观适用。

增加供电能力。随着旅游区项目建设和旅游人数的增加，需要增加各旅游区的供电能力。建设 10kV 高压线路，设置变电站和调压站。

园区与路灯的亮化。旅游区内主要道路须设置路灯照明，各类旅游建筑应进行灯光设计。灯具选择应结合旅游区特点，并与环境相协调。照明线路采用直埋敷设。

注重节能安全。供配电线路、设备均应采用国际先进低损耗设备，以便节约电能；变电站均采用电脑管理，线路采用地埋式电缆。在旅游区内不得有架空电线穿越，以确保不破坏景观及游人安全。

通信网络已覆盖整个旅游区各村寨，只有部分山区存在信号网络不通达现象。旅游区内已建立移动、联通信号接收塔，移动、联通和电信通信总体良好，还有局部地区存在信号盲点，网络可靠性需要进一步加强。

电信通信建设以满足旅游区发展需要为目标。按照“统一规划、统一建设、邮电专用”原则，不断提高通信能力和技术水平；综合协调邮电通信设施与其他设施建设，避免其他设施对通信网络的干扰，保证通信线路安全畅通。

通信管道建设。通信管道建设应与道路建设同步进行，使电信管道网化，实现通信主干电缆埋地化。在重要区域做到光缆到区或街道，满足数据通信的需要。电信线宜设在电力线走向的道路另一侧。

建立现代化通信网。以高起点、高速度、高效能、智能通信网为基础，建成通信能力强、业务类别多、运行效率高、安全可靠、质量优良的现代化通信网。

开通国内外长途电话。旅游区应全方位开通国内、国际长途电话，其中酒店住宿点采用总机形式，游览区、管理处等采用直拨形式。

建立各景区电话亭。在各旅游区、旅游景区、服务站都须设立公用电话亭。

清除旅游区内移动通信的盲区，增加其可靠性。

（四）环境保护规划

1. 分级保护措施

（1）分级标准及保护要求

在旅游区域范围内，由于旅游资源价值的不同，资源开发时序也不同，有必要对旅游区内的旅游资源进行分级，对其实施不同的分级保护，确定不同的保护重点及要求。保护范围按管理目标和强度可分为三级，详见表 2.4.3。

表 2.4.3　旅游保护区划分标准

限制开发区	旅游资源的禀赋和价值极高，是旅游区限制开发区，严格禁止与旅游业发展无关的一切人为活动，保护区内生物资源的原生环境，提高生态系统的自净和更新能力。
一级保护区	旅游资源禀赋良好，景观价值较高，能反映地方旅游特色的精华资源分布区，是旅游景观重点保护区。在此保护区内要严格按照环境保护法律法规和各种资源保护法的规定，保护区内生态系统和生物资源的完整性；确保区内空气环境质量、声学环境质量、饮用水质量达到并保持国家标准；地面水体质量至少达到二级要求；保持区内古建筑的风貌，保持和突出原生资源的本质特色，应尽量保持区内自然环境和人文环境原貌。
二级保护区	具有重要游览价值，对景观风格保持具有重要意义的景区，是生态保护协调区。二级保护区为旅游区内外围环境协调区，以生态环境、旅游区外围景观的完整性和环境质量为主要保护对象，对景区周边影响景观的企业、建筑等进行搬迁，不能搬迁的进行改造，以实现整个环境的协调和谐；控制大气、噪声等环境指标，维护优良的动植物生长空间；大力植树种草、绿化美化环境；注意构景建筑与主体旅游资源的和谐统一。
三级保护区	具有一定游览价值，对景观资源的构成有影响，存在保护必要性的二级保护区界限以外的外围地区，是环境污染控制区。三级保护区为旅游区和外围环境的缓冲地带，以保护旅游资源和旅游活动的和谐为主要目标，要处理好生活污水和生活垃圾；做好森林抚育改造工作，有目的、有计划地将非游览区更新改造为风景林和观赏林地；对区内的农、牧等生产活动要加以严格控制和管理。

（2）景区景点分级保护

按照上述旅游资源保护区的分级标准及保护要求，罗古箐规划区的旅游景区保护可划分为一级、二级和三级保护区，根据其旅游资源的空间分布特点对该区旅游资源进行分级保护，详见表 2.4.4。

表 2.4.4　罗古箐旅游区旅游资源分级保护表

保护级别	保护区域	保护重点
一级保护区	普米祈福圣园、普米民俗观园、普米生态乐园	保护区内生态系统、生物资源、土壤、水文、大气质量，注重旅游基础设施建设与自然景观的协调性。

续表

保护级别	保护区域	保护重点
二级保护区	情人坝民俗活动区	旅游设施建设建立在自然景观、人文景观、生态系统的完整性与原真性的基础之上。
三级保护区	罗古箐综合服务区	做好整个保护区的绿化和环境保护工作，妥善处理旅游发展与整个社区建设的关系。

2. 分类保护措施

（1）自然旅游资源

水土保持。坚持“以防为主，防治结合，综合治理，突出重点”的基本方针，全面实施坡度25°以上退耕还林，以各旅游区内道路、水岸为重点，小区域为治理单元，山体上、中、下统一规划，实行山、水、林、田、路综合治理；大力植树造林，提高山体的绿化覆盖率；加强旅游开发建设活动中的环境管理；强化水土流失治理，尤其在地质灾害多发地段应加强管理，采取工程措施、生物措施等综合防治。

地形地貌保护。加强对旅游区地质地貌环境的科学保护，避免由于地质地貌环境破坏而对景观造成影响；在进行旅游开发建设时，要统一规划、科学施工，实现人工建筑与自然环境的相互协调；同时，根据实际情况种植各种植物，美化环境景观。

生物资源保护。加强对旅游区内动植物资源尤其是珍稀动植物的保护，加强生物多样性保护的宣传和教育工作；通过营造良好的生态环境，为本地动植物及过境动物提供良好的生长和栖息环境。

水资源保护。加强对旅游区内水资源的普查和保护，严格限制私人“作坊式”开发所带来的破坏；禁止修建与环境氛围不协调的景观建筑，保持水域景观的原生态性；做好水域景观的开发规划、建设、施工工作，加强对相关工作人员的培训，对游客进行环保教育，保护水资源的可持续利用。

（2）人文旅游资源保护

民族文化保护。主要通过以下方式保护和弘扬民族文化的内容：首先，尽量保护上寨、中寨和下寨原有的民族风情，通过建筑形式、旅游活动、民族服饰等营造浓郁的文化氛围，提升民族的文化底蕴、旅游吸引力和旅游竞争力；其次，对反映地方民俗和地方文化的传统手工艺、节庆、习俗、活动、建筑等，如普米族山岳生态文化、宗教祭祀文化、民俗文化等，要大力挖掘、加工提炼、充分利用、宣传发扬，使之在保留、传承的同时，为旅游业的发展增添精彩内容；再次，加强当地居民对自己特有的少数民族文化的热爱和民族自豪感；最后，建立基金，以鼓励和支持为本民族文化的保护和传承做出杰出贡献的民间艺人。

历史遗迹保护。主要通过以下方式保护历史遗迹：首先，重视人文环境的保护，提高当地居民的辅助接待与环境维护能力，鼓励当地居民参与古建筑、古文物的开发保护；其次，构建“文化遗产”保护体系，加大对历史遗迹全方位、多层次、宽领域的整合保护力度，采用现代化的景观设计等手段，参照文化遗产地的保护条例与方法，重点保护文化遗存的真实性和完整性；再次，对已经异化的民居建筑，按“修旧如旧”为原则，尽量恢复其原有形态；最后，加强景区内外设施的审批工作，对景区的辅助设施的数量与布局进行合理的规划，力争为景区的长远发展做好准备。

五、保障措施

（一）旅游接待设施

1. 游客中心

根据罗古箐规划区的空间格局、功能分区、线路组织和游客游览需要，将游客服务中心分为两级（图 2.5.1 至图 2.5.3）。

（1）一级游客服务中心

罗古箐综合服务区位于规划区西部，罗古箐村入口的平坝之地，紧邻罗古箐下寨。在罗古箐综合服务区建设功能复合、设施齐全的一级游客服务中心，称为普米游客中心。建设内容包括管理中心、信息服务台、商品购买点、放映厅、办公用房等设施，配置触摸屏、游览引导、宣传展示、门票、导游、咨询、投诉、救援等设备。

（2）二级游客服务点

普米人风情体验区位于罗古箐下寨、罗古箐中寨和罗古箐上寨三寨之地，情人坝民俗活动区位于规划区东部，地处平坝之地，紧邻罗古箐上寨。在普米人风情体验区和情人坝民俗活动区分别建设二级游客服务点。建设内容包括公用电话亭、导游服务、生态厕所、垃圾箱、交通供给站等设施，为游客提供咨询、接受投诉、导游指南等服务，满足游客驻足、休息、观景等需求。

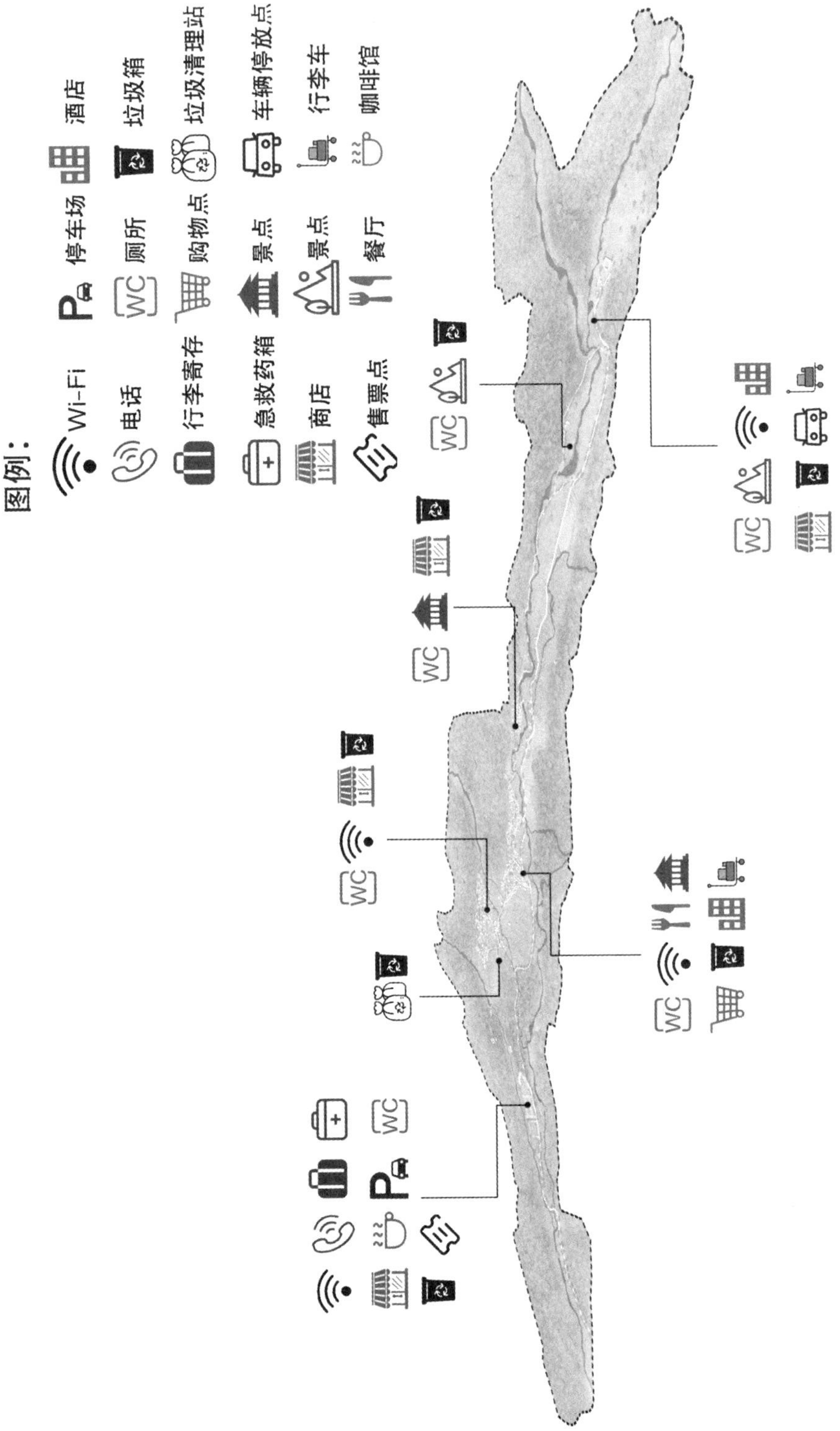

图 2.5.1 服务设施分布图

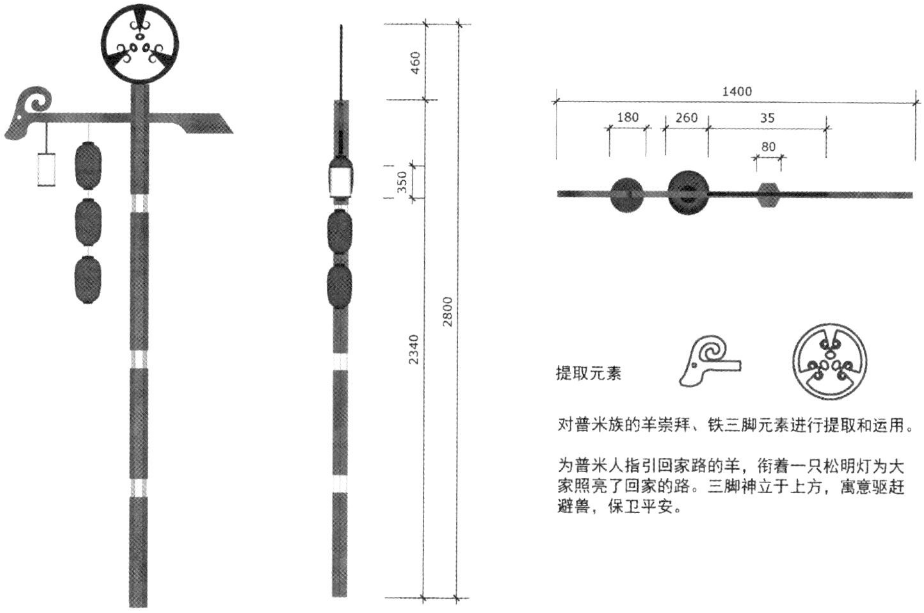

图 2.5.2 路灯外观设计图

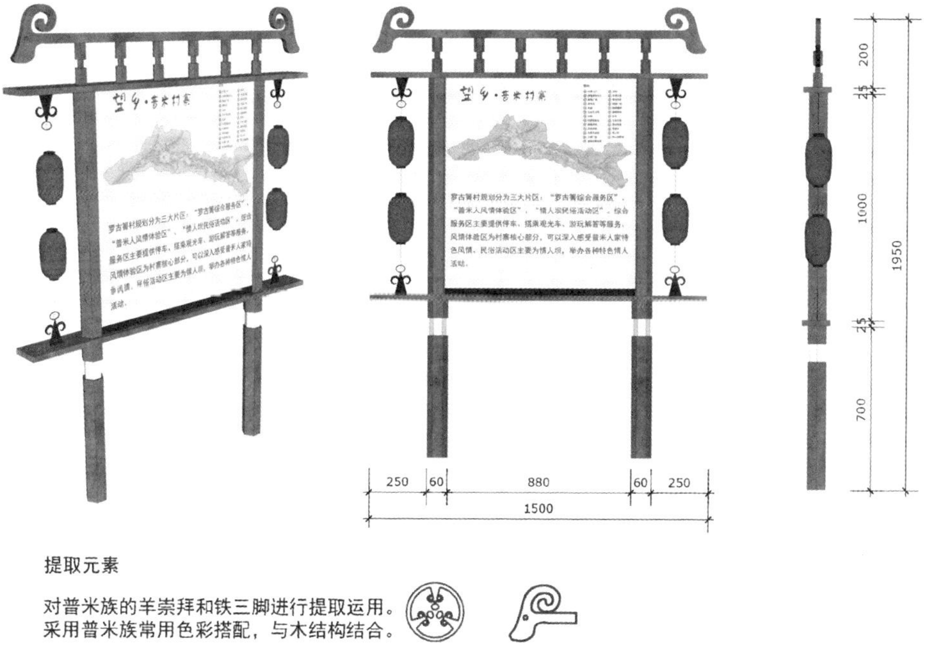

图 2.5.3 标识系统设计图

（二）项目建设时序

1. 总体建设进程

按照优先开发、分期建设的发展思路，综合考虑项目的建设条件、投融资情况等因素，将建设周期分为如下三个阶段：

（1）近期（2019—2020 年）

本期应集中精力建设基础设施和首要项目，以打基础、创品牌、树形象为目的，构筑旅游业的基本框架，建立整个规划区旅游业的基本雏形。优先建设罗古箐综合服务区、普米人风情体验区的重要组团项目以及规划区的相关基础设施。

（2）中期（2021—2022 年）

本期以打造重点项目为重点，培育度假区的核心竞争能力，进一步提升旅游品牌形象，吸引更多旅游者的驻足和流连。同时，加强招商引资的力度。重点建设普米人风情体验区和情人坝民俗活动区的重点项目及相关配套设施。

（3）远期（2023—2025 年）

本期以全面完成建设项目为重点，加强管理，提升服务质量，同时完善生态保护机制。主要建设情人坝民俗活动区的其余项目以及相关配套设施。

表 2.5.1　规划区建设时序表

主要区域	近期	中期	远期
罗古箐综合服务区	√		
普米人风情体验区	√	√	
情人坝民俗活动区		√	√

2. 分期建设项目

根据规划，罗古箐规划区共策划建设三大旅游片区、15 个项目组团、69 个具体项目，整个建设类型分为 5 个重大项目、31 个重点项目和 33 个一般项目。

表 2.5.2　项目建设时序表

旅游片区	项目组团	具体项目	项目类型
罗古箐综合服务区	村寨大门	普米寨门	重点项目
		普米广场	重点项目
		普米女神像	重点项目
		普米族徽	一般项目

续表

旅游片区		项目组团	具体项目	项目类型
罗古箐综合服务区		游客中心	普米游客中心	重大项目
			生态停车场	重点项目
			生态厕所	一般项目
			自驾车营地	重点项目
		交通补给	特色交通供给站	重点项目
			马厩	一般项目
			滨水栈道	一般项目
			水景观群	一般项目
普米人风情体验区	普米生态乐园	生态农庄	普米自然馆	重大项目
			中医疗养馆	重点项目
			药膳食疗馆	重点项目
			乌骨羊农庄	重点项目
			绒毛鸡舍	一般项目
			中华神犬园	一般项目
		艺术田地	七彩药田	重点项目
			药博园	重点项目
			秦艽田	一般项目
			五味子田	一般项目
			蔓荆田	一般项目
		原始森林	“猴出没”基地	重点项目
			采药探险	一般项目
			拾菌林	一般项目
			林中栈道	一般项目
	普米民俗观园	搓蹉广场	水镜喷泉	一般项目
			普米记忆馆	重大项目
			搓蹉舞台	重点项目
			四弦乐馆	重点项目
			冠礼殿堂	一般项目
		普米人家	木楞乡居	重点项目
			普米食府	重点项目
			白衣闺阁	一般项目
			牛车之旅	一般项目
			乡土长廊	一般项目

续表

旅游片区		项目组团	具体项目	项目类型
普米人风情体验区	普米民俗观园	普米作坊	四弦乐坊	重点项目
			木雕工坊	重点项目
			酥油工坊	一般项目
			篾盒作坊	一般项目
			腊肉作坊	一般项目
	普米祈福圣园	祭祀广场	普米铁三脚	重点项目
			神木祭坛	重点项目
			祭祀表演	一般项目
		祭祀展馆	普米祈福馆	重点项目
			食祭馆	一般项目
			戎肯祭堂	重点项目
			厮杀舞	一般项目
			普米归宗路	重大项目
		祭祀神林	山神庙	重点项目
			水源神树	一般项目
			图腾白石林	重点项目
情人坝民俗活动区		情人树普米欢歌	情人树许愿	重点项目
			普米情人场	重大项目
			普米篝火会	重点项目
			普米搓磋舞	重点项目
			普米逃婚场	一般项目
		情人坪草甸游牧	情人栈道	重点项目
			萌宠小舍	一般项目
			情人牧羊	一般项目
			斗鸡比赛	一般项目
			萌宠运动会	一般项目
			普米童话廊	一般项目
		情人湖营地休闲	变色屋营地	重点项目
			星空屋营地	重点项目
			滨湖帐篷	重点项目
			情人湖放灯	一般项目
			营地电影院	一般项目

（三）项目投资估算

1. 估算依据

本估算包括总体规划的旅游项目工程、基础设施工程、环境保护工程和其他项目经费。

估算的主要依据有：

（1）建筑安装工程投资：参照云南省现行的建筑工程概（预）算定额，并结合当地已建成的类似项目的投资标准和项目的实际情况进行估算。

（2）道路建设工程投资：参照交通部颁布的公路工程预算定额，并结合当地近年来建设同等级公路的造价指标确定。

（3）供电、通信、给排水等工程投资：参照国家相关行业的投资估算编制办法，并结合当地实际造价指标进行估算。

（4）其他工程费用：主要包括规划设计、宣传促销、培训教育、建设管理等。

（5）预备费：仅考虑基本预备费，费率按 10.0% 计。

2. 投资估算

罗古箐规划区项目总投资 20330 万元。按照近、中、远分期进行测算，其中近期（2019—2020 年）建设投资 4066 万元，占总投资的 20%；中期（2021—2022 年）建设投资 10165 万元，占总投资的 50%；远期（2023—2025 年）建设投资 6099 万元，占总投资的 30%。

表 2.5.3 投资估算汇总表

旅游片区	项目组团	具体项目	投资（万元）
罗古箐综合服务区	村寨大门	普米寨门	500
		普米广场	300
		普米女神像	500
		普米族徽	100
	游客中心	普米游客中心	1500
		生态停车场	400
		生态厕所	100
		自驾车营地	500
	交通补给	特色交通供给站	300
		马厩	150
		滨水栈道	400
		水景观群	200

续表

旅游片区		项目组团	具体项目	投资（万元）
普米人风情体验区	普米生态乐园	生态农庄	普米自然馆	1000
			中医疗养馆	300
			药膳食疗馆	300
			乌骨羊农庄	250
			绒毛鸡舍	150
			中华神犬园	150
		艺术田地	七彩药田	200
			药博园	300
			秦艽田	100
			五味子田	100
			蔓荆田	100
		原始森林	“猴出没”基地	400
			采药探险	100
			拾菌林	100
			林中栈道	200
	普米民俗观园	搓蹉广场	水镜喷泉	150
			普米记忆馆	1500
			搓蹉舞台	200
			四弦乐馆	200
			冠礼殿堂	200
		普米人家	木楞乡居	600
			普米食府	300
			白衣闺阁	200
			牛车之旅	60
			乡土长廊	200
		普米作坊	四弦乐坊	300
			木雕工坊	300
			酥油工坊	200
			篾盒作坊	200
			腊肉作坊	150

续表

旅游片区		项目组团	具体项目	投资（万元）
普米人风情体验区	普米祈福圣园	祭祀广场	普米铁三脚	500
			神木祭坛	150
			祭祀表演	150
		祭祀展馆	普米祈福馆	600
			食祭馆	200
			戎肯祭堂	200
			厮杀舞	60
			普米归宗路	700
		祭祀神林	山神庙	300
			水源神树	60
			图腾白石林	150
情人坝民俗活动区		情人树普米欢歌	情人树许愿	100
			普米情人场	800
			普米篝火会	150
			普米搓蹉舞	100
			普米逃婚场	100
		情人坪草甸游牧	情人栈道	500
			萌宠小舍	150
			情人牧羊	150
			斗鸡比赛	100
			萌宠运动会	150
			普米童话廊	100
		情人湖营地休闲	变色屋营地	600
			星空屋营地	500
			滨湖帐篷	300
			情人湖放灯	100
			营地电影院	300

上述投资估算需要考虑以下因素：①投资估算不包含土地使用费；②投资中未包括贷款利息等费用；③投资估算仅为市场参考价格，未考虑价格波动因素。

罗古箐基础设施投资主要集中在道路、水电通信系统以及环卫设施三大块，预计共投资3500万元。故罗古箐规划区总投资为23830万元。

3. 资金筹措

规划区项目投资周期为5年，项目建设所需资金较大，为了保证项目建设的顺利实施，既要做到及时足额供应资金，又要做到防止资金过剩，造成资金积压。同时考虑到该项目是文化和旅游部主导的“三区三州”深度贫困地区旅游规划扶贫公益行动，一方面有国家和云南省财政厅拨款，另一方面也要遵循分期建设、滚动发展、逐步完善的原则和“政府主导、市场化运作、多元化投资”的策略。合理利用财政拨款，更多的是招商引资，多渠道筹集资金，参与项目建设。根据规划区的实际情况，项目建设资金拟从以下几个方面筹集：政府拨款、银行贷款、建设单位自有资金以及招商引资等。

4. 效益分析

（1）社会效益

罗古箐规划区地处怒江州兰坪县，属于深度贫困地区。交通不便，基础设施较差等不利条件，加上旅游资源和生态环境具有得天独厚的优势，使得规划区必然选择发展旅游业带动当地的发展，同时促进社区的发展。主要表现为：①旅游区中有最大的普米族村落，全村112户453人，旅游的开发会使得全村人都有工作机会，增加了就业机会；②目前，规划区以农业为主，旅游业的开发同时带来了第二、第三产业，使得一、二、三产融合发展；③旅游的发展能够带动该地区乃至周边地区的村民实现脱贫致富。

（2）经济效益

罗古箐规划区旅游的开发，必然会带动罗古箐的经济发展，同时也会带动兰坪县乃至怒江州的经济增长，主要表现有以下两点：①罗古箐规划区每年的旅游收入将极大地增加当地的财政收入；②当地旅游业的发展必然会带动兰坪县及怒江州当地的住宿业、交通业、餐饮业等相关产业的发展，同时每年为当地带来4000万元左右的收益。

（3）生态效益

罗古箐规划区的开发，必然会带来一定的生态效益，主要表现为：①旅游开发过程中建立了完善的污水排放系统、垃圾回收系统，极大地改善了当地村民的居住环境；②通过对当地居民不断的培训，更加坚定了当地村民生态环保、绿色发展的观念，有利于旅游区的可持续发展。

（四）运营管理措施

1. 整村推进的运营机制

以罗古箐为载体，增强乡镇居民参与发展的意识，调动居民参与开发的积极性，相对集中人力、物力、财力和社会资源，通过旅游业的植入，在较短时间内促进当地的基础设施、社会服务、生产生活条件改善，加快三产融合发展，提高人口素质，使旅游扶贫效果最大化。

将旅游扶贫开发和农业生产化发展相结合，开发例如“五味子田”“秦艽田”“蔓荆田”等具体的与种植业相关的项目，充分利用当地的土地耕种资源。同时，开发例如“绒毛鸡舍”“乌骨羊庄”等畜牧业项目，鼓励当地农民发挥自身优势投身旅游开发。

将旅游项目和设施建设与农业产业基地建设、村镇基础设施和公益设施建设相结合，开发例如“普米广场”“普米祈福馆”等，既能为游客提供景观游览价值，又能为当地居民提供休憩场所，也完善了当地的基础设施。

2. 科学合理保护控制

由于规划区所在村落是全球最大的普米族村落，其社会、文化、景观价值不容小觑，因此应当建立一套保护机制，将普米族的房屋建筑、民俗文化等特色乡村景观保护起来，维护乡村意象和乡土风情。故在旅游开发的同时，应当充分利用当地已有的资源，尽量不破坏乡村的原始风貌，以达到保护文化遗产的目的。

3. 加强安全与卫生管理

（1）安全管理

对于自然灾害、旅游事故、经营管理危机等方面，应当在平时做好预防与处理措施，对居民进行培训，以防游客在游览景区过程中遇到事故需要当地居民来应对。例如为防止遇到地震、泥石流、洪水等自然灾害侵袭，游客无处躲藏，应当设置多个防灾临时藏身地。并且，在平时应组织预防自然灾害的相关知识课堂，提高村民防灾营救能力。

（2）卫生环境

在村域环境卫生整治、垃圾回收处理、污水处理、厕所厨房管理等方面，应当建立起严格的执行标准和行为规范，并且在村中成立卫生管委会，维持村中以及景区其余地方的整洁环境。将维护环境卫生、保护生态等标语张贴在景区醒目位置，提醒游客和村民随时保护。

第三部分　大羊场村乡村旅游扶贫规划

一、规划基础

（一）规划背景

1. 政策背景

（1）战略聚焦乡村振兴。2017 年 10 月 18 日，中共中央总书记、国家主席习近平在党的十九大报告中提出“乡村振兴战略”，并把它作为“决胜全面建成小康社会，开启全面建设社会主义现代化国家新征程”的七大战略之一，乡村振兴作为一个重要任务，得到了国家前所未有的重视。2018 年中央一号文件《中共中央　国务院关于实施乡村振兴战略的意见》明确提出，实施乡村振兴战略是新时代“三农”工作的总抓手，摆脱贫困是乡村振兴的重要前提。规划区属于国家“三区三州”深度贫困地区，是摆脱贫困的重要地区，也是乡村振兴战略实施的关键地区。国家对乡村振兴的重视为规划区提供了巨大的历史机遇，也为规划区带来了各个方面的支持，为规划区各个方面的建设提供了有利条件。

（2）齐心聚力脱贫攻坚。2018 年云南省《政府工作报告》在今后五年的工作中提出八个方面的重点任务，而“决战脱贫攻坚，决胜全面建成小康社会”成为云南省今后五年工作的重中之重，也成为云南省三大攻坚战之一。2018 年 4 月 12—13 日，全省脱贫攻坚推进会议在昆明召开，会议指出，云南省要确保完成 145 万贫困人口净脱贫，实现 1841 个贫困村出列、27 个贫困县摘帽，脱贫攻坚已经成为云南省统揽经济社会发展全局的重要抓手。规划区属于云南省集中连片贫困地区，于 2018 年入选《云南省旅游规划扶贫公益行动》，成为旅游扶贫的重点地区之一。云南省的各部门齐心聚力，积极落实相关政策与资金资助，与此同时，旅游部门积极利用自己的专业优势，通过公益扶贫规划为贫困地区指明了一条脱贫攻坚新途径，进一步推动了规划区的建设。

（3）目光齐聚旅游开发。怒江地处“三江并流”世界自然遗产地、国家级风景名胜区和高黎贡山国家级自然保护区，是以傈僳族、怒族、独龙族、普米族等为主的少数民族人口集居区，具有丰富多样、品位较高、唯一性强、特色鲜明、组合度好的世界级旅游资源，旅游开发已经成为怒江发展的重要共识。为了进一步推动旅游的发展，2016 年 4 月，怒江州制定了《怒江州脱贫攻坚旅游建设发展规划（2016—2025 年）》，旅游成为怒江州完成脱贫任务的关键一招，也成为带动其他产业发展的重要一环。规划区集聚怒江州旅游资源的特点，又是怒江州极度贫困的地方，正是怒江州迫切需要探索旅游脱贫的试验田，怒江对旅游的认同成为规划区发展旅游的有力支撑。

2. 规划目的

（1）构筑云南省旅游扶贫新样板。云南是全国贫困地区和贫困人口较多的省份之一，在全国 14 个连片特困地区中就涉及 4 个，贫困人口超过 500 万人。大羊场村位于高原高寒地区，风景十分壮美，而生活在那里的人民又十分贫困，这与一些云南贫困地区所遭遇的困境十分相似。本规划将致力于把兰坪县大羊场村打造成为云南高原高寒地区旅游开发的扶贫样板，为类似贫困地区脱贫致富探索出一条具有可操作性的可持续发展道路。

（2）建设怒江州旅游发展的亮点。怒江州旅游资源和旅游开发一直处于一种“不平衡”状态，限制了旅游经济的发展，阻碍了旅游品质的进一步提升。怒江州是云南省尚未形成一定旅游规模的“潜力股”，具有极大的开发价值，但缺少如同丽江古城那样极具游客吸引力的景区。本规划致力于通过规划区的开发，带动兰坪县东部旅游的发展，使兰坪县成为怒江州旅游发展的亮点。

（3）打造兰坪县旅游增长新引擎。兰坪县旅游业经过长时间发展，旅游发展业绩依旧平平，基本还停留在靠门票、靠资源吃饭的层次，休闲度假、主题游乐、养生度假、极限运动、体验性项目等新型旅游产品基本处于空白，对本地居民的带动作用不强，兰坪县旅游的发展缓慢。大羊场村的建设将为兰坪县旅游发展注入新的活力，成为兰坪县旅游发展的新起点，与罗古箐互动引爆兰坪县旅游的发展。

3. 性质任务

（1）规划性质

大羊场村规划区属于以扶贫为导向的综合性旅游规划。本规划将结合本地区的发展实际，在梳理当地自然资源和文化资源的基础上，借鉴国内外相似地区旅游发展的成功案例，衔接兰坪县其他部门的规划，最终形成大羊场村的规划方案。

规划区属于以三产融合为理念的创新性规划。规划内容涵盖了生态系统、产业系统、生活系统、服务系统等内容，包含发展战略、空间布局、功能分区、开发项目等布局规划，涉及基础设施、接待设施、生态保护等专项规划，以及市场营销、投资运营等对策建议。

（2）规划任务

发掘自然资源的旅游价值。规划区位于群山之间，不仅有原始森林相依衬，更有高原草甸景观为背景，具有极大的旅游开发价值。本规划将挖掘当地的自然资源的价值，使其本身的旅游价值得以彰显。

推动民族村寨的文化保护。规划区属于高原高寒贫困地区，传统民族村寨文化因为经济发展滞后而难以有效保护和传承。本规划以保护当地民族文化为宗旨，对村寨民族文化进行深入研究，以推动当地民族文化的保护与传承。

提升当地居民的收入水平。规划区属于深度贫困地区，经济收入低下始终困扰着当地发展。本规划以提升当地居民的收入为重要目标，通过项目和活动的策划为当地居民提供更多的收入来源，推动收入水平的提高。

活化壮美纯净的资源景观。规划区属于高原高寒地区，并不适合开展大众旅游，从事旅游活动需要有一定的身体条件和物质条件。本规划充分挖掘规划区壮美纯静的景观资源价值，打造“野奢旅游”新形式。

4. 规划范围与期限

（1）规划范围

规划范围为大羊场自然村部分区域，面积 131.5 公顷（1972.5 亩）包括民族村寨、草甸牧场、湿地植被景观等（图 3.3.1）。

（2）规划期限

本规划期时间为 5 年，即 2019—2023 年。

一期（2019—2020 年）：建设启动期，重点建设基础设施；

二期（2020—2022 年）：建设深化期，重点建设旅游设施；

三期（2022—2023 年）：建设完善期，重点建设辅助设施。

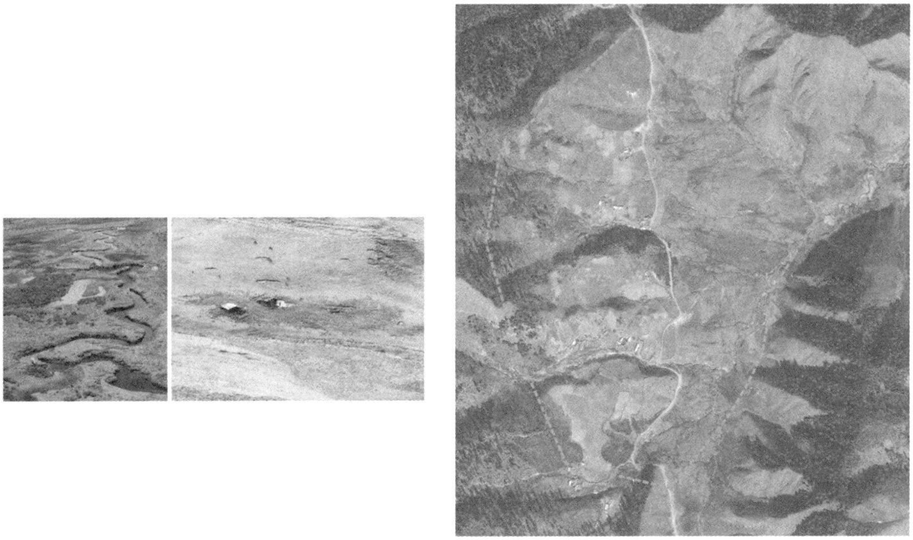

图 3.1.1　规划范围图

5. 规划原则

（1）“尊重自然，保护生态”原则

大羊场村的高山草甸、沼泽湖泊、杜鹃花海等具有较高的吸引力，但具有脆弱性，是宝贵的旅游资源。在旅游的开发过程中，要坚持“重在保护、生态优先、合理利用、良性发展”的方针，将旅游开发与生态资源保护、生存环境改善、居民收入增加等有机结合，实现开发利用与持续保护的双赢目标。

（2）“村民参与，共商共建”原则

大羊场村旅游规划是云南省深度贫困地区旅游扶贫公益行动的一部分，始终需要把“扶贫”放在规划工作第一位。在旅游开发的过程中，要注意采纳当地村民的意见，充分考虑当地居民的利益，了解他们对旅游开发的看法；同时，要提高当地村民的参与积极性，使旅游开发的成果能够惠及广大的村民，促进当地村民的脱贫致富。

（3）“旅游引导，产业带动”原则

旅游业具有极强的关联带动作用，能够为贫困地区带来大量的消费者。在旅游开发的过程中，一定要注意区分内生动力和外生动力的区别，在旅游业为贫困地区的发展带来大量的消费者以及现金流基础上，要发展具有本地特色的其他产业，形成贫困地区发展的内生动力，促进贫困地区脱贫的可持续性。

（4）“突出文化，强化主题”原则

大羊场村彝族风俗纯厚久远、保存完整，形成完整的彝族聚居地风情民俗。在旅游发展的过程中，要注重彝族文化的挖掘和保护，突出当地的文化特色，形成本地的文化特点；同时，要强化当地的旅游特色，形成当地的旅游主题及具有特色的旅游景区。

6. 规划依据

（1）法律法规

《中华人民共和国旅游法》（2016 年修订）；

《中华人民共和国农业法》（2012 年修订）；

《中华人民共和国土地管理法》（2004 年修订）；

《中华人民共和国环境保护法》（2014 年修订）；

《中华人民共和国文物保护法》（2013 年修订）；

《中华人民共和国城乡规划法》（2015 年修订）；

《中华人民共和国水法》（2002 年修订）；

《中华人民共和国水污染防治法》（2008 年修订）；

《中华人民共和国森林法》（2009 年修订）；

《中华人民共和国野生动物保护法》（2009 年修订）；

《中华人民共和国防洪法》（2015 年修订）；

《云南省民族民间传统文化保护条例》（云南省人大，2000 年）；

《云南省旅游条例》（云南省人大，2014 年）；

《云南省环境保护条例》（云南省人大，2014 年修正）。

（2）相关标准

《旅游规划通则》（GB/T 18971—2003）；

《旅游资源分类、调查与评价》（GB/T 18972—2003）；

《全国工农业旅游示范点评点标准》（国家旅游局）；

《国家生态旅游示范区建设标准》（讨论稿）；

《中国农业公园创建评价体系》（2008）；

《环境空气质量标准》（GB 3095—1996）；

《地面水环境质量标准》（GB 3838—2002）；

《住宅设计规范》（GB 50096—2011）；

《汽车露营营地开放条件和要求》（TY/T 4001—2013）；

《旅游厕所等级的划分与评定》（GB/T 18973—2003）。

（3）相关规划

《云南省乡村旅游发展规划（2011—2020》；

《云南省旅游发展总体规划》；

《云南省旅游产业“十三五”发展规划（2016—2020 年）》；

《云南省旅游文化产业发展规划（2016—2020 年）》；

《云南省旅游文化产业发展规划实施方案（2016—2020 年）》；

《云南省旅游扶贫专项规划（2016—2020 年）》；

《怒江州旅游发展规划》（怒江州旅游局，1999 年）；

《怒江州城镇体系规划（2008—2025）》（云南省城乡规划评估中心，怒江州规划局，2008 年）；

《怒江州脱贫攻坚全面小康行动计划（2016—2020 年）》（云南省发改委、怒江州委、州政府，2016 年）；

《怒江州脱贫攻坚旅游建设发展规划（2016—2025 年）》；

《兰坪县旅游发展规划》（2007 年）；

《兰坪县旅游发展总体规划（2011—2025）》（兰坪县文体广电旅游局、上海派尼欧旅游咨询有限公司，2011 年）。

（4）相关文件

《关于加快发展旅游业的意见》（国发〔2009〕41 号）；

《国务院关于促进旅游业改革发展的若干意见》（国发〔2014〕31 号）；

《国民旅游休闲纲要（2013—2020 年）》（国办发〔2013〕10 号）；

《全国乡村旅游发展纲要（2009—2015）》（征求意见稿）；

《关于加快发展现代农业，进一步增强农村发展活力的若干意见》（中发〔2013〕1 号）；

《关于印发乡村旅游扶贫工程行动方案的通知》（旅发〔2016〕121 号）；

《关于深入推进农业供给侧结构性改革加快培育农业农村发展新动能的若干意见》（中发〔2017〕1 号）；

《关于实施乡村振兴战略的意见》（中发〔2018〕1 号）；

《关于进一步做好当前旅游扶贫工作的通知》（旅发〔2018〕27 号）。

（二）基础条件

1. 地理区位

（1）兰坪县东北边界，三州市连接地带。大羊场自然村隶属怒江傈僳族自治州兰坪白族普米族自治县河西乡箐花村，地处兰坪县东北部边界地区，位于怒江州、丽江市、迪庆州三州市的连接地带，东与丽江市玉龙县草甸相连，北与迪庆州维西县山水相接（图 3.1.2）。

地理区位

1．兰坪县东北边界，三地州连接地带。大羊场行政区划隶属怒江傈僳族自治州兰坪白族普米族自治县河西乡箐花村，是兰坪县东北部边界地区。同时，大羊场还是怒江、丽江、迪庆三地州的连接地带，东与丽江市玉龙县草甸相连，北与迪庆州维西县山水相接。

2．怒江州东部屏障，隔两山望三中心。大羊场位于怒江傈僳族自治州的最东部，是怒江腹地与滇西北其他主要州市之间的屏障之一，也是怒江通往云南内地的交通要塞。同时，大羊场地处云岭山系老君山、雪邦山之间，两座山脉将大羊场与滇西北大理、丽江、迪庆三大旅游中心阻隔开来。

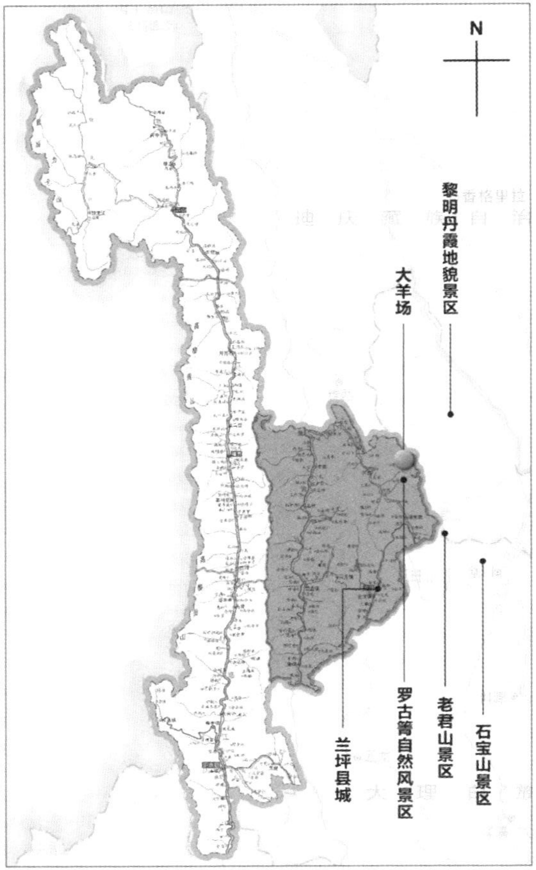

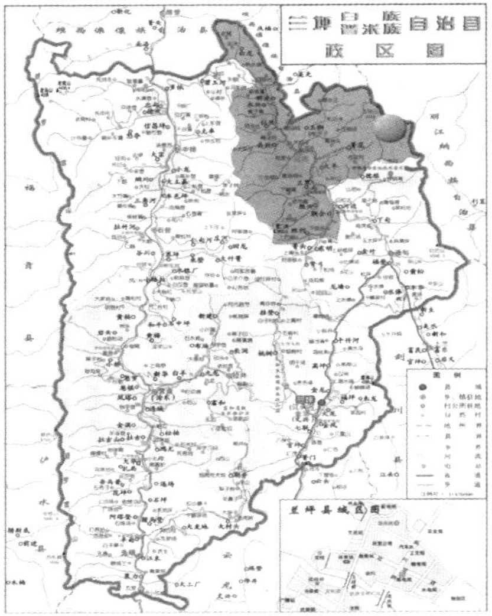

图 3.1.2　地理区位图

（2）怒江州东部屏障，拥两山望三中心。大羊场位于怒江傈僳族自治州的最东部，是怒江腹地与滇西北其他主要州市之间的屏障之一，也是怒江州通往云南内地的交通要道。同时，大羊场地处云岭山系老君山、雪邦山之间，可以遥望滇西北大理、丽江、迪庆三大旅游中心。

2. 交通区位

（1）对外线路连贯，交通基础设施提升。大羊场距兰坪县城 80 千米，约 2 小时车程；距怒江州州府六库 287 千米；距大理市 232 千米；距丽江市 177 千米；距维西县 107 千米。国道 G215、省道 S311、县道 XQ23 以及乡村道路串联起的交通网络，使得大羊场与兰坪县城、州府六库、大理、丽江、迪庆之间的交通日益连贯，发展瓶颈得以打破。不仅交通网络形成规模，大羊场对外的交通基础设施也正在改善：省道 S311 线剑兰二级公路已建成，国道 G215 线维兰二级公路、维通二级公路以及各高速公路、机场的建设均已启动。

（2）专用公路开通，内部潜力有待发掘。目前，通甸—罗古箐—大羊场的 41 千米旅游专用公路已经开通，为大羊场带来巨大的客源潜力。规划区周边现有县乡公路、乡村道路、机耕路等，对大羊场规划区发挥潜力有所铺垫。但部分区域仍未完成道路硬化及拓宽工作，还严重阻碍着规划区的交通通达性。

3. 旅游区位

（1）三江并流腹地，跨两江望五山。大羊场地处三江并流腹地，是三江并流世界自然遗产的重要组成部分，一场跨越两江，一眼可望五山。首先，大羊场是金沙江和澜沧江的“分水岭”，大羊场河由东北方向流经黎明河汇入金沙江，另一股往南流向通甸河经维西进入澜沧江，故形成一场跨两江的奇观。其次，在大羊场，北面的梅里雪山和白茫雪山遥遥相望，西面的碧罗雪山近在咫尺，东北面的玉龙雪山 18 峰历历在目，东面的老君山五子峰排列眼前，五山围住，令人心旷神怡。

（2）两环交会中心，连东西贯南北。大羊场位于香格里拉大环线与滇西北黄金旅游大环线的交会中心，东连丽江玉龙和大理剑川，西接怒江州腹地，北可上迪庆维西，南可进大理云龙，既贯通南北又连接东西，是实现滇西北乃至整个大香格里拉旅游圈旅游一体化的关键地区。

4. 自然环境

（1）地形地貌

大羊场地处云岭山系老君山、雪帮山之间，位于通甸河谷东部，地貌类型为山间槽谷地貌。地质构造为反“S”形地质构造，山间槽地南北伸展。处于平均海拔 3200 米的高山草甸。

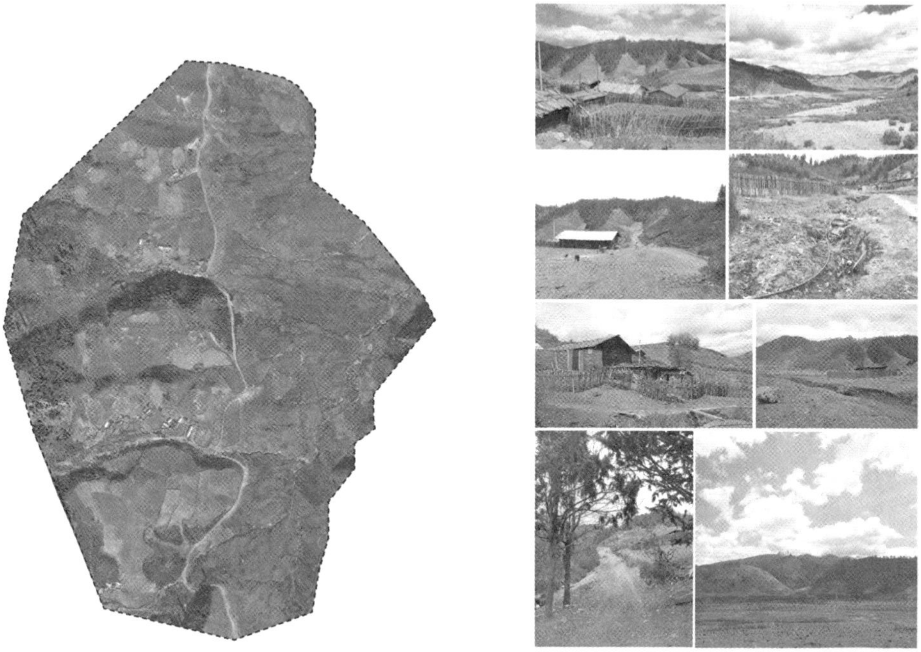

图 3.1.3 场地现状分析图

（2）气候条件

大羊场受低纬度山地高原及其地形特征影响，气候类型属高山区冷湿气候，年平均气温 10.7℃，高原气候特征明显，昼夜温差大。一年中平均气温在5℃以下的天数达113天，大于或等于10℃的天数达167天。降水强度中等，6—10 月为雨季，7—8 月降水量最为集中，年降水量 982.6 毫米；冬季降水以固态降雪为主，多集中于 3 月份（图 3.1.4）。

（3）生态系统

大羊场植被属高山草甸、灌丛植被。树种以寒冷性中山云杉、冷杉林为主。云杉主要以丽江云杉为优势树种，形成云杉、冷杉与德式冷杉林混交；灌木丛则有矮生杜鹃、小叶或绒叶杜鹃、矮高山栎、马樱花、箭竹、唐古忍冬、花椒等；常见的草本植物有野青茅、高山龙胆、高山苔草、草血竭、鹿蹄草、报春花、狼毒花等。

区域内有滇金丝猴、金钱豹、云豹、黑颈长尾雉 4 种国家一级保护动物；国家二级保护动物有黑熊、马来熊、豺、小灵猫、大灵猫、斑羚、穿山甲、猕猴、水獭、血雉、红腹角雉、白鹇、白腹啄木鸟等 32 种。此外，还有花面狸、豹猫、马麝、云南兔、红腹松鼠、树蜥、黑鸬鹚、山斑鸠、绿背山雀等。牧场内养殖的禽畜主要有牦牛、犏牛、绵羊、山羊、山鸡等。

气候类型：大羊场受低纬度山地高原及其地形特征影响，属高山区冷湿气候，年平均气温 10.7°C，高原气候特征明显，昼夜温差大。
气温：一年中平均气温在 5°C以下的天数达 113 天，大于或等于 10°C的天数达 167 天。
降水：降水强度中等，6–10 月为雨季，7–8 月降水量最为集中，年降水量 982.6 毫米；冬季降水以固态降雪为主，多集中于 3 月份。

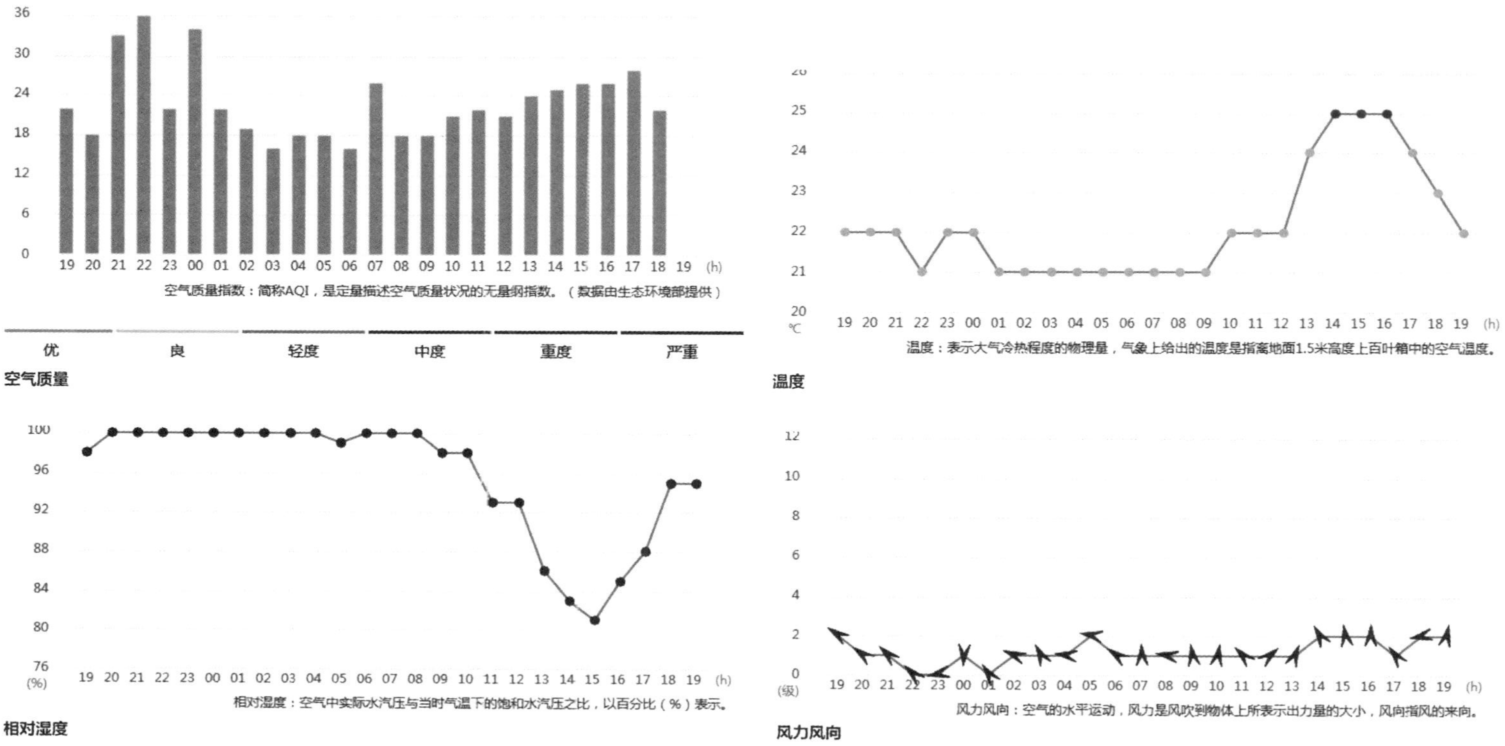

图 3.1.4　气候分析图

5. 社会文化

（1）原真彝族文化

大羊场自然村为彝族聚集区，世居民族是彝族，使用彝族北方语言，属云南小凉山诺苏支系。根据资料显示，大羊场彝族是历史上从大凉山迁入，最早一批迁徙而来的时间是 1937 年，与年氏彝族迁入兰坪的时间基本一致。由于长期不通公路造成的与世隔绝，彝族风俗纯厚久远、保存完整，形成了十分独特且完整的彝族聚居地风情民俗。

（2）生态牧耕文化

大羊场原是普米族世代放羊的地方，普米语叫“公都”，意为高山之巅的羊场。当地彝族最早一批是在 1937 年得到箐花普米族族长的同意，从大凉山迁入。普米族要求迁入的彝族人在大羊场只能放牧，不准毁林开荒，因此直到现在，大羊场的植被保持得都很好。彝族同胞在大羊场主要以畜养为生，主要养殖牛羊、牦牛、犏牛和猪，在草场外也种一些坡地，撒荞麦、种洋芋。彝族居民经常把牛肉、羊肉、酥油、荞等背到三岔河以下换取普米族的粮食，背到通甸出售后换成大米和生活用品。

（3）特色杜鹃文化

夏季的大羊场是花的海洋。以山冈上的大树杜鹃最为特色，每年率先开放，花大朵多，如一束束火炬在燃烧。除红色的大树杜鹃之外，山岭上的杜鹃是粉红色的，山坡上的是浅红色和鲜红色的，而坝子里的矮杜鹃则是紫色和淡白色的，山林里的杜鹃是白色、粉色、黄色的。还有一棵花几种色，一朵花几样色的。一年一度开满草甸与山冈的杜鹃花已经成为大羊场的旅游资源，慕名而来的游客络绎不绝。

（4）丰富饮食文化

由于大羊场位处高寒地区，对能量的需求使得当地饮食多肉食，蔬菜偏少。当地牧民习惯于日食两餐，早餐和晚餐，外出劳作或放牧时，则加一顿名为“晌午”的简便中餐。传统上以马铃薯、玉米和苦荞为主食，兼有少量的麦面、稻谷、黄豆和四季豆与主食混搭而食，现部分以大米作为主食。特色饮食有“坨坨肉”、酥油茶、腌制酸菜、盐渍风干腊肉、灌血肠、苦荞粑粑。

6. 经济发展

（1）居民人口

大羊场现有居民 11 户，平均 1 家 3 口人，均为彝族。居民主要从事种植业与畜牧业，人口素质偏低，普遍缺乏商品意识和市场竞争观念，在资源开发与转换、生产方式选择、生产领域拓展、先进技术推广运用、经济发展机会把握及向其他产业渗透转移等方面都面临一系列困难和障碍，导致致贫因素复杂多样、扶贫开发成本高、脱贫难度大。

（2）经济水平

大羊场村 2017 年农村经济总收入 20.61 万元，其中种植业收入 1.66 万元，占总收入的 8.1%；畜牧业收入 2.5 万元，占总收入的 12.1%（其中，年内出栏肉猪 140 头，肉牛 16 头，肉羊 75 头）；林业收入 15.85 万元，占总收入的 76.9%；第三产业收入 0.60 万元，占总收入的 2.9%。农民人均纯收入 1351 元，农民收入以养殖等为主。外出劳务收入 4.80 万元，常年外出务工 4 人，占劳动力的 5.1%，其中在云南省内务工 4 人。

（三）旅游资源

1. 旅游资源类型

根据旅游资源调查将大羊场旅游资源分为 5 个主类（其中自然旅游资源包括水域风光、生物景观；人文旅游资源包括建筑与设施、旅游商品、人文活动）11 个亚类，31 个旅游资源单体（图 3.1.5、表 3.1.1）。

图 3.1.5　旅游资源分布图

表 3.1.1　旅游资源分类表

类别	主类	亚类	主要资源单体
自然旅游资源	水域风光	河段	草字溪
		湖泊与池沼	箐花甸湿地
	生物景观	树木	水杨树林、刺树、柏树、高山柳树等
		草原与草地	大羊场草甸
		花卉	棕背杜鹃（粉杜鹃）、硫黄杜鹃（黄杜鹃）、似血杜鹃（紫杜鹃）、龙胆草、豹子花、狼毒花
		野生动物	矮马、犏牛、黄牛、羊
人文旅游资源	建筑与设施	活动场馆	游客接待站、卫生室
		景观建筑与附属型建筑	彝族木楞房
		居住地与社区	大羊场大村
	旅游商品	旅游商品	虫草、燕麦、苦荞、土豆、玉米、羊肚菌、松茸、火塘猪
	人文活动	习俗活动	火把节、端午节（赛歌会，年轻人）

根据表 3.1.1，将大羊场旅游区的旅游资源归纳为以下四大类主体类型：

（1）壮美纯净的草甸风光

壮美纯净是大羊场草甸风光的独特气质。与中国最美的三大高山草甸（武功山、兔耳岭、白溪草场）及“Bergün 小镇”、印度“黄金草原”、湖南“南山牧场”相比，大羊场的草甸景观气质更为广博、更为静谧。中国最美的三大高山草甸（武功山、兔耳岭、白溪草场）地势起伏较大，资源景观单一；大羊场资源景观丰富，除了大片杜鹃林外还有绵延的雪山。瑞士“Bergün 小镇”、印度“黄金草原”和湖南“南山牧场”等地势平坦，水草肥美，临近冰川、雪山；大羊场则因其海拔高度而使其景观气质备感开阔，更适合开展高山体育活动。

（2）姹紫嫣红的花卉景观

姹紫嫣红是大羊场花卉景观的自然形态。大羊场花卉繁多，单是杜鹃花就有三大品种，分别是棕背杜鹃（粉杜鹃）、硫黄杜鹃（黄杜鹃）和似血杜鹃（紫杜鹃）；此外，大羊场还生长着龙胆草、豹子花、狼毒花等多种花卉植物，每年 5—7 月，三色杜鹃竞相开放，狼毒花也随着绽放，满山遍野的花团锦簇、姹紫嫣红。

（3）原始古朴的民居建筑

古朴原始是大羊场民居建筑的人文风格。大羊场不仅拥有草甸、雪山、花卉等自然馈赠，勤劳的彝族人民还铸造了古朴原始的人文景观——木楞房，与自然环境相得益彰，共筑了一幅静谧、和谐的山间景观画卷。大羊场村目前共有 11 户居民，共计 33 人，房屋分布较为集中，森林居于屋后，潺潺溪水顺势流过村庄；雪山伫立房前，触手可及。

（4）触手可及的雪山景观

触手可及是大羊场雪山景观的感知距离。大羊场位于“三江并流”腹地，紧邻丽江老君山黎明风景区，置身大羊场后眺望远处的老君山，终年积雪的雪峰、蔚蓝的天空、葱茏茂密的森林，雪山仿佛就在眼前。立于大羊场村可枕雪而眠，推窗赏，可谓雪山风光触手可及。大羊场以其山风习习、白雪皑皑、林木葱茏、溪流潺潺，是开展登山、滑雪、滑翔等体验性活动的胜地。

2. 旅游资源分布

根据规划区旅游资源集聚状况与旅游开发功能要求，将旅游资源空间分布划分为三大资源区，即天空草甸区（草甸营地区）、云端牧场区（农牧产业区）、雪山彝村区（民族聚居区）（表 3.1.2）。

表 3.1.2　旅游资源分布表

分区	主要资源
天空草甸	棕背杜鹃（粉杜鹃）、硫黄杜鹃（黄杜鹃）、似血杜鹃（紫杜鹃）、字溪、箐花甸湿地公园、龙胆草、豹子花、狼毒花
云端牧场	矮马、犏牛、黄牛、水杨树、刺树、柏树、高山柳树、虫草、燕麦、苦荞、土豆、玉米、羊肚菌、松茸
雪山彝村	小凉山彝族木楞房、大羊场大村、大羊场、游客接待站、火塘猪、火把节、端午节（赛歌会，年轻人）

（1）天空草甸（草甸营地区）

天空草甸位于整个规划区东部。此区域各类生态植被景观相对集中，主要包括溪流湿地、杜鹃花海等景观，将此区域功能定位为高山草甸营地区，以供游客草甸游览、营地休闲。

（2）云端牧场（农牧产业区）

云端牧场位于整个规划区西北。此区域多为山林坡地，已有部分区域以木栅栏圈作农田，圈内种植圈外牧羊，由田园作物、牧场风光等景观构成，将此区域功能定位为农牧产业观光区，既是当地居民农田种植和畜牧养殖的场所，也是游客农牧观光体验区。

（3）雪山彝村（民族聚居区）

雪山彝村位于整个规划区西南。此区域集聚有原始木楞房屋建筑，将此区域功能定位为民族聚居区，既是当地居民生活居住主要场所，也具备着为游客提供旅游集散接待、民族风情体验的功能。

3. 旅游资源特征

（1）生态环境脆弱

生态脆弱决定了大羊场的开发基调。大羊场主要为高山草甸景观，其核心区域已获批国家“湿地公园”（箐花甸国家湿地公园），旅游景区的环境保护要求较高，旅游承载力较低，无法承接大规模的旅游活动。基于此，大羊场不宜走大众旅游路线，而应以小众市场为突破口，以发展野奢精品旅游为主导。

（2）景观壮阔静谧

壮阔静谧彰显了大羊场的环境氛围。从自然环境方面看，大羊场 5—7 月里有漫山杜鹃、山花装点大地，此外的时令里则只有青草包裹其裸露的地表，颜色单一的牛羊徜徉其间；从人文环境方面看，小凉山迁徙来的彝族至今还保存着原始的木楞房建筑外形，屋内火塘常年不灭，房屋静默伫立于山腰，间或燎起袅袅炊烟，为壮阔的自然环境增添烟火气息的同时也映衬了环境的静谧。

（3）氛围原始神秘

原始神秘刻画了大羊场的资源气质。闭塞的交通使大羊场保留了最为原始的自然风貌，置身于此不得不惊叹大自然的鬼斧神工：远处雪山耸立，触手可及；近处溪水潺潺，弯弯绕绕穿境而过；更有感于人与自然的和睦共处：原木色的栅栏、木楞房零星散布于草甸中，成了景中之景。闭塞的交通使这片处女地保持了一种天然的神秘感，等待外面的人去探索、去体味。

4. 旅游资源评价

（1）景点评价

按照《旅游资源分类、调查与评价》（见表 3.1.3）中所规定的分类评价体系，对大羊场规划区的旅游资源进行赋分，然后根据所得的分值和等级指标给旅游资源单体确定等级。

表 3.1.3　旅游资源评价赋分标准

评价项目	评价因子	评价依据	赋值
资源要素价值（85 分）	观赏游憩使用价值（30 分）	全部或其中一项具有极高的观赏价值、游憩价值、使用价值	30~22
		全部或其中一项具有很高的观赏价值、游憩价值、使用价值	21~13
		全部或其中一项具有较高的观赏价值、游憩价值、使用价值	12~6
		全部或其中一项具有一般的观赏价值、游憩价值、使用价值	5~1

续表

评价项目	评价因子	评价依据	赋值
资源要素价值（85 分）	历史文化科学艺术价值（25 分）	同时或其中一项具有世界意义的历史、文化、科学、艺术价值	25~20
		同时或其中一项具有全国意义的历史、文化、科学、艺术价值	19~13
		同时或其中一项具有省级意义的历史、文化、科学、艺术价值	12~6
		同时或其中一项具有地区意义的历史、文化、科学、艺术价值	5~1
	珍稀奇特程度（15 分）	有大量珍稀物种，或景观异常奇特，或此类现象在其他地区罕见	15~13
		有较多珍稀物种，或景观奇特，或此类现象在其他地区很少见	12~9
		有少量珍稀物种，或景观突出，或此类现象在其他地区少见	8~4
		有个别珍稀物种，或景观比较突出，或此类现象在其他地区较多见	3~1
	规模、丰度与几率（10 分）	独立型旅游资源单体规模、体量巨大；集合型旅游资源单体结构完美、疏密度优良级；自然景象和人文活动周期发生或频率极高	10~8
		独立型旅游资源单体规模、体量巨大；集合型旅游资源单体结构很和谐、疏密度良好；自然景象和人文活动周期发生或频率很高	7~5
		独立型旅游资源单体规模、体量中等；集合型旅游资源单体结构和谐、疏密度较好；自然景象和人文活动周期发生或频率较高	4~3
		独立型旅游资源单体规模、体量较小；集合型旅游资源单体结构较和谐、疏密度一般；自然景象和人文活动周期发生或频率极高	2~1
	完整性（5 分）	形态与结构保持完整	5~4
		形态与结构有少量变化，但不明显	3
		形态与结构有明显变化	2
		形态与结构有重大变化	1
影响力（15 分）	知名度和影响力（10 分）	在世界范围内知名，或构成世界承认的名牌	10~8
		在全国范围内知名，或构成全国性的名牌	7~5
		在本省范围内知名，或构成省内的名牌	4~3
		在本地区范围内知名，或构成本地区的名牌	2~1
	适游期或使用范围（5 分）	适宜游览的日期每年超过 300 天，或适宜于所有游客使用和参与	5~4
		适宜游览的日期每年超过 250 天，或适宜于 80% 游客使用和参与	3
		适宜游览的日期每年超过 150 天，或适宜于 60% 游客使用和参与	2
		适宜游览的日期每年超过 100 天，或适宜于 40% 游客使用和参与	1

根据旅游资源单体评价总分，将其分为五级。从高到低为：五级旅游资源，得分值域≥ 90 分；四级旅游资源，得分值域为 75~89 分；三级旅游资源，得分值域为 60~74 分；二级旅游资源，得分值域为 45~59 分；一级旅游资源，得分值域为 30~44 分；未获等级旅游资源，得分≤ 29 分。

依据上述评价方法，规划区共有列级旅游资源单体 30 个，其中五级资源有 1 个，四级资源有 2 个，三级资源有 2 个，二级资源有 6 个，一级资源有 6 个，未获等级旅游资源有 13 个（表 3.1.4）。

表 3.1.4　主要旅游资源等级表

旅游资源等级	旅游资源单体	数量
五级	五花草甸	1
四级	高山湿地、杜鹃花	2
三级	彝族村、书法溪	2
二级	端午节（赛歌会，年轻人）、棕背杜鹃（粉杜鹃）、硫黄杜鹃（黄杜鹃）、似血杜鹃（紫杜鹃）、矮马、犏牛	6
一级	彝族木楞房、游客接待站、龙胆草、豹子花、狼毒花、黄牛	6
未获等级	水杨树、刺树、柏树、高山柳树、虫草、燕麦、苦荞、土豆、玉米、羊肚菌、松茸、火塘猪、火把节	13

（2）景区评价

旅游资源分区评价采用层次梯级评价方法，对 3 个分区进行 3 个等级层次的评价。评价标准如下：一级旅游资源区，综合评价在 80 分以上；二级旅游资源区，综合评价在 70 分以上；三级旅游资源区，综合评价在 60 分以上（表 3.1.5）。

表 3.1.5　旅游资源评价指标层次表

综合评价层	分值	项目评价层	分值
景观价值	50	欣赏价值	20
		科学价值	5
		历史价值	10
		保健价值	5
		游憩价值	10
环境水平	20	生态特征	10
		环境质量	4
		设施状况	3
		监护管理	3
旅游条件	20	交通通信	6
		食宿接待	6
		客源市场	5
		运营管理	3
规模范围	10	面积	2
		空间	4
		容量	4

应用上述评价方法，对规划区内的3个景区进行比较分析，如表3.1.6所示。通过上述评价表进行评价，得出以下结论：天空草甸区为83分，属一级旅游资源区；云端牧场区71分，属二级旅游资源区；雪山彝村区总分为65分，属三级旅游资源区。

表3.1.6　旅游资源评价结果表

<table>
<tr><th>综合评价层次</th><th>分值</th><th>项目评价层</th><th>分值</th><th>天空草甸</th><th>云端牧场</th><th>雪山彝村</th></tr>
<tr><td rowspan="5">景观价值</td><td rowspan="5">50</td><td>欣赏价值</td><td>20</td><td>20</td><td>16</td><td>18</td></tr>
<tr><td>科学价值</td><td>5</td><td>5</td><td>3</td><td>3</td></tr>
<tr><td>历史价值</td><td>10</td><td>8</td><td>6</td><td>5</td></tr>
<tr><td>保健价值</td><td>5</td><td>4</td><td>4</td><td>2</td></tr>
<tr><td>游憩价值</td><td>10</td><td>10</td><td>8</td><td>8</td></tr>
<tr><td rowspan="4">环境水平</td><td rowspan="4">20</td><td>生态特征</td><td>10</td><td>10</td><td>8</td><td>8</td></tr>
<tr><td>环境质量</td><td>4</td><td>4</td><td>4</td><td>4</td></tr>
<tr><td>设施状况</td><td>3</td><td>2</td><td>2</td><td>1</td></tr>
<tr><td>监护管理</td><td>3</td><td>2</td><td>2</td><td>2</td></tr>
<tr><td rowspan="4">旅游条件</td><td rowspan="4">20</td><td>交通通信</td><td>6</td><td>5</td><td>5</td><td>2</td></tr>
<tr><td>食宿接待</td><td>6</td><td>0</td><td>0</td><td>1</td></tr>
<tr><td>客源市场</td><td>5</td><td>2</td><td>2</td><td>2</td></tr>
<tr><td>运营管理</td><td>3</td><td>2</td><td>2</td><td>2</td></tr>
<tr><td rowspan="3">规模范围</td><td rowspan="3">10</td><td>面积</td><td>4</td><td>4</td><td>4</td><td>2</td></tr>
<tr><td>空间</td><td>3</td><td>3</td><td>3</td><td>3</td></tr>
<tr><td>容量</td><td>3</td><td>2</td><td>2</td><td>2</td></tr>
<tr><td colspan="3">总分值</td><td>—</td><td>83</td><td>71</td><td>65</td></tr>
<tr><td colspan="3">资源区等级</td><td></td><td>二级</td><td>三级</td><td>三级</td></tr>
</table>

（3）综合评价

旅游资源数量类型。规划区的旅游资源总量丰富、类型多样，人文资源以凉山彝族文化、游牧文化为主，特色鲜明，价值突出；自然旅游资源以湿地风光、高山草甸、雪山溪流为主，壮阔秀美，独具特色。

旅游资源空间分布。将规划区分为天空草甸、云端牧场、雪山彝村三大旅游景区，各大旅游景区内以草甸、牧场、彝村为代表的旅游资源主体特色鲜明，品位较高，组合良好。

旅游资源单体评价。规划区域内核心资源为高山草甸、雪山溪流、杜鹃花海、木楞彝村、冷杉森林等，旅游资源单体特色鲜明，观赏价值极高，市场吸引力强。

资源开发潜力评价。规划区旅游资源特色鲜明、独特性强、吸引力大，但是资源生态脆弱性特征明显，同时薄弱的接待设施导致区域内旅游资源开发利用程度低，大羊场资源优势尚未凸显。在改善交通、增加资金投入下，将激发旅游资源潜力。

（四）旅游市场

1. 旅游市场现状

滇西北旅游市场差异巨大。滇西北四州市大理、丽江、迪庆、怒江在旅游人次、旅游方面存在巨大差异。总体来看，滇西北的旅游发展可以分为三个层次，其中第一层次为丽江和大理，这两者在旅游市场发展方面不相上下，规模较大，速度较快，丽江旅游人次年平均增长率为 27.5%，旅游收入年平均增长率 32.1%；大理旅游人次年平均增长率为 20.28%，旅游收入年平均增长率为 28.83%；第二层次为迪庆，发展速度适中，旅游人次年平均增长率为 18.74%，旅游收入年平均增长率为 20.37%；第三层次为怒江，相较于前三者，其旅游人数增速也相对缓慢，年平均增长率仅为 11.68%，虽其旅游收入年平均增长率为 23.47%，但由于市场规模低的原因，致使其增长速度也相对较慢。

怒江旅游市场持续增长。总体来看，怒江旅游市场呈持续增长态势，但在旅游人数和旅游收入的增长速度方面存在差异。2012 年到 2016 年，怒江州旅游人数从 198.79 万增长到了 312.21 万，增幅较小，5 年间仅增长了 57.06%，增长速度也相对较为缓慢，年平均增长率为 11.68%，其中，2015 年增长最为缓慢，增长率仅有 3.9%；旅游收入从 11.78 亿元增长到了 36.3 亿元，增长了 208.15%，年平均增长率为 23.47%，增幅较大，增长速度较快。

兰坪旅游市场波动上升。2012 年到 2017 年，兰坪的旅游市场呈现出波动增长的趋势。旅游接待人数从 2012 年的 72 万人次增长至 2017 年的 94.67 万人次，增长率为 31.49%；旅游收入从 2012 年的 32609 万元增长至 2017 年的 130000 万元，增长率为 298.66%，旅游人数和旅游收入总体上呈增长态势，但旅游人数在 2013 年、2014 年、2016 年，旅游收入在 2016 年均出现了下降，其中在 2016 年，旅游人数下降了 19.04%，旅游收入下降了 13.12%，旅游市场波动较为明显。2012 年到 2017 年，旅游接待人数最高峰出现在 2015 年，旅游收入最高峰出现在 2017 年，可见游客的人均消费水平增加弥补了旅游人数的下降。

2. 旅游市场特点

规模极小。大羊场的旅游仍处于待开发阶段，现有的旅游人数和旅游收入都处于十分低的水平。目前大羊场村域内仅有一处旅游接待设施，且只能提供基本的饮食服务，年接待量为300~400人次。

结构单一。由于地理区位条件的影响，使得大羊场的可进入性较差，游客结构以自驾游游客为主，也包括部分徒步爱好者、摄影爱好者等群体；同时，游客也主要集中在春季杜鹃花盛开的季节，季节性较为明显。

潜力巨大。大羊场旅游资源丰富且处于原始状态，亚高山草甸、贴地杜鹃、触手可及的雪山等具有较大的吸引力，同时随着“黎明—通甸”道路提质改造的完成，大羊场将作为老君山片区自驾、徒步旅游环线上的重要节点，因此具有巨大的发展潜力。

3. 市场趋势

（1）自驾旅游

随着国民经济收入水平的不断提高，自驾出游已经逐渐成为广大居民外出旅游的主要选择之一，尤其是在周末选择近程旅游目的地出行时，这种趋势更为明显。黎明至通甸的道路将大羊场串联进了老君山自驾旅游环线，对自驾游客具有较大的吸引力；同时，大羊场也靠近众多旅游景区，如黎明—老君山国家地质公园、罗古箐风景名胜区。因此，大羊场可以考虑将自驾游客作为重要目标群体之一。

（2）科考探险

大羊场箐花甸国家湿地公园内自然资源多样性丰富，包括森林植被资源、亚高山草甸、杜鹃灌丛、丹霞地貌等，科考价值较高；同时大羊场还靠近“三江并流”世界自然遗产老君山片区，其神秘性和原始性特点较为明显。因此，可以依托湿地公园和自然遗产吸引科考探险人群。

（3）高端度假

考虑到大羊场村旅游接待容量有限，以及周围环境的脆弱性，难以面向大众游客提供旅游服务。因此，可以考虑依托规划区内部和周围较为丰富的旅游资源，如彝族文化、雪山景观等，面向高端度假市场，打造精品野奢民宿。

（4）休闲露营

由于大羊场自然环境较为原始，也已经建成了基本的徒步步道，不少散客将大羊场作为户外徒步、露营的目的地。在后期的旅游规划中，可以进一步对相关的基础设施进行完善和提升，如徒步步道、露营基地，从而吸引该部分游客群体。

4. 市场定位

在对大羊场的客源市场进行定位时，应当充分考虑到大羊场的旅游区位，即其与丽江、大理等重要旅游目的地的关系，从而使其可以获得丽江、大理庞大的旅游市场中的一部分。因此综合考虑大羊场的地理区位和旅游区位，其市场定位主要如下：

（1）一级市场

以云南省内市场为主，尤其需要注重对怒江、大理、丽江、迪庆等周边客源市场的巩固，其中丽江和大理距离大羊场较近，是其旅游市场中最重要的组成部分。

（2）二级市场

以我国西南地区客源市场为主，尤其是注重对云南周边省份的客源市场进行开拓，如四川、重庆、贵州、广西等。

（3）机会市场

以国内其他旅游市场为主，其中长三角、珠三角以及高铁沿线省市是该部分市场的重要组成部分。

（4）其他市场

主要包括南亚东南亚市场、欧洲市场。

5. 市场预测

（1）预测依据

由于缺乏旅游统计数据，在对大羊场的旅游市场进行预测时，其基年数据主要是通过实地调查与当地旅游部门估计的方法获取。目前大羊场只有一处旅游接待设施，以年接待量 400 人次、人均消费 200 元进行估计，可以得出大羊场旅游收入为 8 万元；同时，2017 年，罗古箐村和情人坝共接待旅游人次 2.6 万人次，预计其中的 10% 前往大羊场开展旅游活动，即 2600 人次，按人均消费 100 元进行计算，可以得出该部分的旅游收入为 26 万元。综上，可以得出 2017 年大羊场旅游接待人数为 3000 人次，旅游收入为 34 万元。

（2）预测结果

大羊场主要预测结果如表 3.1.7 所示。

表 3.1.7　2018—2022 年大羊场旅游市场预测

年份	旅游人次增长率（%）	游客接待量（万人次）	旅游收入增长率（%）	旅游年收入（万元）	人均旅游消费（元）
2017（基期）	—	0.26	—	34	130.77

续表

年份	旅游人次增长率（%）	游客接待量（万人次）	旅游收入增长率（%）	旅游年收入（万元）	人均旅游消费（元）
2018	40	0.36	75	59.5	163.46
2019	60	0.58	100	119	204.33
2020	90	1.11	135	279.65	252.72
2021	80	1.99	125	629.21	315.90
2022	75	3.49	105	1289.89	370.05
2023	70	5.93	80	2321.80	391.53

二、总体构思

（一）案例参考

1. 高山牧场案例

（1）案例简介

清境农场是台湾休闲农业的经典项目之一，创建于1961年，位于台湾南投县仁爱乡，面积760公顷，海拔1748米，坐拥群山之间，可欣赏奇莱山日出的奇景，远眺合欢山积雪，山岚云雾缥缈，夕阳晚霞缤纷万变，夜晚仰望灿烂银河星空，年平均温度约16℃，早晚温差2~5℃，所以素有“雾上桃源”之美称，是台湾最优质的高山度假胜地。清境乡村农场利用优质的草场和山地景观资源，打造特色农场和风情民宿，吸引游客远离城市，体验独特的山地田园风光。

（2）经验借鉴

产业深度融合。清境农场拥有多个园区与多元化的产业，如属于第一产业的种植业、林业、畜牧业，如饲养许多种类绵羊的绵羊区、饲养世界各国牛种的牧牛区、分为温带水果区和高冷蔬菜区的高冷蔬果区、种植各种温带花卉的高山花卉区等；属于第三产业的旅游业、服务业，如国民宾馆、青青草原、畜牧中心、旅游服务中心、游客休闲中心、寿山园生态区、清境小瑞士花园等。第一产业与第三产业有机融合，互为支撑，相得益彰。

丰富游客体验。清境农场抓住了游客外出旅行的主要目的是玩，通过对好玩的节目的打造形成了它制胜的法宝，譬如羊咩咩脱衣秀、面具牛跑草原、高山草原滑草、云端上喝咖啡、高山上听民歌、游PUB、冬季赏雪等，极大限度地丰富了游客的体验（图3.2.1）。

台湾清境农场

案例简介

清境农场是台湾休闲农业的经典项目之一，创建于 1961 年，位于台湾南投县仁爱乡，面积 760 公顷，海拔 1748 米，坐拥群山之间，视野广阔，可欣赏奇莱山日出的奇景，远眺合欢山积雪，山岚云雾飘渺，夕阳晚霞缤纷万变，夜晚仰望灿烂银河星空，年平均温度约 16℃，早晚温差 2 ~ 5 度，所以素有“雾上桃源”之美称，是台湾最优质的高山度假胜地。清境乡村农场利用优质的草场和山地景观资源，打造特色农场和风情民宿，吸引游客远离城市，体验独特的山地田园风光。

经验借鉴

（1）产业深度融合
（2）丰富游客体验
（3）特色文化注入
（4）观赏步道打造

图 3.2.1　高山牧场案例图

特色文化注入。以本地摆夷文化为主题，打造包括节庆、美食等多重参与性文化体验，挖掘当地文化潜在价值。游客不仅可在清境认识摆夷舞蹈、泼水节、火把节等文化活动，还可品尝运用大量的如山椒、花椒等香料，结合高丽菜、猪头皮、黄鱼、吴郭鱼等各种食材，经过油爆、烤香之繁复程序，将辣椒的特性运用到极致，做成的一道道脍炙人口的摆夷料理，形成清境农场文化特色。

观赏步道打造。农场内部由一条主要车行路连通外部并串联各主要节点。同时通过搭建多重山体步道体系，完善内部交通的观赏性联动。内有六大各具特色的步道：在碧绿青翠像是湖泊般大片茶园中的“翠湖步道”、近距离接触羊群牛群的“畜牧步道”、于柳杉群林中享受森林浴的“柳杉步道”、最佳观落日美景的“落日步道”、拾级而上的“步步高升步道”，遍布白色法国菊玛格丽特的“玛格丽特步道”，这些步道群成为踏青、健行、赏景的连接网脉。

2. 杜鹃花海案例

（1）案例简介

百里杜鹃景区位于贵州省西北部、毕节市中部，隶属毕节市百里杜鹃管理区，总面积600平方千米。是国家5A级旅游景区、国家生态旅游示范区、世界唯一的杜鹃花国家森林公园、国家自然保护区；是全国低碳旅游实验区、亚洲·大中华区十大自然原生态旅游景区、世界上最大的天然杜鹃花园；主要景点包括红军广场、健生道（人名）、少数民族传统节日、古道遗迹、祭祀花神主题园、杜鹃花神庙、杜鹃花神等。

（2）经验借鉴

重视生态保护。景区通过制定各种发展规划，明确了景区的能力建设、基础设施建设、生态恢复、生态保护等方面的基本原则，在保护自然生态环境的前提下发展生态旅游。

提升基础设施。景区以更好地保护和开发利用优势生态资源，改善农村群众的生产生活条件为导向，建设通乡油路、通村公路、生态步道、观光车道；开发和改造景区景点，新建大型停车场、游客接待中心、主题公园、公厕、观景台，全面改善旅游基础条件。

拓展产业链条。景区将生态建设和保护作为振兴旅游业的基础性工程，建设经果林、花卉苗圃、金银花、蚕桑等特色种植基地，观光农业示范基地、杜鹃花科研基地、实验大棚，茶花、木兰、樱花、杜鹃、梅花等生态主题公园等项目，全面拓展产业链条（图3.2.2）。

贵州毕节百里杜鹃

案例简介：

百里杜鹃位于贵州省西北部、毕节市中部，隶属毕节市百里杜鹃管理区，总面积 600 平方公里。是国家 5A 级旅游景区、国家生态旅游示范区、世界唯一的杜鹃花国家森林公园、国家自然保护区；是全国低碳旅游实验区、亚洲·大中华区十大自然原生态旅游景区、世界上最大的天然杜鹃花园；主要景点包括：红军广场、健生道（人名）、少数民族传统节日、古道遗迹、祭祀花神主题园、杜鹃花神庙、杜鹃花神等。

经验借鉴

（1）重视生态保护
（2）提升基础设施
（3）拓展产业链条
（4）深挖民族文化

图 3.2.2　杜鹃花海案例图

深挖民族文化。景区将原生态民族文化作为提高旅游竞争力的根本途径，着力挖掘黔西北彝族文化精髓，丰富文化内涵，针对景区多民族聚居的特点，充分发挥彝族火把节、彝族年、祭花神、撮泰吉、铃铛舞、苗族跳花坡、满族颁金节等优势，着力打造展示性和参与性强的民族民俗文化，配套开发民俗旅游、刺绣蜡染、民族石刻、杜鹃花造型等民族特色文化旅游项目。

3. 扶贫开发案例

（1）案例简介

湖北省宜昌市车溪村，地处“两山夹一沟”的狭长地带，曾是远近闻名的贫困村。1997 年以前，大多数村民住的是土坯房，人均纯收入 900 多元。1997 年和 2010 年通过建设让车溪村完成了从穷山沟到富裕村的嬗变。目前的车溪风景区，以土家文化、农耕文化、“公社”历史文化为特色，由石仙谷、巴楚故土园、腊梅峡、农家博物馆、水车博物馆、奇石馆、天龙云窟、人民公社、风洞、忘忧谷十大景点组成。其景观系统特点是：一个主题——梦里老家，两大奇观——植物奇观、地质奇观，三种文化特质——民俗歌舞欣赏、农耕稼作展示、古代作坊表演，四种旅游特色——民俗风情游、休闲体验游、科普考察游、猎奇探险游。

（2）经验借鉴

品牌形象直击人心。贫困地区、民族地区不少村寨生态优美、空气清新、民风淳朴，自然生态资源丰富，民族民俗文化传承完好。生活在城市的人们，在享受丰厚物质生活的同时也饱受雾霾天气的困扰，在追求现代文明的同时仍忘不了儿时的记忆、乡情的依恋。车溪村将主题定位为梦里老家，唤起人们浓浓乡愁，品牌形象直击人心。

深挖本土特色基因。车溪之所以受到游客青睐，主要是体现了“梦里老家”这个特色：一是“土家窗口”，将土家传统民俗、土家传统工艺、土家传统文化比较完整地移植再现，让人们能够走进一个村寨、了解一个民族；二是“公社文化”，完整地保存了人民公社遗址，展现“公社”化时期的特殊场景，让人们永远铭记历史的挫折与教训；三是“水车之乡”，形态各异的水车，可提水灌溉、可扎竹造纸、可碾米磨面，把人与自然的关系演绎得惟妙惟肖。三大场景构成一幅完整的画面，足以唤醒人们儿时的记忆和浓郁的“老家”情结。由此可见，特色是乡村旅游的灵魂定位，也是乡村旅游的核心竞争力（图 3.2.3）。

湖北省车溪村

案例简介：

湖北省宜昌市车溪村，地处“两山夹一沟”的狭长地带上，曾是远近闻名的贫困村。1997 年，车溪村大多数村民住的还是土坯房，全村农民人均纯收入仅 900 多元。1997 年和 2010 年先后通过建设和提升车溪民俗风景旅游区让车溪完成了从穷山沟到富裕村的嬗变。依托车溪村自然景观发展起来的车溪风景区，以土家文化、农耕文化、“公社”历史文化为特色，由石仙谷、巴楚故土园、腊梅峡、农家博物馆、水车博物馆、奇石馆、天龙云窟、人民公社、风洞、忘忧谷等十大景点组成。车溪村巴楚民风古老淳厚，田园风光清新自然，其特点是：一个主题定位——梦里老家，两大自然奇观——植物奇观、地质奇观，三种文化特质——民俗歌舞欣赏、农耕稼作展示、古代作坊表演，四种旅游特色——民俗风情游、休闲体验游、科普考察游、猎奇探险游。

经验借鉴

（1）品牌形象直击人心
（2）深挖本土特色基因
（3）村企民共建共荣

图 3.2.3　扶贫开发案例图

村企民共建共荣。车溪村各级党委、政府积极研究政策、鼓励各类市场主体“下乡进村”，进军乡村旅游产业，对已经进入的企业要积极引导、增加投入，帮助做大做强，充分发挥龙头企业在乡村旅游开发中的带动作用。当然，企业在开发乡村旅游的过程中，也必须“入乡随俗”，尊重农民的意愿，考虑农民的利益，调动农民参与的积极性，让农民充分享受旅游开发带来的成果，形成村企共建、村企共荣的良性互动。

（二）发展方向

1. 发展思路

大羊场作为深度贫困地区，贫在没有产业支撑，困在缺乏产业推动。因此需要通过规划完善公益设施、开发特色项目、增加旅游体验，促进规划区景区化建设；借助“旅游 +”促进农产品商品化转变，推动农旅融合发展，推进大羊场产业全面升级，实现规划区内旅游业态精品化、特色资源产业化、生活生产优质化、民族风情特色化。

（1）旅游业态精品化。通过“旅游 +”方式，打造以旅游业为引领的“健康湿地”“彝家山寨”“高山牧场”“生态牧园”四组新业态，实现规划区一二三产融合，同时满足小众高端游客多样化需求，实现旅游业态精品化。

（2）特色资源产业化。依托规划区内绵羊、牦牛、虫草、杜鹃等独特资源，开发彝族美食坊、彝族民艺轩、乡土铺子等项目，实现特色资源产业化。

（3）生活场景优质化。一方面通过异地搬迁将村民集中于规划区，并在规划区建设蔓菁田、荞麦田等景观农田提升生产质量，打造精品民宿、文化传习所、太阳历广场等公共设施提升居民生活质量；另一方面通过建立农民充分参与和经济受益的机制，全面提升村民生活条件。

（4）民族风情特色化。规划区内主要聚居的民族彝族，其绚丽多姿的民族文化是一大资源亮点，通过深度挖掘彝族文化不仅有助于民族文化传承保护，同时可为景区游客带来特色民俗风情体验。

2. 发展战略

（1）牧旅融合

纯粹地发展高原牧业往往会面临产品价值不能实现、产品滞销等风险，通过以旅促牧，牧旅融合的方式，推进大羊场产业结构调整升级，使得大羊场从原来只是单纯的牧场发展为观光型牧场，将其打造成一个集观光休闲、游牧体验、乡野度假、科普探险于一体的游憩胜地，实现一产、二产、三产的深度融合，为当地经济注入活力。

（2）品牌塑造

鉴于大羊场旅游容量有限，只适合发展小众旅游，因此以“营地”的理念打造知名旅游营地，将大羊场打造为兰坪旅游新的增长极、怒江州3A级景区、云南体验旅游新王牌。一方面可以打造成为云南省新兴“营地”旅游新业态，另一方面可以成为黎明景区与罗古箐景区的连接点。

（3）一户一业

摆脱贫困是当前大羊场所面临的艰巨任务，让彝家乡村脱贫的途径是通过发展体验性旅游，以为外来旅游者提供服务作为主要方式。为此，规划适应于当地居民民众开展的旅游项目，为每一户量身打造适合其发展的产业或工艺项目，通过“授人以渔”方式实现“造血式”扶贫。如“虫草”专业户、“腊肉”专业户、“矮马”专业户、“犏牛”专业户等。

3. 发展定位

（1）性质定位

立足大羊场现有的资源优势与景观特色，打造以高山草甸营地为主题，以高原农业为抓手，以脱贫增收为目标，以彝族文化为特色的高山草甸营地。

以草甸营地为主题。通过草甸营地、牧场营地、高山营地、乡村营地的组合的打造，给游客带来震撼性的露营旅游体验。

以农牧产业为抓手。立足高原特色农牧业，延伸农牧产业链，嫁接农牧业与旅游业，将农牧业产品打造成为旅游业的产品。

以脱贫增收为目标。立足精准扶贫目标，建立村民参与建设，扩大村民增收渠道，将大羊场打造成为自力更生式脱贫的样板。

以彝族文化为特色。深度挖掘当地彝族传统文化特色，通过彝族工坊、彝族节庆、文化传习等方式，为大羊场旅游区注入文化灵魂。

（2）形象定位

花海隐牛羊，天际有字溪

大羊场是普米族世代放羊的地方，被称为公都——高山之巅羊场，是老君山最宽阔的高山草场，海拔3200米，素有最接近天堂的牧场之称，点点羊群在杜鹃花海中若隐若现，涓涓溪流仿佛天上之水，千回百转穿流而过，五彩花草随风摇曳，漫步于高山花海草甸间、置身于大羊场广袤天地间，感受大羊场的壮阔之美，仿佛漫步云端之上，不禁有此景只应天上有之感。

大美大羊场，云端五彩甸

滇西醉美草甸，高山雪域羊场

高山草甸，绝美花境

忘忧草甸，天空牧场

草甸秘境，大美羊场

4. 发展目标

（1）景区目标

总体目标：高山营地旅游胜地。

空间定位：滇西北野奢旅游营地、云南省体验型旅游地标杆、中国高山草甸营地旅游典范。

经济目标：到2020年游客总量达2000人次，人均旅游消费达到600元，旅游总收入达到1200万元，全村经济实力稳步提升，家家户户实现脱贫致富。

文化目标：村民具备独立从事旅游业的素质和能力，当地彝族文化和传统工艺得到有效保护和传承。

生态目标：村容村貌干净整洁，生态环境优美舒适，村民环保意识强烈，建设成为生态环境优美、民族文化独特的高原生态乡村。

社会目标：村民生活水平大大提高，社会秩序保持和谐稳定，建设成为生态优美、生活富裕、产业兴旺的现代人理想生活的家园。

（2）社区目标

改善基础设施：结合旅游开发建设，改善大羊场村的基础设施，包括乡村道路、给水排水、电力电信、环境卫生、防灾安全等，全面提升乡村基础设施条件水平。

带动农村经济：结合美丽乡村建设，优化农村产业经济结构，发展以旅游接待为主导的服务业，开展以农副产品加工为特色的产品商贸业，结合环境美化开辟生态观光农业，促进农村经济发展。

提高村民收入：通过“旅游＋产业”模式的综合开发，为当地居民增加就业机会、开辟创收渠道，带动大羊场村脱贫致富，培育1~2户旅游脱贫致富带头人，使当地居民人均纯收入从2000元提高到人均10000元。

弘扬民族文化：在积极挖掘彝族传统文化内涵的基础上，建设一个文化传习馆，发掘培养若干民族传统文化、民间工艺品传承人，形成特色鲜明的民族文化景观。

（三）空间布局

1. 空间要素

大羊场村的旅游空间要素可分为三级：旅游区、景区、景点。

（1）旅游区：以大羊场村为中心的相关区域范围。开发建设内容包括入口设置、外部道路、内部游路、水电系统、通信系统、接待设施、游览设施、解说系统等，形成旅游区开发建设的管理空间。

（2）景区：大羊场村的游览空间，分为三个功能区。开发建设内容包括功能方向、项目配置、游览道路、接待设施、解说标牌等，构成旅游区的功能控制空间。

（3）景点：大羊场的游览单元。功能区之下的游览对象，包括山体景点、水体景点、林木景点、建筑景点、人文景点、活动项目等，是开发建设的实体单位。

2. 空间结构

在综合考虑规划区用地功能、景观格局和场地环境的基础上，结合村落、河流、牧场、草甸、山地等资源的分布状况，构筑“一心三区”的空间格局。

一心：旅游集散中心。它主要承担迎送游客、游客服务管理、文化展示、停车服务等。

三区：旅游景区。包括云端牧场（农牧生态区）、天空花甸（草甸休闲区）、雪域彝村（民族风情区）（图 3.2.4、图 3.2.5）。

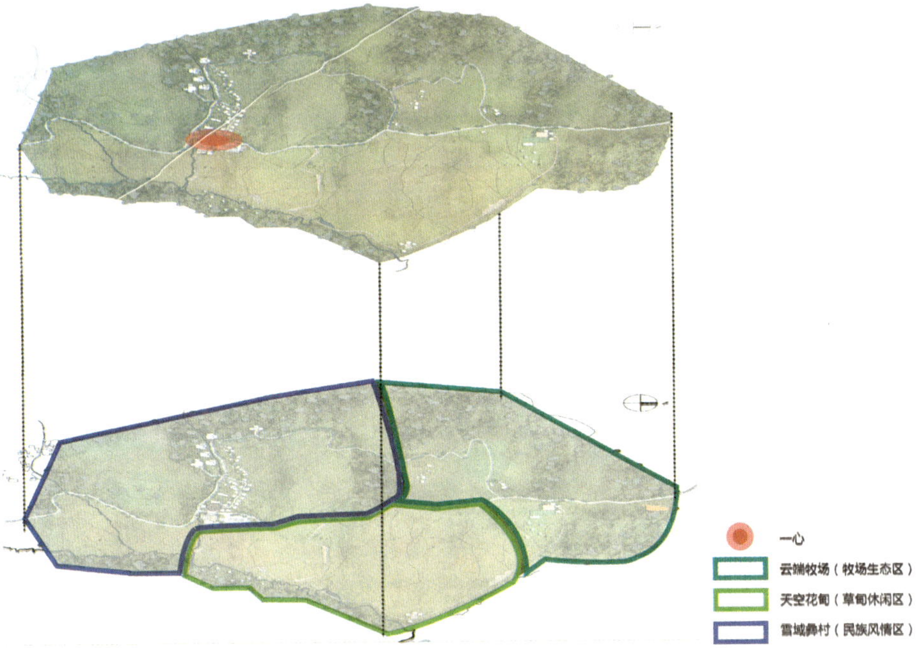

图 3.2.4　空间结构图

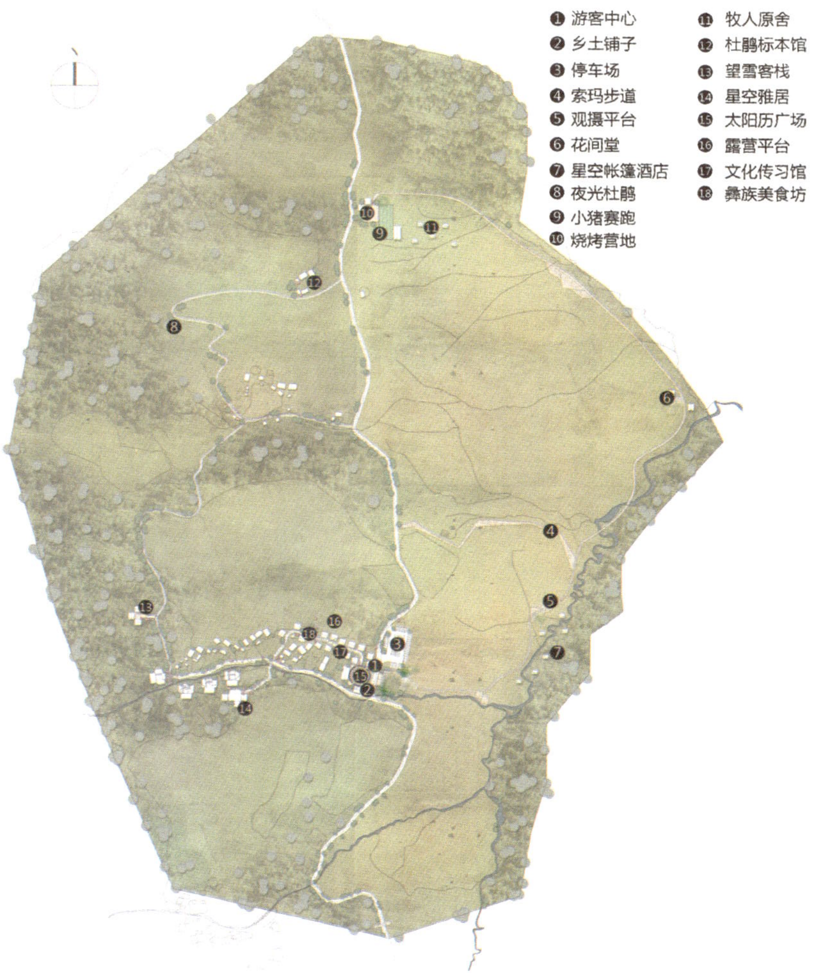

1 游客中心
2 乡土铺子
3 停车场
4 索玛步道
5 观摄平台
6 花间堂
7 星空帐篷酒店
8 夜光杜鹃
9 小猪赛跑
10 烧烤营地
11 牧人原舍
12 杜鹃标本馆
13 望雪客栈
14 星空雅居
15 太阳历广场
16 露营平台
17 文化传习馆
18 彝族美食坊

图 3.2.5　总平图

3. 功能分区

根据规划区的资源分布，结合各个区域主要特征，将整个规划区划分为三大功能分区。具体内容如表 3.2.1 和图 3.2.6 所示。

表 3.2.1　功能分区与项目体系表

分区	项目组	项目
天空花甸	漫步花溪	索玛步道、松杉栈道、亲溪石道、摄影平台
	五花草甸	热气球观花、草药寻迹、马术骑行、风筝画坊、滑翔基地
	观星原野	星空帐篷酒店、原野露营基地
云端牧场	溢彩花田	夜光杜鹃、田埂步道、蔓菁田、苦荞田、洋芋田、杜鹃田
	生态牧园	亲子牧场、小猪乐园、烧烤营地、牧人原舍
	游乐天堂	荞香茶座、牧场小火车、植物标本馆、卡丁车场、射箭场、滑草场
雪域彝村	彝家小筑	文化传习馆、彝族美食坊、彝族民艺轩、彝族乐舞坊
	雪景民宿	望雪客栈、荒野餐厅、星空雅居、月琴书吧、彝疗会馆
	火塘广场	游客中心、乡土铺子、生态停车场、太阳历广场、花样秋千、露天影院、山地驿站、露营平台

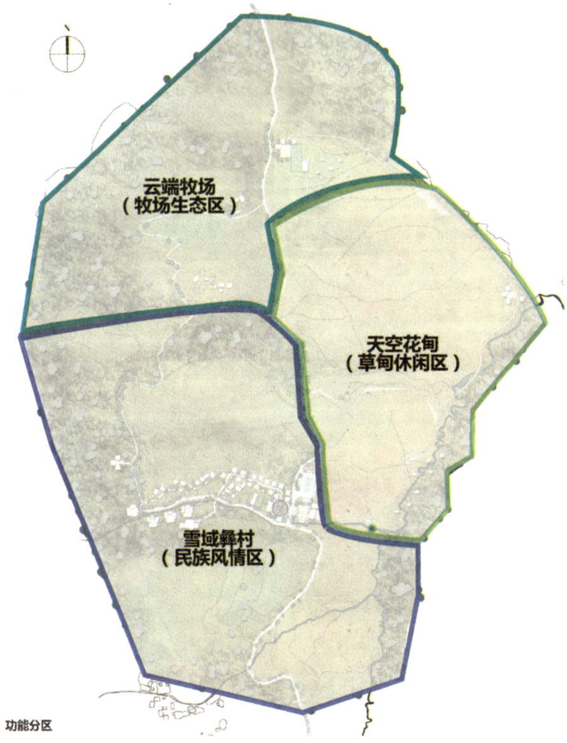

图 3.2.6　功能分析图

4. 旅游业态

大羊场规划区需要打破以往缺乏主导产业推动的局面，需要走以旅游业为主导的多产业融合路径，形成“健康湿地”“彝家山寨”“高山牧场”“生态田园”四大新业态，实现有多种产业支撑的稳定脱贫模式（表 3.2.2、图 3.2.7）。

表 3.2.2 旅游业态表

健康湿地 旅游 + 户外运动	彝家山寨 旅游 + 民俗文化
高山牧场 旅游 + 高原牧业	生态田园 旅游 + 生态农业

健康湿地：围绕峡谷花甸区的湿地溪流、杜鹃花海等特色景观，遵循生态环保基础要求，以休闲观光为主导融合户外徒步，建设生态步道、观景平台、草甸营地、马术骑行等项目，打造草甸湿地户外徒步旅游业态。

彝家山寨：以彝族村落为中心，以旅游业为龙头融合民族文化，建设一个彝族文化特色村，从乡村环境、民居建筑、文化展示、活动编排等方面，打造彝家山寨的旅游业态。

高山牧场：以畜牧养殖为重点，开发牛羊观园、小猪赛跑、烧烤营地等项目，打造兼具观光休闲与游牧体验功能的高原生态牧业。

生态田园：通过旅游业 + 农业的方式，以生态绿色高标准景观化打造高原农业，建设杜鹃田、蔓菁田、荞麦田、洋芋田、荞香茶座、养生农舍等项目，打造田园农庄旅游业态。

三、项目产品

（一）旅游产品

产品体系包括一大核心产品、两大基础产品、三大特色产品。

1. 核心产品

营地度假：依托广阔高山草甸资源，开发草甸露营、牧场露营、乡村露营等风格各异的露营项目，形成以彝族观星文化为主题的“星空帐篷”、以彝族游牧文化为主题的“马车营地”、以为彝族建筑文化为主题的“木屋营地”等多元营地聚落，为游客提供全方位、多样化营地度假体验。

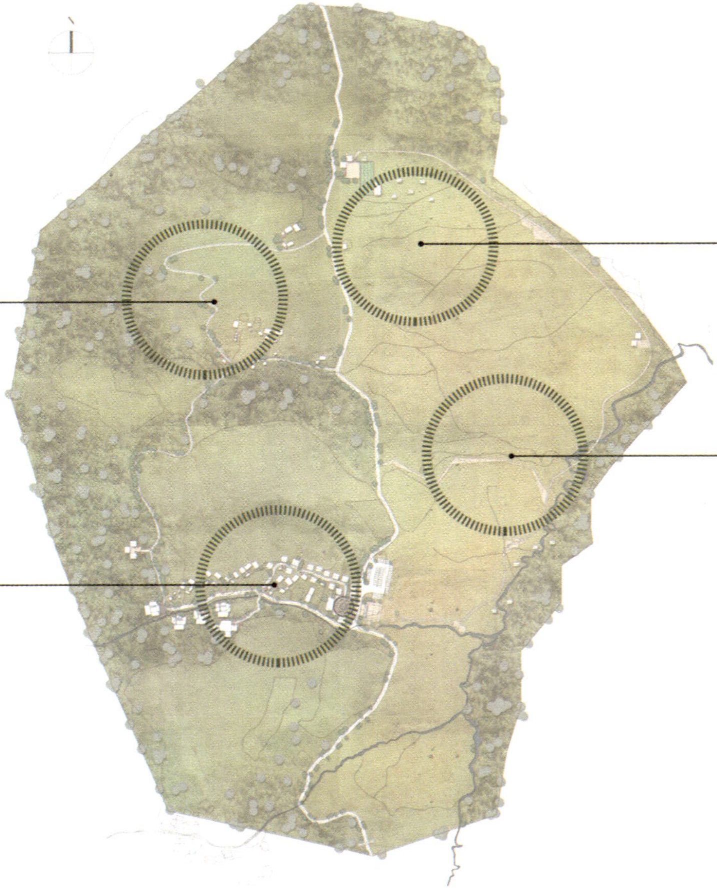

生态田园
通过旅游业 + 农业的方式，以生态绿色高标准景观化打造**高原农业**，建设杜鹃田、蔓菁田、荞麦田、洋芋田、荞香茶座、养生农舍等项目，打造田园农庄旅游业态。

彝家山寨
以彝族村落为中心，以旅游业为龙头融合**民族文化**，建设一个彝族文化特色村，从乡村环境、民居建筑、文化展示、活动编排等方面，打造彝家山寨的旅游业态。

高山牧场
以畜牧养殖为重点，开发牛羊观园、小猪赛跑、烧烤营地等项目，打造兼具观光休闲与游牧体验功能的高原**生态牧业**。

健康湿地
围绕峡谷花甸区的湿地溪流、杜鹃花海等特色景观，遵循生态环保基础要求，以休闲观光为主导融合**户外徒步**，建设生态步道、观景平台、草甸营地、马术骑行等项目，打造草甸湿地户外徒步旅游业态。

图 3.2.7　旅游业态图

2. 基础产品

湿地观光：依托杜鹃花海、蜿蜒溪流、湿地植被等资源，开发索玛步道、亲溪石道、松杉栈道、观景平台、草药寻迹等项目，为游客提供湿地观光科考体验。

游牧体验：依托大羊场高原养殖特色资源，开发牛羊观园、马术骑行、牧人原舍等项目，为游客提供原始游牧体验。

3. 特色产品

生态美食：依托丰富高山物产，融入具有地方特色和民宿特色的烹饪方法，为游客提供独特生态美食体验。

高山户外：通过建设各类步道、热气球、滑翔伞等项目，为游客提供高原徒步、低空运动等充分融入自然的运动健身体验。

彝族风情：依托原真彝族文化资源，深挖饮食文化、节庆文化、服饰文化等特色民族文化，为游客提供特色鲜明的民俗风情体验（图 3.3.1）。

图 3.3.1　产品体系图

图 3.3.2 总体鸟瞰图

（二）景观系统

1. 四大景观意境

（1）五花草甸。大羊场是普米族世代放羊的地方，高山草甸向来被认为是大羊场的标志性景观。这里种植了英国进口的红白三叶、黑麦等优良草种，改良草场面积4000亩、人工种草1000多亩，绿草茵茵，草色弥漫；然而，这无边的草景却总被争奇斗艳的繁花抢去风头，每年春夏交替之际，随处狼毒染夏，漫甸杜鹃摇曳，草甸成了花的海洋，五颜六色地装点着这片高山草甸。

（2）幽谷溪流。受交通和社会生产力的限制，大羊场的四季都是静悄悄的，人类活动产生的声音全被空旷的自然消纳，只余下天空中流动的云彩、草甸中穿行的溪流记录着时间的流逝。这壮阔的草甸是与自己对话、放空、冥想的绝佳之境，天上的浮云、溪涧中的流水是这静谧之中的乐曲，以极缓的节拍演奏着大羊场的乐章。

（3）田园牧歌。规划区内将建设溢彩花田等项目组团，彝族村民们在这片土地上耕种游牧，牛羊散落隐于花草间，彝族村落袅袅炊烟，在远处皑皑雪山的映衬下更显一派静谧和谐的田园牧歌景象。

（4）雪峰环绕。大羊场境内并无雪山，却能产生“雪山触手可及”的视觉效果。

北面梅里雪山和哈巴雪山赫然屹立，西面的碧罗雪山近在咫尺，东北面的玉龙雪山十八峰历历在目，东面的老君山五子峰排列眼前。四围群山，云雾缭绕，让人不禁有置身于仙境的感觉。

2. 四季景观时序

（1）春沐芳草地。大羊场的春天是清新的，春天的风轻拂脸庞，软软绵绵；春天的草轻声呼吸，偷偷地替草甸换上绿装；春天的字溪刚刚解冻，叮叮咚咚缓缓穿行；春天的牛羊得到主人解禁，开始在青青草地上肆意徜徉，所有的一切都有一种如释重负的感觉，绿色的大地包容一切，以清新的绿装迎接新一轮的更替。

（2）夏赏百花艳。大羊场的夏天是艳丽的，狼毒花，红色、粉色、黄色、紫色杜鹃纷纷登场，力压大羊场那一片青青草地，将大羊场的清新气质改写成艳丽浓妆，实现了从森林到灌木丛到草甸的立体覆盖，杜鹃花品类之多、花叶之繁无不让人惊叹，绚丽的颜色点燃了大羊场的整个夏天。

（3）秋观层林染。大羊场的秋天是彩色的，起伏的地势、纷繁的树种为大羊场的秋天设置了天然的景观层次，是摄影爱好者不可错过的时节。

（4）冬吟白雪诗。大羊场的冬天是洁白的，皑皑白雪覆住枯草和裸露的地表，给大羊场一次重生。冬季的大羊场更加沉寂了，目之所及都被白色相拥，字溪的轮廓得以完整显现，是见证大自然鬼斧神工的绝佳之机。

（三）项目体系

1. 游客中心

游客中心位于旅游区南部，地势平坦开阔，是旅游区的出入口服务区和第一印象区，也是游客的集散中心。该区功能定位为景区管理、游客集散、接待服务。以游客服务中心为主体建筑，环中心配套乡土铺子、生态停车场等项目。

（1）游客中心。选择旅游集散中心开阔处，建设与周边环境相协调的游客服务中心。游客服务中心要求：一是凸显主题，结合“高山草甸”“杜鹃花海”“彝族文化”等元素传达景区意境；二是艺术打造，赋予游客服务中心艺术形象，增加景观和视觉效果；三是和谐协调，中心建筑要与周边环境融为一体，又要考虑道路、车流、人流等因素。

（2）乡土铺子。在游客中心旁建设一乡土铺子，将大羊场的众多独具特色的乡土特产统一品牌在此出售，如羊毛毡、火熏腊肉、虫草、酥油茶等，均可作为游客伴手礼的售卖地，提升村民增收途径。

（3）生态停车场。选择游客服务中心旁的平整土地，建设适合各种动力车型的生态停车场。生态停车场合理布局汽车、电瓶车等车位。注重停车场景观化，考虑使用乔木遮阴、绿化铺地、绿化隔离等方式。游客可在此换乘牛车、马车、两轮车、越野车等景区内部交通。

2. 天空草甸

天空草甸位于规划区东侧的湿地草甸内，以“草甸风情”为主题，打造“漫步花溪”“五花草甸”“观星原野”三大项目组团。

（1）漫步花溪

漫步花溪主要以徒步式的步道项目为主，包括索玛步道、松杉步道、亲溪石道、摄影平台四大项目（图 3.3.3）。

图 3.3.3　漫步花溪意向图

索玛步道。杜鹃花是彝族火把节传说中聪慧美丽的妮璋阿芝的化身，彝族将杜鹃花称为索玛花，代表着吉祥如意。海拔较低的花甸利用木石材料修建休闲赏花步道，使游客能置身花境，近距离欣赏杜鹃花海。

松杉步道。松杉步道规划建设在湿地草甸东侧沿峡谷依山而建，连接各大观摄平台，同时也和索玛步道等步道一起，构成规划区内部徒步环线；另外也起着串联老君山片区徒步旅游线路的作用。

亲溪石道。依托规划区范围内南北流向的大羊场河——字溪，修建一条隐于草中、融于景里的石子小径，让游客可近观字溪之蜿蜒，听溪水之潺潺。

摄影平台。草甸以东的峡谷之上可搭建 2~3 个观景摄影平台，平台西望，由远及近分别是冷杉松林、彝村牧场、花海草甸景观，可将大羊场美景尽收眼底，也是摄客拍照的绝佳位置。

（2）五花草甸

五花草甸主要以草甸游览娱乐项目为主，打造热气球观花、马术骑行、风筝画坊、草药寻迹、滑翔基地五大项目（图 3.3.4）。

图 3.3.4　五花草甸意向图

热气球观花。在杜鹃花盛开的季节，大羊场将会举办热气球节，届时游客可以在高空中俯瞰大羊场“花海隐牛羊”的胜景。而且热气球在延绵千里的五彩花浪中缓缓升起也将成为大羊场的又一美景。

马术骑行。大羊场马匹种类较多，游客在此不仅可以看到各类骏马，还能在专业辅导师的指导下骑上马背，圆一次策马草原、放飞心灵的梦，在梦幻的花海草甸里体验“乱花渐欲迷人眼，浅草才能没马蹄”的诗词美景。

风筝画坊。在地势平坦处用环保木材设计建造一个画廊，游客可在画廊中购买或自制风筝，或在素白的风筝上画下心中的大羊场，此项目可吸引绘画爱好者到此大显身手，成为一个户外写生基地，也是一个画展中心，为大羊场嵌入艺术元素，形成大羊场新的一景。每年还可举办风筝节。

草药寻迹。大羊场这片神秘的土地上隐藏着许许多多的草药，如两片叶、益母草、奶浆草等，可谓“一步踏三草，草草皆是药”。游客在当地村民的引导下开展草药寻迹的体验，享受发现草药的惊喜，收获知识的满足。

滑翔基地。利用大羊场高山地势，建设滑翔基地。大羊场顶部平坦，是理想的滑翔基础。

（3）观星原野

观星原野选址于草甸上观测星空最美之处，主要打造星空帐篷酒店、原野露营基地两大项目（图 3.3.5）。

图 3.3.5　观星原野意向图

星空帐篷酒店。用防水防晒的环保材料设计搭建 7 个以北斗星命名的星空帐篷酒店，游客可以挑选自己心仪的星座入住，帐篷 25~40 平方米，正床头的帐篷顶端设计有可遥控开关的透明天窗，实现游客仰卧观星的极致野奢体验，感受高山之巅的魔力星空。夜晚帐篷灯光亮起，也可称为地上北斗星景观，与天空星空遥相呼应。

原野露营基地。为弥补帐篷酒店接待量不足的问题，加之考虑湿地应尽量减少固态建筑的特点，选取地势平坦的一块草甸，规划一片帐篷营地，让自驾游客可以自带或租赁帐篷在此自行搭建帐篷休息住宿。

3. 云端牧场

云端牧场位于大羊场规划区西北部大面积的农田、草甸，以“牧场风情”为主题，依托大羊场大片农田草甸景观，主要打造溢彩花田、生态牧园、游乐天堂三大组团。

（1）溢彩花田

溢彩花田位于牧场的南部，地势较高，依托大片的农田景观，以观赏花田景观、欣赏营地夜景为核心内容，开发夜光杜鹃、田埂步道、杜鹃田、蔓菁田、苦荞田、洋芋田 6 个项目（图 3.3.6）。

图 3.3.6 溢彩花田意向图

夜光杜鹃。在溢彩花田的制高点建设一棵外观为“大树杜鹃”的灯光树，作为大羊场夜间的一大标志性景观。这棵人工装扮的大树杜鹃也可作为许愿树，在树枝上挂上游客写有愿望的木牌。通过夜间浪漫的色彩和鲜明的形象提升游客的露营体验。

田埂步道。保持田埂原有的自然肌理，有序连接、适度拓宽，将田埂改造成若干条夜景灯光步道，通往“大树杜鹃”许愿树。由于溢彩花田区域地势较高，游客可通过步行栈道进行夜游，将营地景象尽收眼底。

杜鹃田。择一块田地用于种植杜鹃花，打造一片杜鹃田。既可以作为景观，吸引人流摄影留念；也可延伸杜鹃花产业链，通过多元创意，挖掘出杜鹃标本、药用杜鹃等商机。

蔓菁田。择一块田地用于种植当地特色作物——蔓菁，打造一片蔓菁田。蔓菁是一种食用蔬菜，具备开胃下气、利湿解毒的功效，供炒食、煮食或腌渍，可作为一道特色菜向游客展示销售；蔓菁花是一种中药材，具有补肝明目、敛疮之功效，开花时又具备一定的景观价值。

苦荞田。择一块田地用于种植当地特色作物——苦荞，打造一片苦荞田。苦荞是自然界中甚少的药食两用作物，既是能当饭吃的食品，又有着卓越的营养保健价值和非凡的食疗功效。苦荞开花时具有一定的景观价值，果实又可制成茶饮，每日饮用对三高患者有辅助治疗作用。

洋芋田。择一块田地用于种植当地主要作物洋芋，打造一片洋芋田。在开花期，洋芋田以成行小白花作为田间点缀，可达到一定的观赏效果。除了观赏价值之外，洋芋田还可以为接待游客提供基本的有机食材。

（2）生态牧园

生态牧园由放养牛、羊等牲畜的牧场地和舍馆组成，以欣赏牧场风景、与动物亲密接触、制作加工品等为核心内容，开发亲子牧场、小猪乐园、烧烤营地、牧人原舍 4 个项目（图 3.3.7）。

图 3.3.7　生态牧园意向图

亲子牧场。与动物的相处是人亲近大自然的一种方式，尤其是儿童与动物有着天然的和谐关系。依托大羊场放养的牦牛、犏牛、绵羊、山羊等，打造一个以动物观赏、喂养体验为主要功能的亲子牧场，不仅能激发人们活跃、好奇的天性，而且有助于培养儿童对家庭和自然的热爱。

小猪乐园。这里是生态猪的主要饲养基地，同时也是游客与小猪亲密接触的乐园，训练当地小猪完成跑道比赛等技术动作，即可开展小猪赛跑、小猪表演等旅游项目。游客可以在此观赏小猪表演，也可与小猪进行亲密互动。

烧烤营地。依托大羊场原生态的肉类食材，在牧园择一处打造烧烤营地，供游客进行户外烧烤。游客购买本地食材后，按需求租赁不同规格的烧烤器具，就可以自助烧烤，也可请当地村民为其提供服务。

牧人原舍。在牧场附近设置牧场风情的特色营地，既可作为村民放牧居所，亦可以作为游客游牧体验的住宿之所。原舍外观为马车形状，车轮着地对草地的侵占面积最小，内饰采用牛角羊角等饰品，突出牧场风情。

（3）游乐天堂

将村寨北部、临近民居的一片牧场打造成游乐天堂，游乐天堂以为游客提供户外运动、娱乐休闲体验为核心内容，开发荞香茶座、牧场小火车、杜鹃标本馆、卡丁车场、射箭场、滑草场 6 个项目（图 3.3.8）。

图 3.3.8　游乐天堂意向图

荞香茶座。在牧场合适区域设茶座，外观突出彝族特色，营造舒适、惬意的休憩氛围，让游客体验荞香与茶香交融的极致享受。在经营范围上，可提供当地特色苦荞茶，同时还可配以啤酒、风味小吃、烘烤食品等。注意选址不要太靠近村寨和露营区，以免扰人休息。

牧场小火车。推出观光小火车作为大羊场的特色交通工具，既可用于旅游观光运输，又是牧场内一道亮丽的风景线。小火车可采用仿古蒸汽式火车的外观。

植物标本馆。大羊场的高山植物是大自然赠予人类的宝贵财富，常见的草本植物有野青茅、高山龙胆、高山苔草、草血竭、鹿蹄草、报春花、东方草莓等，具有较高的观赏价值和科考价值。建设一座植物标本馆，一方面展示杜鹃花各类品种、使用价值、历史文化；同时收集大羊场各类珍稀植物标本，帮助四方游客了解大羊场的生态多样性。

卡丁车场。卡丁车运动是汽车运动中的一个特殊类别，不仅可作为汽车场地竞赛中的一个项目，同时也是一个大众休闲、健身娱乐的项目。选择合适场地开辟卡丁车场，开展卡丁车运动项目，还可设置亲子卡丁车、情侣卡丁车等，让游客借助卡丁车有惊无险地过把赛车瘾。

射箭场。在牧场开辟一处射箭场，为游客提供射箭活动。射箭活动消费便宜，参与性强，使游客在欣赏美景的同时，还可以体验到百发百中、百步穿杨的竞技乐趣。

滑草场。在牧场地势开阔、坡度适宜区域开辟一片滑草场，安置滑草运动的主要用具——滑草车。滑草运动是由冬季流行的运动滑雪延伸出来的，其动作和技巧与滑雪基本相同，滑草场的建设能使游客在大羊场感受到滑雪一样的乐趣。

4. 雪域彝村

雪域彝村位于规划区内村落集中的片区，地势为西高东低，可作为整个旅游区的彝族风情体验中心，开发雪景民宿、火塘广场、彝家小筑三大项目组团（图 3.3.9）。

（1）雪景民宿

雪景民宿由区外移民构成，主要分布在雪山彝村片区上部位置，以野奢体验为主题，开发望雪客栈、荒野餐厅、星空雅居、月琴书吧、彝疗会馆 5 个项目（图 3.3.10 至图 3.3.12）。

图 3.3.9　雪域彝村鸟瞰图

图 3.3.10　雪景民宿意向图

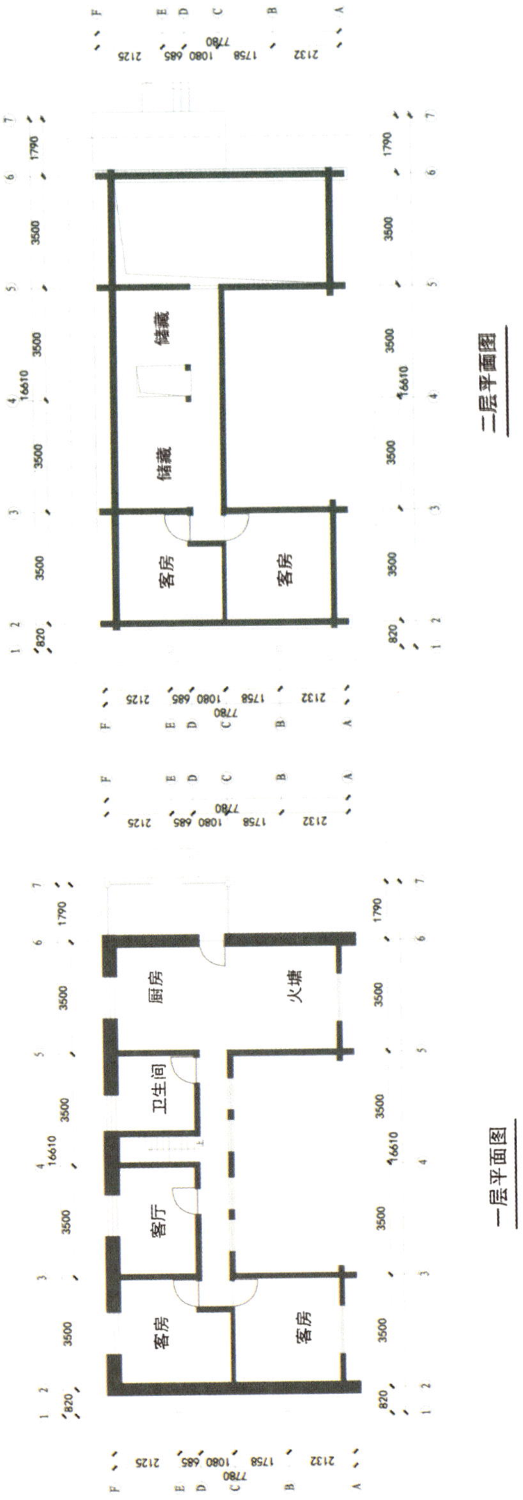

占地面积：127m²
建筑面积：254m²

图 3.3.11　望雪客栈 A 平面图

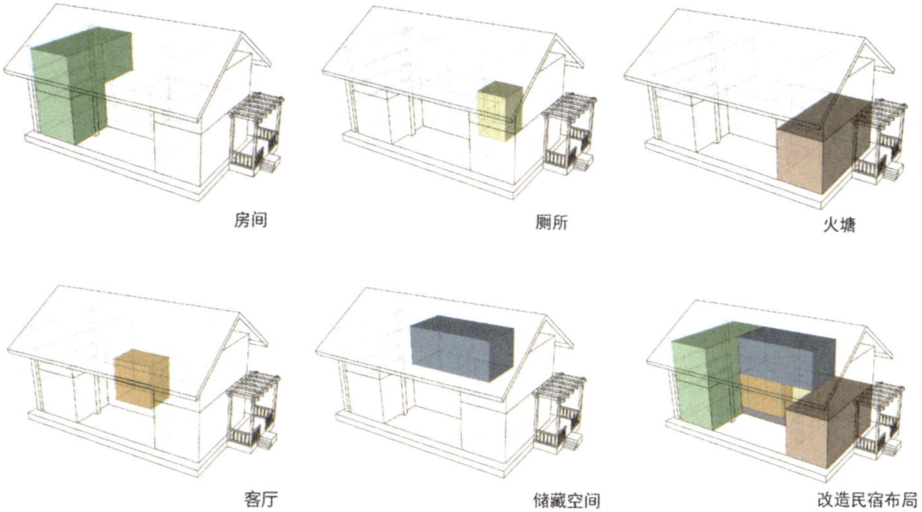

图 3.3.12 望雪客栈 A 布局图

望雪客栈。此区域位于雪山对面的山体坡地，南面可见雪山触手可及，可以依托这一景观优势，依靠移民搬迁打造“开窗即雪山”的望雪客栈。游客可以和当地人一起体验高原生活的乐趣，也可以观赏雪山的美景以及高原美丽风光；村民可以提升自我的生活品质，也可以从中获取收入（图 3.3.13，图 3.3.14）。

荒野餐厅。依托此地区具有荒野特点的自然环境，通过移民搬迁建造一所具有荒野风格的木质餐厅。其建筑风格可以参照美国西部那种具有荒野性质的建筑，内部装饰可以参照西部牛仔风。可以为游客提供一个品尝野味美食的平台，也可为移民搬迁来的村民提供就业岗位和致富手段。

星空雅居。依托高原天空纯洁、干净的特点，在特定的区域打造一所适宜观赏星空的居所，整个建筑以木质结构为主，配套望远镜等设施，提供居住、冥想、观赏、游览等服务。游客可以在此处观看夜晚的星空，也可以观赏山下的魅力景色。

月琴书吧。依托彝族传统器乐中的月琴打造情感书吧，书吧以暖色调作为主色调，提供看书、喝咖啡、喝茶、留言等服务。可以为游客提供一个休闲的场所，也可以为当地村民提供一个休闲的好去处，提升当地人的生活品质。

彝疗会馆。依托彝族传统治疗方法建立一所医疗会馆，可以传承包括敷治法、烧治法、熏蒸法、洗浴法、刮治法、提筋法、针刺放血法、取治法等10余种彝族传统疗法，也可以开展一些高原保健活动，保障游客和当地村民的身体健康，提升这一地区整体的医疗保障水平。

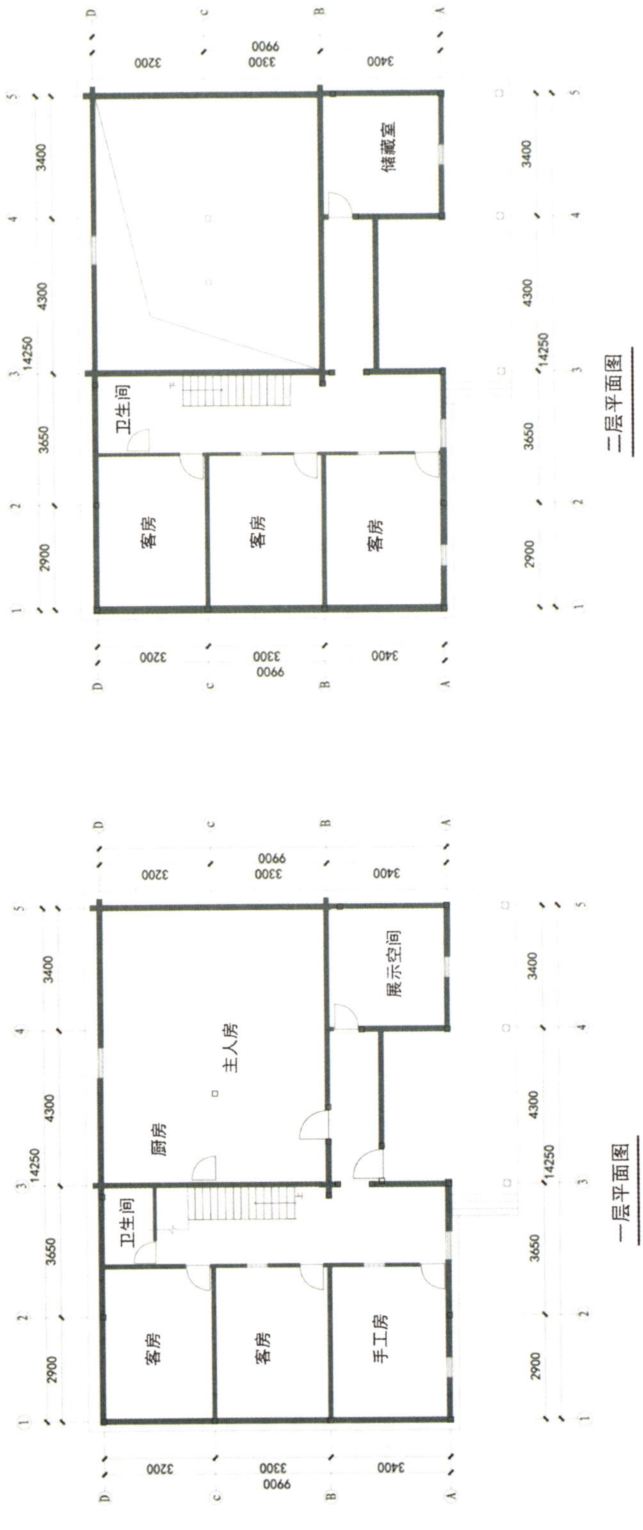

占地面积：174m²
建筑面积：290m²

图 3.3.13　望雪客栈 B 平面图

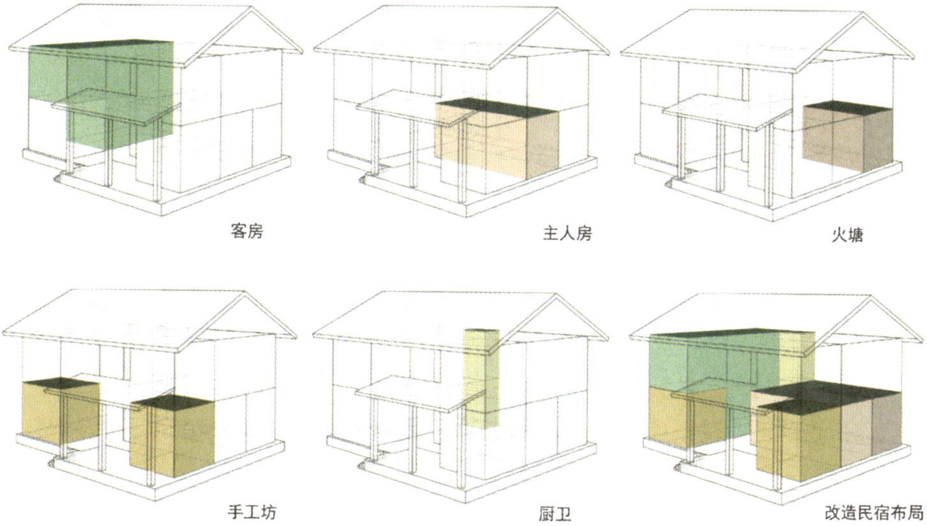

图 3.3.14 望雪客栈 B 布局图

（2）火塘广场

火塘广场位于雪山彝村片区的村落聚集地，以彝族文化为主题，打造太阳历广场、花样秋千、露天影院、山地驿站、露营平台（图 3.3.15）。

图 3.3.15 火塘广场意向图

太阳历广场。太阳历广场对应着观测星月的文化，和草甸的观星帐篷一起体现彝族历法文化，在太阳历广场中设置一处火塘，可以是日常熏肉烤食品所用，也可作为夜晚篝火晚会的中心。周边可以设置一些游乐项目以及休闲设施，供游客休息娱乐。

花样秋千。该项目主要布局在太阳历广场的周围，采用彝族传统体育中的“磨秋”作为基本元素，结合现代秋千的一些元素，使用不同材质打造不同样式的秋千，可以建造木质秋千、石板秋千等，为游客打造各色秋千体验。

露天影院。该项目布局在太阳历广场西侧，可容 200 人露天观影。

山地驿站。为满足规划内的各类游憩活动，同时考虑到大羊场海拔高、气候变化大的特点，规划修建一处高原木楞房驿站，以出租帐篷、烧烤器具、山地越野车、披毡大衣等为主。

露营平台。依托片区内已有彝族住宅设计相对应的露营区域，以木板为主要材料，配套水、电等基础设施，打造集帐篷搭建、山地野炊等功能于一体的露营平台，每处露营平台占地约 9 平方米，露营活动所需食物、燃料等材料可由邻近居民有偿提供。

（3）彝家小筑

彝家小筑主要分布在雪山彝村片区传统片区，以“彝村彝情”为主题，打造文化传习馆、彝族民艺轩、彝族乐舞坊、彝族美食坊四大项目（图 3.3.16）。

图 3.3.16 彝家小筑意向图

文化传习馆。以原有彝族小学为基础，建设具有彝族特色的文化馆，可以作为当地的教育中心继续使用；同时，也可以作为传习传统彝族手工技艺如刺绣、羊毛毡制作等技艺的场所。

彝族民艺轩。该项目选址于四合院，以大羊场彝族的特色手工技艺为基础，如服饰、刺绣、羊毛毡等产品的制作，同时在原有技艺基础上进行加工改良，使其制作过程更加规范、产品更加精致，既满足当地居民的生活所需，同时也能使游客参与进来；制成品可用于展示，也可用于售卖。

彝族乐舞坊。该项目选址于四合院，依托彝族自身丰富的歌曲乐舞，在规划区内修建一处音乐场馆，作为定期举办彝族歌舞活动的场所，并邀请国内知名彝族歌手前来表演；同时也将其作为展示彝族乐器、歌曲集的场所。

彝族美食坊。该项目选址于四合院，提供坨坨肉、烧土豆、酸菜、苦荞饼等彝族特色美食，同时，游客也可以参与到特色美食的制作过程中，丰富游客体验。

四、基础设施

（一）道路系统

1. 交通现状

（1）外部交通状况

截至 2018 年 6 月，大羊场村有 1 条公路从村中穿过（黎通公路，全程 73 千米，为二级路面）。现有公路为南北走向，外部通达性和可进入性较强。

（2）内部交通状况

目前入村公路及村内主干道均没有硬化，由泥土路、石板路、土石路三种道路类型构成，约长 8000 米，平均宽 2 米，部分道路窄至 1 米，坡度较陡（10°）。总体来说，大羊场村内部交通条件非常薄弱，道路路面偏窄，路况较差，道路等级有待提高。交通工具主要为马车，还有少量的牛车、摩托车、三轮车、农用车等。村内交通设施简陋，无专用停车场，村民的车辆一般靠路边停放，严重阻碍村内交通。此外，为保护当地的生态环境，当地修建了一些巡护栈道，供巡护人员通行。

2. 交通线路规划

（1）观景步道

打造以索玛步道、松杉步道为主的步道系统。旅游区内有丰富的自然景观，比如杜鹃花、松杉等。建设步道不仅可以使游客以更宽广的视角感受大羊场的美丽，也可以成为大羊场一道亮丽的风景线。

（2）沿溪小道

修建沿溪流的景观道，路面硬化，总长 3 千米，道路宽 2 米。通过草中、融于景里的石子小径，游客可近距离感受高原溪流的美丽，也可以打造溪流文化长廊，融入当地文化。

（3）景观大道

打造景观大道。黎通公路大羊场段为水泥，双向二级车道，1.5 千米，路况较好。在公路两旁营造优美景观，打造成一条景观公路。使其成为大羊场的形象展示的第一长廊。

（4）村内游路

修建村内游路。主干道为水泥硬化路面，长 2.7 千米，道路宽 3 米；村内到户通道为碎石板、石块、木板路，总长 1 千米，道路宽 2 米。道路两边为村落景观。

（5）登山步道

开辟登山步道。沙石路面的自然道路，长 1.5 千米，宽 1 米，道路两边是自然植物景观。

（6）指引标识

设置交通指引标识牌，共计 20 块。不仅能为游客提供清晰的导向，使游者出游更加方便，同时也能为大羊场村培育健康、休闲、个性的自驾车旅游奠定基础。

3. 交通设施规划

停车场：在综合服务中心修建 1 个停车场，占地 2000 平方米，60 个小型停车位，15 个中巴车停车位。

观景平台：修建 3 处观景平台，设置一些休憩桌椅，既作为游客旅游景区的停靠点，也作为游览的集散点。

营地：建设 3 个营地，分别设置在草甸、牧场、村子三个区域，既作为旅游景区的管理工作站，也作为旅游景区的游客集散站。

驿站：建设驿站，周围布置一些生态厕所、垃圾箱，作为游客游览的始发站和终点站，分别在各个分区设置一个站点作为中转站（图 3.4.1、图 3.4.2）。

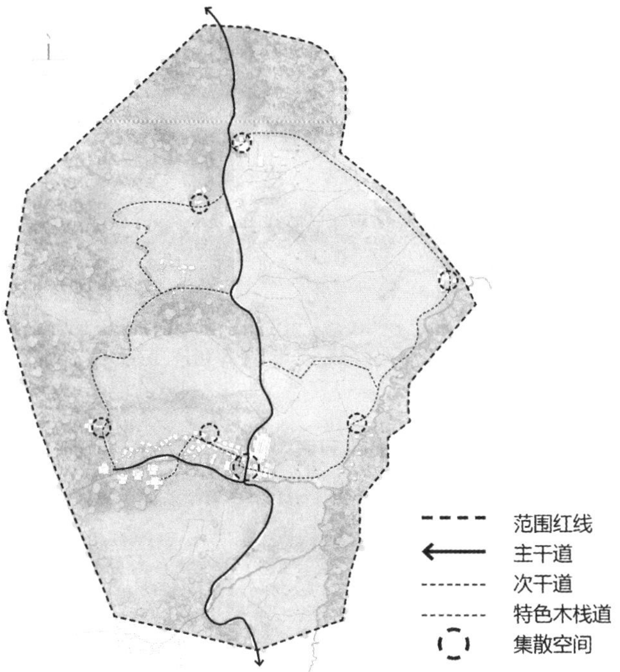

图 3.4.1　交通流线分析图

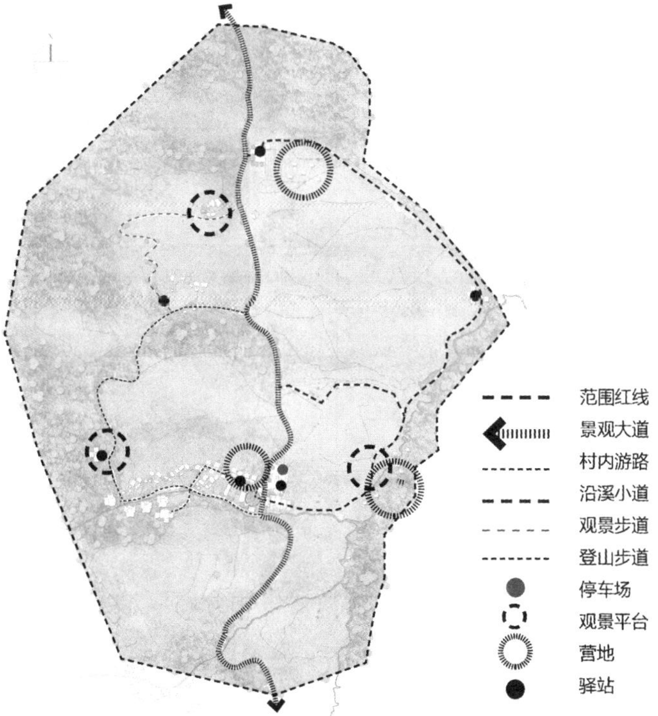

图 3.4.2　道路系统分析图

（二）给水排水

1. 公益蓄水池

建设公益蓄水池，作为大羊场旅游区的主要水源地，作为牧场次要水源地，通过给水管线对该旅游村各个景区进行分片区供水。根据水源地保护标准，严格制定和落实相关规章制度，禁止在水源地及周边开发建设，确保水源地的水质保持在二类标准。

2. 供水量规划

根据国家标准《城市给水工程规划规范（GB 50282—98）》《室外给水设计规范》和《建筑给排水设计规范》等相关标准，结合大羊场用水的实际情况和未来发展趋势，确定旅游区的日用水量标准为：①住宿游客每床每日用水 400 升；②不住宿游客取每人每日用水 80 升；③后勤服务及管理人员每人每日用水 200 升；④绿地、道路喷洒每公顷用水 10 立方米；⑤消防用水量按 10L/S 计，火灾延续时间按 2 小时记；⑥不可预见用水按直接用水量的 20% 计算。

经测算，旅游区的最大日用水量为 262 立方米（不包括大羊场村常住人口用水），其中生活用水为 220 立方米，绿地、道路喷洒用水 20 立方米，不可预见用水 44 立方米，详见表 3.4.1。同时旅游区各景点按近期、中期、远期三阶段估算用水量，随着旅游区的旅游人数增多逐渐增加供水量。

表 3.4.1 旅游区用水量一览表

序号	用水项目	用水数量	用水量标准	时变化系数	用水量（m^3/d）
1	住宿游客用水	300 床	$0.40m^3$/（床·d）	1.0	120
2	不住宿游客用水	1000 人	$0.05m^3$/（人·d）	1.0	50
3	后勤服务及管理人员	60 人	$0.2m^3$/（人·d）	2.5	30
4	绿地、道路喷洒用水	$2hm^2$	$10m^3$/（hm^2·d）	1.0	20
5	不可预见用水	—	20%	—	44
6	合计	—	—	—	264
7	设计调节水量	—	—	—	500

3. 供水设施规划

根据用水设施的布局及水源，旅游区采用分区取水、分片供水的方式给水。在各个水源地上方建高位水池，构建大羊场村自来水管网系统。

高位水池：规划在各个水源地的最高点建立高位水池，满足当地居民和游客的生活用水。

水管铺设：自来水管铺设要入地，分干支连通到户。建议干线使用不锈钢管，主管 DN200；支线使用 PP-R 管，DN50。

水质保障：严格保护和管理水源地水质，在取水点一定范围内不允许开发旅游项目，确保水源地的水质符合国家标准有关要求。水源的水质可采用简单净化工艺，流程如下：水源—取水水泵—输水管—高位水池—给水管—澄清—过滤—消毒—输水管道—用户。

4. 排水设施规划

按近、中、远期规划相结合、逐步改造现有排水系统的原则，排水由现在的雨污水合流制的单一排水体制向雨污分流制、截流式合流制等兼容复合的排水设施过度。

雨水排放规划。村内雨水以地表漫流的方式排放为主，各农家、建筑、道路依据地形条件通过设置涵洞、排水沟渠或雨水明沟、暗沟，分片就近排入溪流、林地或农田。排水沟需进行硬化并定期维修，长度为 2000 米。

污水排放规划。污水量按用水量的 80% 估算，经测算旅游区污水最大日排放量为 209.6 立方米（不包括常住人口污水排放）。按近、中、远期结合要求，修建旅游区排污系统，在各个旅游区分别设置污水处理站；污水自行处理后达到排放标准，进入旅游区内总污水管道与其他生活污水一并集中处理；排水设施结合旅游区建设，一次规划分步建设实施。污水处理以生态型处理方法和铺设污水处理管道为主。生态型处理方法即建设化粪池和沼气池处理人畜粪便；污水处理管道的铺设则按近、中、远期计划，沿景区主干道路埋设，各片区污水经过简单处理后可用于养殖和灌溉。

（三）电力电信

1. 电力设施现状

目前，大羊场村均通过架空电路穿越，布局紊乱，影响景致美观。旅游区建成后，需增设大量基础设施和服务设施，电力需求将会增加，原电力线路设施需要增加才能满足供给要求。

2. 电信设施现状

通信网络已覆盖大羊场村，能满足近期发展的无线通信基本需求，但部分地区存在信号网络不通达现象。目前，大羊场村已经建立移动和电信信号接收塔，通信总体良好，但还存在不少信号盲点区域，网络可靠性有待进一步加强。电视闭路线建设相对落后，几乎没有网线设备。另外，村内无邮电所和公用电话亭。

3. 电力设施规划

（1）增加供电能力。随着旅游区项目建设和旅游人数增加，需要增加旅游区供电能力。按日最大用电量3000度来规划电力供给，架设一条10kV高压线路，新建一座变电站，设置调压站。过夜游客用电量按2度/（人·天）计算，不过夜游客用电量按0.5度/（人·天）计算，居民日常用电量按1度/（人·天）计算。

（2）太阳能路灯优化。村内主要道路须设置路灯照明，各类旅游建筑应进行灯光设计。灯具选择应结合旅游区特点，并与环境相协调。供电采用太阳能、风能等天然能源，照明线路采用直埋敷设。

（3）注重节能。供配电线路、设备均应采用先进低损耗设备，以便节约电能；变电站均采用电脑管理，线路采用地埋式电缆。在旅游区内尽量没有架空电线穿越，以确保不破坏景观及游人安全。

4. 电信设施规划

（1）通信管道建设。通信管道建设应与道路建设同步进行，使电信管道网化，实现通信主干电缆埋地化。在重要区域做到光缆到区或街道，并规划开通旅游区的有线电视接收系统。电信线宜设在电力线走向的道路另一侧。

（2）建立现代通信网。以高起点、高速度、高效能、智能通信网为基础，选址新建1~2个移动、电信信号塔，清除旅游区内现代通信的盲区。建成通信能力强、运行效率高、安全可靠的现代化通信网。

（3）建立景区电话亭。旅游区应全方位开通国内、国际长途电话，其中客栈住宿点采用总机形式，游览区、管理处等采用直拨形式。

（4）设置邮电所。提供各种邮政与金融服务，满足游客不同消费方式需求和常住人口储蓄要求。

（5）贯彻国家“三网融合”政策。实现固定电话线、闭路电视线、网线的整合，使三线通往各家各户。网线网速不低于10兆/秒。

（四）绿地系统

1. 绿地规划原则

（1）尊重自然、保护利用原则

旅游区的绿化以现有的山体为基础，尽量保护已有的自然生态系统。统一考虑区域气候、水文、地形、地貌、植被以及野生动物等生态要素的特征，尽量减少人为干扰与破坏。以山体、水系、绿带、建筑群落绿化、田园风光为依托，共同形成旅游区的生态绿色网络。

（2）合理布局、满足功能原则

旅游区绿化应从空间性质与功能出发，对不同类型的植物景观进行合理布局，满足相应功能要求。充分考虑植物生长过程中的层次、色彩、品种的选择，种植设计要兼顾四季景色，应用较多的植物种类，使绿地环境在每一个季节都有代表性或特色景观。

（3）经济实用、生态效益原则

旅游区绿化植物尽量本土化，充分发掘乡土树种，包括原生树种或长期栽培适生的地带性树种，以及外来的归化树种。为提高绿化植物丰富度，可有节制地引进纬度相仿、海拔相近、土壤性质类似地区的植物。所选择的绿化植物既有一定的观赏价值，还能产生一定的经济效益。

2. 绿地系统规划

（1）林地游览区

大羊场村因其良好的生态景观和可达性，成为旅游区的开放空间和生态因子，该片区绿地建设应重视山体绿化的保护，促进旅游区景观生态和景观风貌的改善。在游道两旁的垂直郁闭型风景林适当疏伐，使高于视线的灌木、草本层不超过线路总长的 1/3，让游客能适当看到森林内景。对生长不良且无观赏价值的残次林，结合景观和其他功能改造，补植观赏树种比例，增强季相景观效果。

（2）沿溪风景区

从溪流游览需要出发，结合码头布置休闲绿地，创造出动静结合、开闭变化的游憩空间，满足不同活动类型的需要。在溪流沿岸种植一些亲水性植物，通过植物的综合配置，形成风光旖旎的沿溪风景带。

（3）游览道路区

道路绿地植物选择应根据道路级别、性质而定，选择适宜的植物种类，一级、二级旅游路的模式为一板两带式，即一条车行道，两条景观带。景观带的植物配置模式一般为“行道树 + 地被植物”。三级道路一般为游步道，道路窄，但更注重路旁景观，可借鉴路旁花镜的形式进行布置。所有游路均应注意道路景观的营造，注意与周边自然环境相协调。

（4）管理服务区

管理服务区绿化应结合当地彝族村落的建筑特点，选择合适的树种、花草进行搭配，并且以突出当地珍稀树种为主。植物的配植形式采用孤植、对植、丛植、林植等多种配植方式，形成动静结合、富有韵律的植物景观。灌木类植物可修剪成彝族建筑、野生动物、彝族图腾等形状，形成造型独特的植物雕塑。

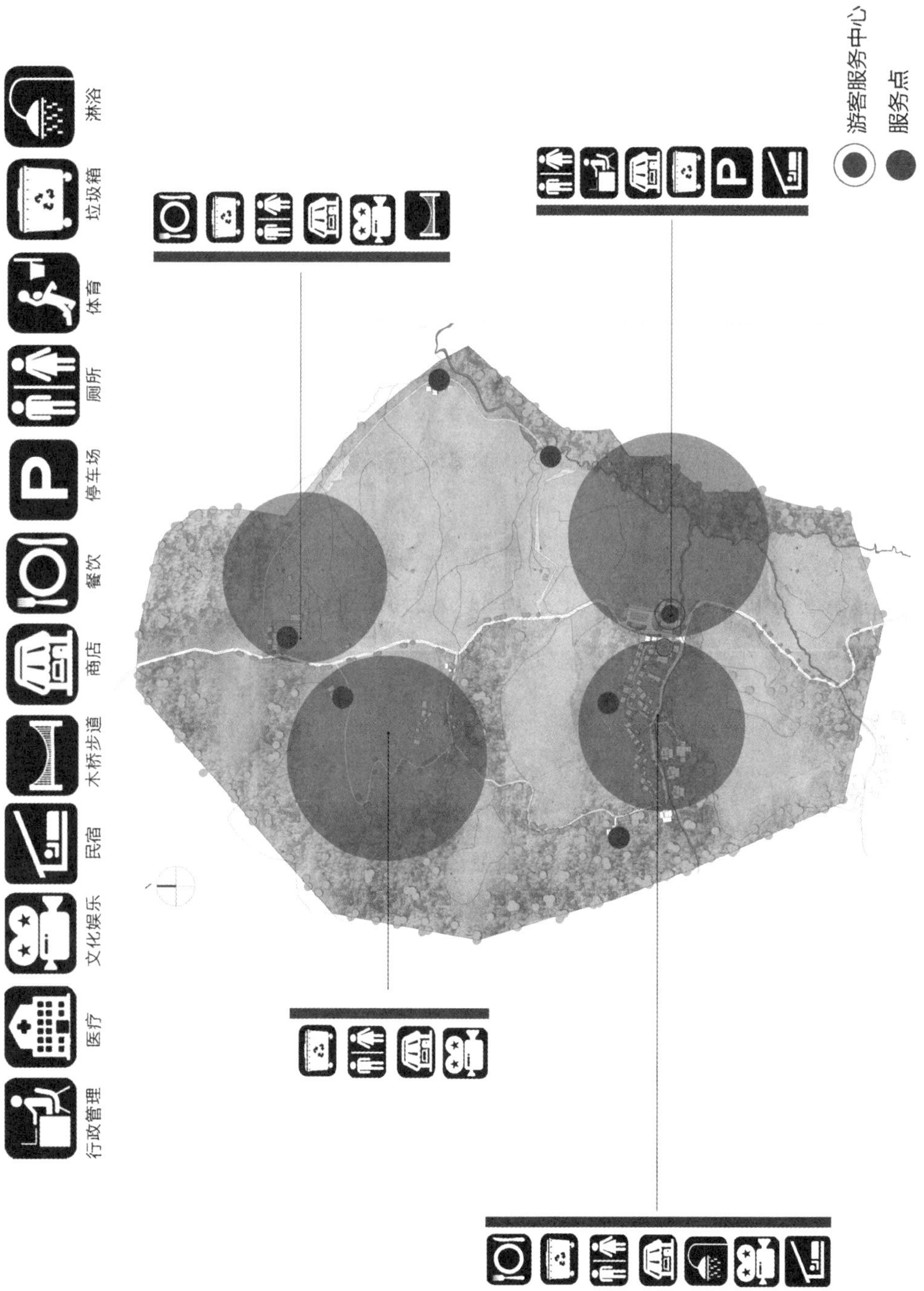

图 3.4.3 服务设施图

（五）防灾安全

为了确保旅游区人身财产设施安全，保护游客生命财产安全，必须采取必要的预防保护措施，具体包括防火安全、救护安全、治安安全和游览安全等方面。

1. 防火安全

防火是保障旅游活动安全的基本服务体系，旅游区周边拥有大面积的森林，需要切实做好森林防火安全措施。

（1）制定防火安全制度。制定旅游区消防管理制度，实施责任追究制度和奖惩制度，定期对所有管理人员、服务人员开展消防知识宣传教育、培训演练。

（2）贯彻预防为主方针。按照国家有关防火规范要求在各功能区和接待点配置消防设施设备，建立详细的管理和检查制度，确保各种设备安全运行。结合景区道路建设修建防火通道，结合旅游区供水设施健全森林消防系统。

（3）建立防火监控系统。利用现代科技对森林进行实时监控和预测，并对火灾进行及时处理。定期或不定期对旅游区火灾易发地进行督查。严格管理和控制易燃、易爆和化学危险品，以防范、杜绝森林火灾和危害发生。

2. 救护安全

医疗条件是保障旅游活动安全的基本服务体系，旅游区必须建立良好的医疗卫生体系。

（1）建立完善的救护系统。在各个功能区设立 1 个医疗急救点，配置必要的医护人员、基本设备和常用药品。在旅游旺季增设专职医务人员，确保事故发生后的紧急救护。

（2）设置医疗卫生标识牌。在服务指南和旅游区全景图中标明医疗卫生点的位置，医疗卫生服务点标牌的设置清晰易找，以确保发生意外时能及时救援。

3. 治安安全

（1）做好治安和防范工作。认真执行公安、交通、旅游等有关部门安全保卫制度，消除一切对人身安全威胁的隐患。采取有效措施防止暴力犯罪和盗窃等事件发生。有相应的应急方案和工作制度，能有效并快速地处理突发事件。

（2）设置治安保卫处。旅游区设立治安保卫处，有专职治安人员值班，为游客提供安全保障。

4. 游览安全

（1）设置安全标识：设置道路指示牌、服务设施位置、禁止游览等标识。在旅游区危险或不宜进入的地段、场所应设置警示标识或禁止进入标识。危险地段警示标识明显，防护设施齐备、有效。

（2）配备安全设施：在危险区域设置必要的安全护栏，并加强对旅游设施的定期检查，保证设施的安全运行。建立游客疏散通道和紧急逃生出口，服务人员和管理人员应帮助游客逃离事故现场。

（3）培训工作人员：旅游区服务人员和管理人员应适当对游客安全进行提醒，尽量保障游客的人身和财产安全。

（六）服务设施

1. 住宿设施

根据大羊场客源市场预测、高峰期住宿游人比例和游客停留天数分析，预测至 2020 年接待旅游者 1.11 万人次，2022 年接待旅游者 3.49 万人次。各目标年度游客住宿率分别为建设启动期（2020 年）50%、深化发展期（2022 年）55%，相应的二期每年住宿人数上限分别为 0.56 万人次、1.92 万人次。

大羊场住宿主要面向自驾车游客、户外露营游客、高山体验游客等，床位平均利用率预计建设启动期为 60%，深化发展期为 75%。

根据旅游发展特点，床位需求数拟采用全年住宿总人数计算法推算床位需求规模，计算公式为：$C=(R\times N)/(T\times K)$，其中，$C$——住宿床位需求数；$R$——全年住宿游客总数；$N$——游客平均住宿天数，一期 1 天，二期 1.5 天；T——全年可游览天数，取 300 天；K——床位平均利用率。经测算，共需住宿床位总数为：

C 建设启动期 =（5600×1）/（$300\times60\%$）≈ 31 张

C 深化发展期 =（19200×1.5）/（$300\times75\%$）≈ 128 张

以上床位预测数可依市场情况和建设速度进行调整，考虑到大羊场的自然生态环境及社会文化承载力，旅游住宿量弹性较大，住宿设施规模不宜过大，以免影响投资回收率。具体床位需求数及空间分布详见表 3.4.2。

表 3.4.2　住宿设施预测表

住宿设施分布	启动期（张）	发展期（张）
游客中心	—	—
天空草甸	—	7

续表

住宿设施分布	启动期（张）	发展期（张）
云端牧场	10	38
雪山彝村	21	83
合计	31	128

2. 餐饮设施

根据大羊场的总体布局、功能分区和发展需要，餐饮设施布局如下：

云端牧场：烧烤营地、荞香茶座等，形成 50 人左右的餐位规模。

雪山彝村：荒野餐厅、月琴书吧、彝族美食坊等，形成 100 人左右的餐位规模（表 3.4.3）。

表 3.4.3　餐饮设施预测表

旅游景区	餐厅类型	容人数（人）	档次
云端牧场	高山风味	50	中低
雪山彝村	彝族美食	100	中高
合计	—	150	—

3. 购物设施

根据当前大羊场的发展情况和未来旅游业的发展前景，实施“理想购物工程”，实现旅游商品开发的系列化、规模化、精品化，合理开发商业购物设施，以满足游客多样化、个性化的购物消费需求（表 3.4.4）。

表 3.4.4　购物设施分布

旅游景区	购物设施和项目
游客中心	乡土铺子
天空草甸	风筝画舫
云端牧场	烧烤营地
雪山彝村	彝族民艺轩、彝族美食坊

4. 娱乐设施

根据大羊场的总体布局和项目设置，娱乐设施分布如表 3.4.5 所示。

表 3.4.5 娱乐设施分布表

旅游景区	娱乐设施与项目
天空草甸	索玛步道、松杉步道、亲溪石道、摄影平台、热气球观花、马术骑行、风筝画舫、草药寻迹
云端牧场	夜光杜鹃、田埂步道、蔓菁田、苦荞田、洋芋田、杜鹃田、亲子牧场、小猪乐园、荞香茶座、牧场小火车、植物标本馆、卡丁车场、射箭场、滑草场
雪山彝村	星空雅居、月琴书吧、彝疗会馆、太阳历广场、花样秋千、山地驿站、露营平台、露天影院、文化传习馆、彝族民艺轩、彝族乐舞坊、彝族美食坊

5. 解译系统

（1）标牌系统

标牌系统是旅游景区使用功能、服务功能及游览信息的载体，是景区解译系统的重要组成部分，其规划原则包括规范化、艺术化、人性化、特色化、生态化等。

标牌分类。旅游景区标牌系统包括六大类型。①形象标识牌，指景区入口处为展示自身独特形象而设的标牌；②导游全景图，包含景区全景地图、景区综合介绍、景点相关信息、游客须知以及服务电话等；③景物（景点）介绍牌，指景区内部景物（景点）的来历、典故、特色的简单介绍；④交通指示牌，包括道路指示、公厕指示、停车场指示等；⑤警示关怀牌，指景区内应遵守的特定规范及规则的警戒、警示标识和温馨提示，如禁止攀爬、禁止践踏、水深勿近等；⑥服务标识牌，指公共服务场所、设施名称的标识牌，如售票处、出入口、游客中心、购物中心、厕所、游览车上下站等一些公示标识。

标牌要求。①符合国家、地方、行业相关标准规定，包括《标志用公共信息图形符号》《公共信息导向系统》《安全标志及其使用导则》《标志用图形符号的视觉设计原则》《旅游景区游客中心设置与服务规范》《公共场所双语标识英语译法通则》等；②在材料的选择上不仅要考虑材料本身的实用功能及视觉效果，还要根据景区的地理环境、景区的体量规模、自然或人文景观的不同而选择与景区风格相协调的材料；③标牌设计讲究实用功能、美观效果的同时还应融入地域特色元素、文化符号，彰显景区文化内涵和人文情怀；④标牌布局应基于游客流线确定各标牌所放置的位置、数量、尺寸等，做到位置适宜、数量合理、大小适中，发挥引导、宣传、解说的作用。

（2）解说系统

景区解说系统是随时间、空间推移向游客传递景观信息和导向服务，以多样化的形式使游客获得充分的文化享受的一个重要媒介，也是景区服务的必要组成部分，完善的景区解说系统，能增加游客的游览兴趣、有效地提高游客的满意度，是景区产品的核心组成部分，是传播文化的重要渠道。解说系统根据大羊场历史沿革、性质特点、功能定位、价值作用进行安排。解说系统通常包括两类：

静态解说。①文字解说，在主要功能区立牌用文字对景点进行说明；②图绘解说，塑造大羊场全景（沙盘、动画、微缩、VR 展示），加以直观说明；③牌示解说，在游览途中岔口处设立与周围环境材质一致的指路牌示。

动态解说。即导游讲解，大羊场配设导游人数 5~10 人，导游服务宜采用路线、景点两种形式，导游人员应持导游证上岗。

（3）智慧系统

“智慧旅游”是以信息技术为基础、以游客互动体验为中心、以一体化的行业信息管理为保障的现代旅游景区管理模式。大羊场应充分利用现代信息技术，构建“智慧社区”的智慧旅游系统。建设内容包括：

智慧旅游接待。在游客服务中心为旅游者提供自助式服务或互动应答平台，主要为游客提供两大服务：一是触摸屏多媒体终端机为游客提供景区内食、住、行、游、购、娱等多方面信息和旅游动态资讯；二是多媒体展示系统，借助地理信息系统、虚拟现实和多媒体技术，再现牧耕文化、彝族文化、花卉文化等场景。

智慧旅游服务。依托旅游网络应用平台，强化网站的互动交流功能，根据旅游企业、游客和导游的不同需求，提供不同的服务内容，同时增加用户点评、完善资料、目的地地图定位等功能。

智慧旅游营销。利用新媒体技术，建立大羊场的门户网站、新浪微博和微信公众平台，定期向旅游行业人士、旅游爱好者推送大羊场相关资讯，为游客提供旅游资讯、电子商务、意见反馈、心得分享等全方位服务。

五、保障措施

（一）建设时序

按照“滚动开发，分期建设”的要求，从重点到一般，从易到难，将建设周期分为建设期（2019—2021 年）、完善期（2022—2023 年），共 5 年。

建设期：以满足当地居民的生活需求和外来游客的旅游需求为主，重点建设相关基础设施、接待设施，建设区域包括游客中心、天空草甸、雪山彝村。

完善期：以提升外来游客的满意度和打造规划区的营地品牌为主，重点建设相关旅游项目，建设区域为云端牧场。

表 3.5.1　项目建设时序表

建设分期 功能分区	项目组团	建设期 （2019—2021 年）	完善期 （2022—2023 年）
游客中心		游客中心、乡土铺子、生态停车场	
天空草甸	漫步花溪	索玛步道、松杉栈道、亲溪石道、摄影平台	
	五花草甸	热气球观花、草药寻迹、马术骑行、风筝画坊、滑翔基地	
	观星原野	星空帐篷酒店、原野露营基地	
云端牧场	溢彩花田		夜光杜鹃、田埂步道、蔓菁田、苦荞田、洋芋田、杜鹃田
	生态牧园		亲子牧场、小猪乐园、烧烤营地、牧人原舍
	游乐天堂		荞香茶座、牧场小火车、杜鹃标本馆、卡丁车场、射箭场、滑草场
雪山彝村	雪景民宿	望雪客栈、荒野餐厅、星空雅居、月琴书吧、彝疗会馆	
	火塘广场	太阳历广场、花样秋千、露天影院、山地驿站、露营平台	
	彝家小筑	文化传习馆、彝族美食坊、彝族民艺轩、彝族乐舞坊	

（二）投资估算

1. 估算依据

本估算包括总体规划的旅游项目工程、基础设施工程、环境保护工程和其他项目经费。估算的主要依据有：

建筑安装工程投资：参照云南省现行的建筑工程概（预）算定额，并结合当地已建成的类似项目的投资标准和项目的实际情况进行估算。

道路建设工程投资：参照交通运输部颁布的公路工程预算定额，并结合当地近年来建设同等级公路的造价指标确定。

供电、通信、给排水等工程投资：参照国家相关行业的投资估算编制办法，并结合当地实际造价指标进行估算。

其他工程费用：主要包括规划设计、宣传促销、培训教育、建设管理等。

预备费：仅考虑基本预备费，费率按 10.0% 计。

2. 投资估算

据估算，规划区总投资约为 10200 万元，其中启动期（2019—2021 年）投资额为 7270 万元，占总投资额的 71.3%；完善期（2022—2023 年）投资额为 2930 万元，占总投资额的 28.7%（表 3.5.2、表 3.5.3）。

表 3.5.2　项目投资估算汇总表

功能分区	主题板块	投资估算（万元）
游客中心	—	650
天空草甸	漫步花溪	500
	五花草甸	260
	观星原野	1500
	估算总额	2910
云端牧场	溢彩花田	580
	生态牧园	910
	游乐天堂	1440
	估算总额	2930
雪山彝村	雪景民宿	2350
	火塘广场	1160
	彝家小筑	850
	估算总额	4360
	总额	10200

上述投资估算中未包括贷款利息等费用，仅为市场参考价格，未考虑价格波动因素，下同。

表 3.5.3　投资项目估算明细表

建设时序	功能分区	项目组团	建设项目	投资额（万元）
建设期	游客中心	—	游客中心	350
			乡土铺子	200
			生态停车场	100

续表

建设时序	功能分区	项目组团	建设项目	投资额（万元）
建设期	天空草甸	漫步花溪	索玛步道	96
			松杉栈道	96
			亲溪石道	108
			摄影平台	200
		五花草甸	热气球观花	120
			草药寻迹	20
			马术骑行	20
			风筝画坊	100
		观星原野	星空帐篷酒店	1000
			原野露营基地	500
	雪山彝村	雪景民宿	望雪客栈	850
			荒野餐厅	300
			星空雅居	700
			月琴书吧	200
			彝疗会馆	300
		火塘广场	太阳历广场	480
			花样秋千	20
			露天影院	60
			山地驿站	200
			露营平台	400
		彝家小筑	文化传习馆	250
			彝族美食坊	200
			彝族民艺轩	100
			彝族乐舞坊	300
完善期	云端牧场	溢彩花田	夜光杜鹃	200
			田埂步道	150
			蔓菁田	60
			苦荞田	50
			洋芋田	50
			杜鹃田	70

续表

建设时序	功能分区	项目组团	建设项目	投资额（万元）
完善期	云端牧场	生态牧园	亲子牧场	100
			小猪乐园	20
			烧烤营地	90
			牧人原舍	700
		游乐天堂	荞香茶座	400
			牧场小火车	200
			植物标本馆	350
			卡丁车场	200
			射箭场	90
			滑雪场	200

3. 资金来源

规划区的投资建设周期为2019—2023年，遵循“分期建设、滚动发展、逐步完善”的原则，按照“政府主导、市场化运作、多元化投资”的策略，多渠道筹集资金：

国家扶贫资金配套：6000万元。

地方各级资金配套：2000万元。

企业投资：2000万元。

（三）效益分析

1. 经济效益

本项目的顺利实施，预计到2023年能够实现391.53万元的旅游收入，在此基础上能够极大地增加当地居民的人均收入，提高当地居民的生活水平；在保证全面脱贫实现的基础上，有助于增加当地的财政收入；同时，通过发展旅游业，能够带动其他相关产业的发展，从而活跃地方经济。

2. 社会效益

该规划项目作为国家文化和旅游部指定的“三区三州”深度贫困地区旅游规划项目之一，实现贫困人口的全面脱贫是其首要目标。使当地居民充分参与到旅游发展过程中，享受旅游发展带来的益处，有助于大羊场27户建档立卡贫困户实现全面脱贫，保证国家扶贫攻坚任务的顺利完成；同时，通过发展旅游能够使大羊场“产业兴旺、生态宜居、乡风文明、治理有效、生活富裕”，从而推动国家乡村振兴战略的早日实现。

3. 生态效益

项目将对村庄的生产系统进行系统规划，实现种植、生产、加工过程的集约化、高效化，从而缓解当地的环境压力；给排水等系统的完善，以及村落与牧场功能区的分离，有助于美化村容村貌，从而能够为将规划区打造成生态宜居的度假地创造条件。

4. 文化效益

项目的实现有利于传统彝族文化的保护和传承。通过旅游项目与民族文化的融合，能够最大程度上再现独具特色的彝族文化，从而进一步增强当地居民的文化自豪感和认同感；同时，旅游的发展也为彝族文化的保护和传承提供了资金支持。

（四）运营管理

运行系统主要包括管理机构和制度体系两大方面：

1. 管理机构

以“大羊场村委会”作为大羊场旅游开发、运作的宏观管控机构，在大羊场村委会的领导下，成立“大羊场旅游合作社”，主要负责与外来运营商共同经营相关旅游项目，同时负责协调村民与运营商之间的关系协调、利益分配等问题。

2. 制度保障

完善管理制度。为规范和约束各利益主体的参与行为，规划区必须从经济、生态、文化方面分别制定经济收益分配制度、资源环境管理制度以及传统文化传承制度。同时，制度的制定需要各方利益主体的参与，在征求各方利益主体意见的前提下，制定科学、合理的景区管理制度。

建立农户参与制度。该规划项目的性质决定了贫困居民在旅游发展中所处的地位，规划内的大部分旅游项目的经营过程应该考虑到农户的参与，建立一套完善的农户参与制度，充分保障农户的受益权利；规划区的开发应坚持与农民共建共管的原则，鼓励当地农民积极参与到项目的开发、建设与管理等活动中，通过开发增加当地农民就业机会，改善农村基础设施建设，提高当地农民生活质量，使当地百姓成为实施开发的强有力支持者，最终实现当地居民的全面脱贫。

3. 经营体系

经营体系主要包括项目运营、产业体系两大方面：

（1）项目运营

运营主体。遵照“政府主导、市场主体”的旅游发展模式，大羊场主要有三大经营主体：一是村民合作社，二是企业，三是当地居民。村民合作社主要经营与基础设施有关的公共服务类项目，如索玛步道、松杉步道等；企业主要充当当地运营商的作用，主要负责经营部分专业性要求比较高的项目，如星空帐篷酒店；对于当地居民，其经营活动主要包括独立经营和参与经营，独立经营主要是由当地居民自己参与经营活动，如彝族民艺坊等项目，参与经营则主要在村民合作社的组织下，参与相关基础设施的经营，以及充当企业的雇佣工人，主要参与望雪客栈、荒野餐厅等项目的运营。

运营模式。根据项目投资主体与经营主体的产权关系，可以将大羊场的经营模式分为自建自营、建设租赁。

（2）产业体系

大羊场的产业构成主要包括主导产业、基础产业、辅助产业，其中，主导产业为露营旅游业、基础产业为生态农牧业、辅助产业为农产品加工业。产业链构建如图 3.5.1。

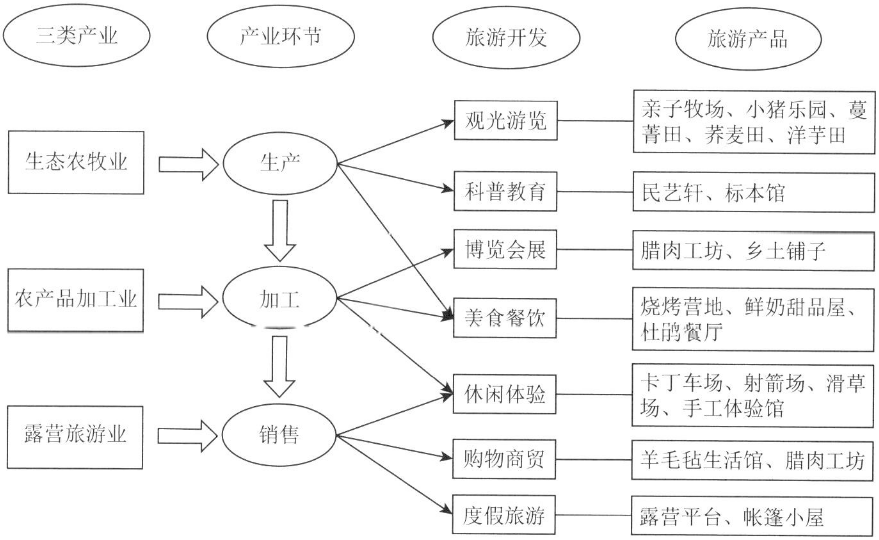

图 3.5.1　产业结构图

其中，生产农牧业的主要运营主体为当地居民，农产品加工业主要通过居民参与、企业或合作社经营的模式开展，露营旅游业则通过居民参与、企业经营、合作社监督的模式开展。

项目统筹：郭海燕
责任编辑：郭海燕
责任印制：冯冬青
封面设计：鲁　筱

图书在版编目（CIP）数据

怒江州乡村旅游扶贫开发研究 / 田里等著. -- 北京：中国旅游出版社，2020.6
（云岭旅游规划丛书. 第二辑）
ISBN 978-7-5032-6511-2

Ⅰ. ①怒… Ⅱ. ①田… Ⅲ. ①不发达地区—旅游业发展—研究—怒江傈僳族自治州 Ⅳ. ①F592.774.2

中国版本图书馆CIP数据核字(2020)第104591号

书　　名：怒江州乡村旅游扶贫开发研究

作　　者：田里等著
出版发行：中国旅游出版社
（北京建国门内大街甲9号　邮编：100005）
http://www.cttp.net.cn　E-mail:cttp@mct.gov.cn
营销中心电话：010-57377109，010-85166536
排　　版：北京旅教文化传播有限公司
经　　销：全国各地新华书店
印　　刷：北京盛华达印刷科技有限公司
版　　次：2020年6月第1版　2020年6月第1次印刷
开　　本：720毫米 × 1000毫米　1/16
印　　张：15.5
字　　数：240千
定　　价：68.00元
I S B N　978-7-5032-6511-2